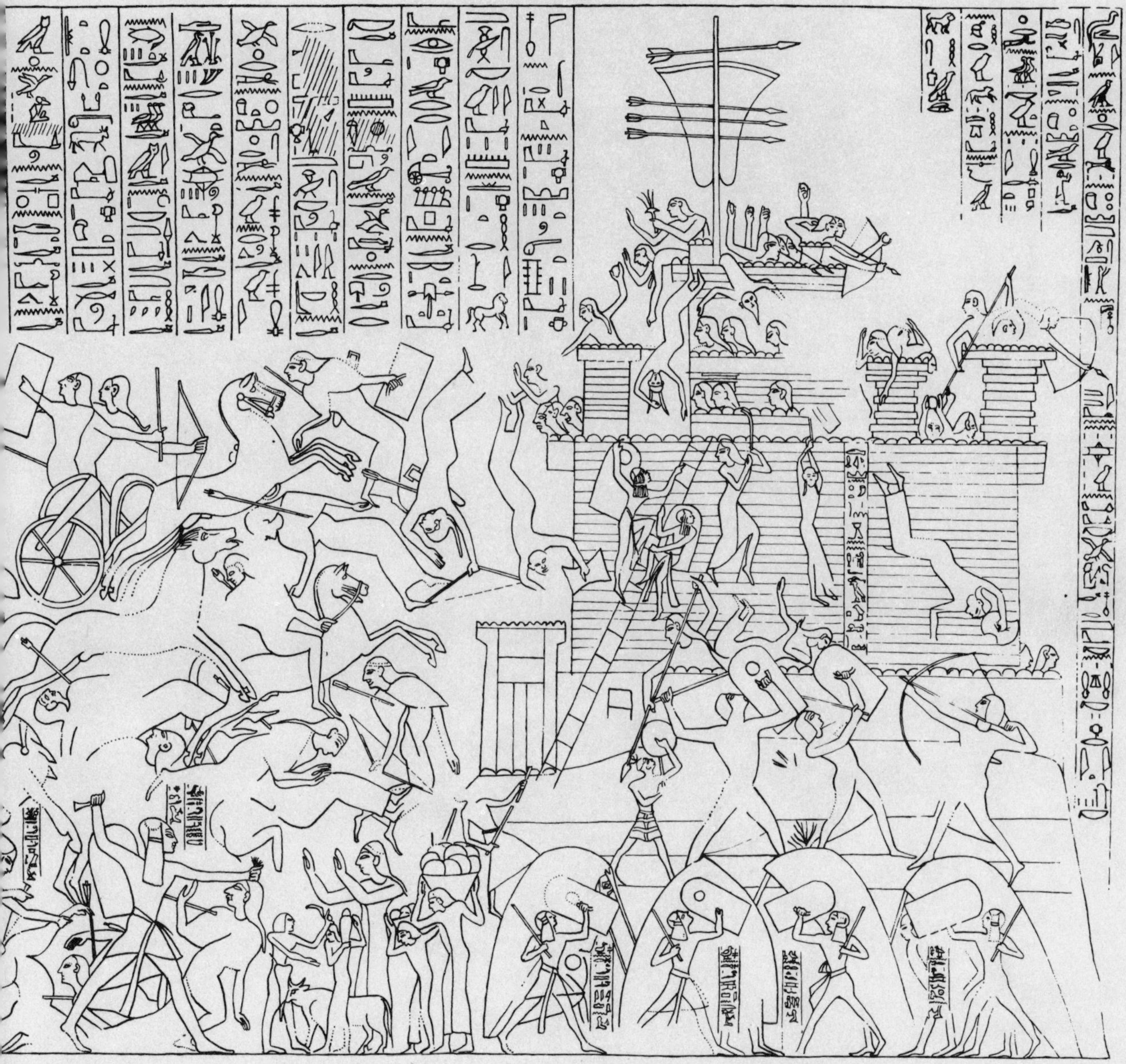

Helga Brentjes/Burchard Brentjes

Die Heerscharen des Orients

Helga Brentjes
Burchard Brentjes

Brandenburgisches
Verlagshaus

Die Heerscharen

des Orients

Umschlag (vorn):
Der Prophet Mohammed
beobachtet die Schlacht am Berg Uhud,
osmanische Miniatur aus dem
Raudat asch-Schuhadá des Husain al-Kaschifi,
1590 bis 1600
Umschlag (hinten):
Vor der Schlacht von Kerbela
(in osmanischer Reitertracht),
osmanische Miniatur aus dem
Radaut asch-Schuhadá des Husain al-Kaschifi,
1590 bis 1600
Fotos:
Staatsbibliothek Berlin

Vorsatz (vorn):
Die Schlacht gegen die »Seevölker«,
Ramses III. schlägt die Nordvölker,
Relief an der Außenwand
des Tempels Medinet Habu, 1192
Vorsatz (hinten):
Ramses II. erobert die syrische Stadt
Debir, 1290

Brentjes, Burchard: Die Heerscharen des Orients /
von Helga und Burchard Brentjes. – 1. Aufl. – Berlin:
Brandenburg. Verl. – Haus, 1991. – 196 S., 140 Abb., 8 Ktn.

ISBN 3-327-01075-7

1. Auflage

Printed in Germany
Satz und Druck: Interdruck Leipzig GmbH
Zeichnungen: Roland Boll
Karten: Haack Gotha/Klaus Ockmann
Lektor: Brita Judt
Gesamtgestaltung: Wolfgang Ritter
LSV: 0549
Bestellnummer 747 425 4

Inhalt

Ein Wort zuvor

»Nichts Besseres weiß ich mir an Sonn- und Feiertagen
Als ein Gespräch von Krieg und Kriegsgeschrei,
Wenn hinten, weit, in der Türkei
die Völker aufeinander schlagen.«

(J. W. Goethe, Faust, I. Teil, Vor dem Tor)

Kriegs- und Heeresgeschichte der Völker des Ostens, ist sie Unterhaltung in Auerbachs Keller beim Glas Wein oder klingt da die Glocke von Hiroshima mit? Ist Kriegsgeschichte nur noch Vergangenheit, des Vergessens wert als Teil einer überwundenen Bestialität vergangener Geschlechter von Herren und Kriegsknechten, oder ist sie Mahnung an der Schwelle in das nächste Jahrtausend, diese schreckliche Kette der Massenmorde endlich abzureißen, die die Menschheit in den Abgrund zerren will?

Schon vor vier Jahrtausenden klagte sehnsuchtsvoll ein Sumerer:

»Einmal vor langer Zeit gab es
keine Schlangen, gab es
keinen Skorpion, gab es
keine Hyäne, gab es
keinen Löwen, gab es
keinen wilden Hund, gab es
keinen Wolf, gab es
keine Furcht, kein Entsetzen
Der Mensch hatte keinen Feind.«
(Kramer, 1960, S. 177)

Krieg war stets schrecklich und mörderisch. Er war keine Bewährungsstätte des freien Mannes, wie einst Friedrich Schiller schrieb, sondern eine endlose Belastung der Menschheit, die die Organisation einer wahrhaft menschlichen Ordnung so oft ersehnt und erträumt hat.

Trost suchten Ägyper, Griechen und Römer angesichts des Elends einer ausweglosen Gegenwart, der »eisernen Zeit«, in der verklärten Vergangenheit, einem »goldenen Zeitalter«, das in der Bibel als das vergangene Paradies der friedvollen Gemeinsamkeit aller Lebewesen erscheint.

Vergeblich war die Predigt des Buddha, des Erleuchteten, im Gazellengarten zu Benares, auf die Lebensgier zu verzichten, sein Geheiß der Nächstenliebe und des Verzichts auf die Rache um Gottes Lohn willen. Blutvergießen, Raub und Mord ziehen sich seit Jahrtausenden durch die Geschichte der Menschheit. »Vae victis« – »Wehe den Besiegten« hieß es in Rom, und der Prophet Amos predigte: »Und die Lieder zum Tempel sollen in Heulen verkehrt werden zur selben Zeit, spricht der Gott der Herr. Es werden an allen Orten viele Leichname liegen, die man heimlich hinwirft. Höret dies, die ihr die Armen unterdrückt und die Elenden im Lande zugrunde richtet« (Amos 9, 1–4).

Schon vor Jahrtausenden erlebten die Völker den Krieg in seiner doppelten Gestalt, als Krieg zwischen

Triumphalrelief des Anubanini. Die Göttin bringt dem König, der auf einem Menschen steht, die Feinde in Fesseln, Felsrelief im Zagros

den Völkern und als Kampf der Klassen. Es blieb bei der Hoffnung, daß eine Zeit kommen werde, »da werden sie ihre Schwerter zu Pflugscharen und ihre Spieße zu Sicheln machen. Denn es wird kein Volk wider das andere das Schwert erheben, und sie werden hinfort nicht mehr lernen, Krieg zu führen« (Jesaja 2, 1–4).

Bisher ist es bei diesem sehnsuchtsvollen Wunsch geblieben, und nur wenige Zeilen des Alten Testaments lehren hoffen. Hingegen sind seine Kapitel gefüllt von Schilderungen der Not und des Todes.« Denn siehe, ich will die Meder über sie erwecken, die nicht Silber suchen oder nach Gold fragen, sondern die Jünglinge mit Bogen erschießen und sich der Frucht des Leibes nicht erbarmen noch die Kinder schonen. Also soll Babel, das schönste unter den Königreichen, die herrliche Pracht der Chaldäer, umgekehrt werden von Gott wie Sodom und Gomorra, daß man hinfort nicht mehr da wohnt noch jemand da bliebe für und für ... Wüstentiere werden sich da lagern und ihre Häuser voll Eulen sein, und Strauße werden da wohnen und Feldgeister werden da hüpfen und wilde Hunde in den Palästen heulen und Schakale in den luftigen Schlössern« (Jesaja 13, 17–22).

Dem heutigen Besucher Babylons oder Ninives, Persepolis oder Harappas, Memphis oder An yangs, Pataliputras oder Ch'ang-ans erscheinen selbst die Schilderungen zu optimistisch. Nur wenige Säulen und gewaltige Schutthaufen sind von Weltstädten geblieben, die einst Hunderttausende, ja Millionen Menschen beherbergten. Zehntausende Dörfer sind vergangen, niedergebrannt, leergemordet und vom Sande verweht. Millionen Menschen wurden zu Opfern einzelner Feldzüge, und noch nie fruchteten die bewegtesten Klagen und Mahnungen. Das Wort allein verklingt in der Leere, gleich, ob in den Gedichten Du Fus, den Predigten Jesajas oder den Reden Manis.

Vernichtungsmittel wie die Wurfmesser Zentralafrikas oder das »griechische Feuer« wurden von entsetzten Zeugen jener Massaker verboten und doch immer wieder eingesetzt. Gewiß, es gab noch keine Nervengase, Atombomben und binäre Kampfstoffe, deren Einsatz heute die gesamte Menschheit vernichten würde. Aber überwinden sich endlich jene, die »die Unschuldigen für Geld und die Armen für ein paar Schuhe verkaufen, die den Kopf der Armen in den Staub« treten (Amos 2, 4–7) und Milliarden an Raketen, Bomben und Giften verdienen?

Werden endlich die Völker in Frieden »unter ihren Weinstöcken leben« und jenen folgen, die nach einer atomwaffenfreien Welt rufen oder jenen, an deren Ende nur das Wort stehen kann: »Und die Erde ist wüst und leer, und es ist finster auf der Tiefe«? Noch stehen wir erst am Scheideweg, und Wunschdenken könnte in die Irre führen, in die Ruinen einer Babylonwelt.

Die folgenden Wanderungen durch die Jahrtausende orientalischen Kriegs- und Heereswesens möchten als Mahnung verstanden werden, als Ruf zur Wachsamkeit und zur Tat. Wir haben keine Chance der Wiederholung im 21. Jahrhundert, einer Wiederholung der Zeiten des Aufbaus und der Blüte, des Zusammenbruchs und wiederum des Aufstiegs – einer Wellenlinie, die die Geschichte des Orients so schrecklich kennzeichnet. Bereits das Auf und Ab beispielsweise der chinesischen Geschichte war schrecklich genug, wie jene Vorderasiens oder die der Kriege Europas, um mit Sorge auf die Geschichte zurückzublicken.

Die für die Geschichte des Heerwesens und des Krieges im Orient vorliegenden Quellen sind schriftliche Nachrichten, Waffen und Ausrüstungen, kaum systematische Darstellungen und Analysen. Sie stellen zumeist Kaiser und Könige, Generale und Herren als Sieger und Helden dar. Selten kam der Unterlegene zur Darlegung seines Standpunktes und seiner Leiden. Es waren Kriege der Herrschenden, und nur ihrem Selbstbewußtsein entsprechende Kunstwerke zeugen von vielen kriegerischen Auseinandersetzungen. Wenige Künstler schufen Darstellungen der erfolgreichen Abwehr barbarischer Angriffe, und manche Kultur schwieg völlig über ihre Kriege und Massaker. So kennen wir keine Kriegsdarstellungen aus den 400 Jahren kassitischer Herrschaft über Mesopotamien oder aus den 250 Jahren persischer Macht über den Vorderen Orient. So blutig die Kriege eines Darius oder eines Xerxes waren, die Schahinschahe ließen sich nur als die unumstrittenen gottgleichen Herren der Welt abbilden, denen alle Völker mit Freuden dienten. Hingegen fließt die Pharaonenkunst Ägyptens von Siegesdarstellungen geradezu über – der Pharao erschlägt, zertritt und zerstampft die Feinde einzeln oder in Scharen.

Nicht alle Phasen der Kriegsgeschichte des Ostens können somit in diesem Band illustriert werden. In der Regel handelt es sich bei den Bildern um »Propaganda«, weniger um detailgetreue Wiedergabe von Ereignissen. Der Krieg erscheint darauf als Folge der Taten von Königen. Gewiß waren die Herrschenden die Organisatoren der Staaten und des Krieges, und von der Energie, dem Geschick und der Kriegskunst der Fürsten hing das Leben der Millionen ab. Die herrschenden Klassen der Vergangenheit waren bei aller Schrecklichkeit der Ausbeutung und Unterdrückung sozial notwendig – sie waren die Organisatoren staatlicher Existenz; einer gewiß grausamen Existenz, aber sie zu leugnen und die Geschichte auf den Kampf der Unterdrückten zu reduzieren oder ihm allein die Entwicklung der Gesellschaft zuzuschreiben, wäre Geschichtsfälschung. Wohl ist die Kriegsgeschichte eine Geschichte der Grausamkeit, aber die Geschichte der Menschheit war nun einmal nicht anders.

Die Millionenarmee des Xerxes

»Unterdessen ließ Xerxes bei Doriskos sein Heer zählen. Wie zahlreich die einzelnen Völker waren, kann ich nicht bestimmt angeben – denn das weiß kein Mensch. Es stellte sich jedoch heraus, daß das Landheer im ganzen eine Million siebenhunderttausend Mann stark war«, schrieb im 5. Jahrhundert Herodot im 7. Buch seines Geschichtswerkes (VII, 59–60).

Im Stil erfahrener Erzähler baute der »Vater der Geschichte«, Herodot, vor seinen Lesern die ungeheure Übermacht der Perser auf, die im Jahre 480 v. u. Z. Griechenland bedrohte. Seine farbige Schilderung sollte den Sieg der Griechen verherrlichen, die der angeblichen Millionenmasse orientalischer »Horden« Herr geworden waren. Herodots Bericht war für die folgenden Jahrtausende das Vorbild eines Propagandabildes, das die »wenigen heldenmütigen Europäer« als die von den Massen des Ostens bedrohten Träger der Kultur darstellt; ein Bild, das vor allem in der Kolonialzeit kultiviert wurde. Die »asiatischen Horden«, gleich ob Türken, Mongolen, Chinesen oder auch Russen, galten als die Feinde der Zivilisation schlechthin. Gewaltige Zahlen, phantastische Vorstellungen über Waffen, Trachten oder Kampfweisen »färben« selbst die Politik neuerer Zeit, auch wenn die Autoren selten so offen die politischen Ziele ihrer Übertreibungen nennen, wie das Herodot tat: »Ein Pferd brachte nämlich einen Hasen zur Welt. Was konnte das sonst bedeuten, als daß Xerxes, der mit einem so stolzen Heere nach Griechenland ziehen wollte, in wilder Flucht um sein Leben wieder an die alte Stelle kommen würde!« (Herodot, VII, 57) Die gewaltige Zahl der Angreifer sollte den Heldenmut der Verteidiger nur um so heller erscheinen lassen.

Zu den Schilderungen orientalischer Heere gehören neben den schreckenerregenden Zahlen die farbigen Bilder über orientalische Armeen nebst ihren Waffen und ihres Prunkes, wie wir sie ebenfalls im Werk des Herodot finden – eine Schilderung, für die der Historiker dankbar ist:

»Folgende Völker aber waren es, die sich im Heere befanden: Zunächst die Perser selbst, die folgendermaßen gekleidet und bewaffnet waren: Auf dem Kopf trugen sie die sogenannte Tiara, einen weichen Hut, am

Leibe einen bunten Ärmelrock mit eisernen Schuppen wie Fischschuppen daran, und weite Hosen bedeckten die Beine; sie führten einen leichten Schild aus Weidengeflecht, unter dem der Köcher hing, kurze Speere, große Bögen, Pfeile von Rohr und außerdem einen Dolch, der am rechten Schenkel vom Gürtel herabhing … (Herodot, VII, 61)

Die Assyrer im Heere hatten auf dem Kopf Helme, die von Erz auf eine eigentümliche, nicht leicht zu beschreibende Weise geflochten waren. Sie hatten Schilde, Lanzen und Dolche, ähnlich wie die Ägypter, dazu hölzerne, mit Eisen beschlagene Keulen und leinene Panzer … (Herodot, VII, 65)

Die Baktrier im Heere hatten eine ähnliche Kopfbedeckung wie die Meder, kurze Lanzen und die bei ihnen landesüblichen Bogen von Rohr. Die Saken, ein skythisches Volk, trugen auf dem Kopf hohe, spitze Mützen, hatten weite Hosen an und führten den bei ihnen üblichen Bogen, dazu Dolch und Streitaxt … (Herodot, VII, 64)

Die Inder trugen Kleider von Baumwolle und hatten Bogen und Pfeile von Rohr, mit einer eisernen Spitze …« (Herodot, VII, 65).

Ähnlich geschildert werden die Arier und Parther, die Choresmier, die Ghandarier und die Dadiker.

»Die Kaspier im Heere trugen Schafspelze und führten ihre landesüblichen Bogen von Rohr und persische Dolche … Die Paktyrer trugen Schafspelze und hatten Dolche und ihre landesüblichen Bogen (Herodot, 67) (wie auch die Utier, Myker und die Parikanier) …

Die Araber trugen lange, in der Mitte gegürtete Mäntel und führten an der rechten Seite große, an beiden Ende rückwärts gekrümmte Bogen … Athiopier hatten Panther- und Löwenfelle und führten große Bogen, wohl vier Ellen lang … und dazu kleine Pfeile von Rohr … Außerdem hatten sie Lanzen, an denen vorn ein spitzes Gazellenhorn angebracht worden war und dann auch noch mit Eisen beschlagene Keulen … (Herodot, VII, 69)

Die Libyer kamen in lederner Rüstung und mit kurzen, vorn angebrannten Wurfspießen … (Herodot, VII, 71)

Die Paphlagonier im Heere hatten geflochtene Helme auf dem Kopf, kleine Schilde, kurze Lanzen und außerdem noch Wurfspieße und Dolche, an den Füßen aber die bei ihnen landesüblichen Stiefel, die bis an die Mitte des Schienbeins reichten. Die Libyer, die Matiener, die Mariandyner und die Syrer waren wie die Paphlagonier gerüstet … (Herodot, VII, 72)

Die Lyder waren fast ganz so bewaffnet wie die Griechen … Die Myser trugen als Kopfbedeckung Helme, wie sie bei ihnen üblich sind, sie hatten keine Schilde und führten vorn angebrannte Spieße … (Herodot, VII, 74)

Die Thraker im Heere hatten auf dem Kopf einen Fuchsbalg, am Leibe trugen sie ein Hemd mit einem bunten Mantel darüber, an den Füßen und Beinen Stiefel aus Hirschleder; dabei führten sie einen Wurfspieß, einen leichten Schild und einen kurzen Dolch … (Herodot, VII, 75)

Die (Lyker?) hatten kleine Schilde von ungegerbtem Rindsfell, und jeder trug außerdem zwei Speere von lykischer Arbeit, auf dem Kopf aber einen ehernen Helm. Vorn am Helm waren Ohren und Hörner eines Ochsen aus Erz angebracht und oben darauf ein Helmbusch. Um die Beine hatten sie ein Stück rotes Zeug gewickelt (Herodot, VII, 76).

Die Kabeler … hatten dieselbe Rüstung wie die Kilikier. Die Mykier hatten kurze Lanzen und Kleider, die mit Spangen befestigt waren, einige auch lykische Bogen. Auf dem Kopf trugen sie lederne Sturmhauben … (Herodot, VII, 77)

Die Moscher hatten hölzerne Helme auf dem Kopf, kleine Schilde und kurze Lanzen, aber mit einer langen Spitze daran. Die Tibarener, die Makroner und die Mossynoiken waren wie die Moscher gerüstet … (Herodot, VII, 78)

Die Marer hatten auf dem Kopf die bei ihnen üblichen geflochtenen Helme, kleine lederne Schilde und Wurfspieße. Die Kolcher hatten hölzerne Helme, kleine Schilde aus ungegerbtem Rindsfell, kurze Lanzen und außerdem Messer … Die Alarodier und die Saspeirer im Heere waren bewaffnet wie die Kolcher …« (Herodot, VII, 79).

Eine besonders hervorgehobene Elitetruppe waren die »Zehntausend Unsterblichen«, Perser, die die schon oben beschriebene Rüstung trugen, »außerdem aber auch schon eine Menge Goldschmuck …« (Herodot, VII, 83).

Eine Reihe der Völker stellte auch Reiterverbände, neben den Persern unter anderem die Sagartier, Nomaden, die die Wurfschlinge, das Lasso, als Waffe führten. Kampfwagengeschwader brachten die Inder, Baktrier,

Assyrischer Soldat erschlägt einen Aramäer, Wandmalerei aus dem assyrischen Palast von Til Barsip, 8. Jahrhundert v. u. Z.

Kaspier und Libyer mit und die Araber Kamelreiterverbände.

Gewaltig sind die Zahlen für die Seemacht, die die Perser aufgeboten haben sollen. Sie umfaßte angeblich 1207 Trieren, davon allein 300 aus Phönikien und Syrien, deren Besatzung Herodot folgendermaßen beschreibt: »Gerüstet waren sie so: Auf dem Kopf hatten sie Helme, fast ganz so wie die griechischen Helme, leinene Panzer, Schilder ohne Rand und Wurfspieße …

Die Ägypter aber stellten zweihundert Schiffe. Sie hatten geflochtene Helme auf dem Kopf und trugen bauchige Schilde mit breitem Rande, Speere zum Seegefecht und große Streitäxte; die meisten von ihnen waren gepanzert und hatten lange Schwerter …« (Herodot, VII, 89).

Kyprier, Kilikier, Lykier, Dorier und Jonier, Karer und Aioler und viele andere Völker werden genannt.

Es muß schon ein prachtvolles Achämenidenheer gewesen sein, so gewaltig auch die Fama, der Herodot folgt, übertreibt. Übertrieben sind desgleichen die Berichte darüber, wie grausam selbst die Soldaten von ihren eigenen Offizieren behandelt worden seien: »Als Xerxes nach Europa hinübergegangen war, sah er sich mit an, wie sein Heer unter Peitschenhieben herübergetrieben wurde. Sein Heer aber zog ununterbrochen sieben Tage und sieben Nächte lang über die Brücken« (Herodot, VII, 56).

Dichtung und Wahrheit wurden hier ineinander verflochten wie so oft, wenn Politiker und Historiker über den Gegner berichten. Es mag jetzt, in einer Zeit, in der um Entspannung und Abrüstung gerungen wird, fragwürdig erscheinen, der Geschichte des Heerwesens im Orient durch die Jahrtausende zu folgen. Aber ist das Problem des Krieges und des Friedens ohne historische Tiefe zu verstehen? Kann es nur aus den Kräfteverhältnissen unserer Tage oder der häufig bearbeiteten Militärtraditionen Europas erklärt werden?

Europa und Nordamerika verlieren immer rascher ihre im Kapitalismus errungene Vorherrschaft über die Welt. Bereits zum Ende des Jahrhunderts werden vier Fünftel der Menschheit in Asien, Afrika und Lateinamerika leben, und ihre Traditionen werden immer stärker das Geschichtsbild der Menschheit betimmen, in deren Milliarden West- und Zentraleuropas Millionen zu versinken drohen.

Die folgenden Kapitel wollen den Grundlagen der Geschichte des Heerwesens im Orient folgen; eine regionale Begrenzung, die aus der spätrömischen Tradition stammt, ohne in der Literatur einheitlich verwandt zu werden.

Dem Okzident, dem »Abendland«, entgegengesetzt liegt der Orient, das »Morgenland«, als geographisch definierter Gegenstand territorial im Osten, im Gebrauch dieses Buches die Staatenzone Nordafrikas und Asiens umfassend.

Orient und Okzident

Eurasien und Afrika sind durch ihre natürlichen Voraussetzungen kulturgeschichtlich von Osten nach Westen orientiert, wie Altamerika von Nord nach Süd. Die geschichtliche Entwicklung der menschlichen Gesellschaft verlief in beiden Hemisphären in ähnlichen Bahnen und zugleich um mehrere in ihrer Lage wechselnde Zentren gruppiert. Viele Typen sozialer Grundstrukturen und ihrer kulturellen Ausprägungen folgten einander und trafen auch zeitgleich aufeinander, und das Heerwesen folgte gleichen Gesetzen. Die Entwicklung der Armee zählt zu den Wesenszügen der in Klassen gespaltenen Gesellschaften. Es ist ein Ergebnis des Aufkommens sozialer Gegensätze und staatlicher Konflikte, aber wurzelt tief in der Urgesellschaft vergangener Jahrtausende.

Jedoch entzieht das Dunkel der Vergangenheit vorschriftlicher Kulturen viele Vorgänge unserer Kenntnis, und nur materielle Zeugen berichten aus jenen Jahrtausenden. Seit dem frühen 3. Jahrtausend v. u. Z. und dann im 2. Jahrtausend v. u. Z. häufen sich in mehreren Zentren des Orients schriftliche Berichte. Immer öfter erzählen Abbildungen über kulturelle und kriegerische Vorgänge. Aus jenen Zeiten sind zahlreiche Waffen und Geräte bekannt und führen uns das Heerwesen des Orients plastisch vor Augen.

Vieles ist noch unbekannt, und der zur Verfügung stehende Raum läßt nur die Nachzeichnung der allgemeinen Grundzüge des orientalischen Heerwesens zu, wie auch auf die systematische Behandlung der Urgesellschaft verzichtet werden muß. Die Darstellung befaßt sich mit den Kulturen des Orients vor dem Übergreifen Europas auf Asien und Afrika, das sich den Orient seit dem 17. Jahrhundert mehr und mehr unterordnete. Der Orient wird hier als ein System unterschiedlicher Kulturen aufgefaßt, deren Einheit nur in der Abgrenzung gegenüber der kapitalistischen Entwicklung Europas besteht.

Das Bild des Orients im Weltbild der europäischen Völker wechselte zwischen den Schrecken der Türkenkriege und der Verehrung des »Heiligen Landes«, beriefen sich doch Christen- und Judentum, die Europas Geisteswelt prägenden Religionen, auf den Nahen Osten als ihre Heimat. Die Erzählungen über David und Goliath, König Salomo, Herodes und Jesus, die Nachrichten über Jerusalem und Bethlehem, von Assur und dem Pharao wurden zum Maß des Verhaltens und der Vorgänge im täglichen Leben, und Europas Könige wurden an ihren orientalischen Vorgängern und Zeitgenossen gemessen.

Die Kirchen wandten sich nach Osten, und von der Heimkehr nach Jerusalem träumten gläubige Juden jahrhundertelang. In orientalische Seiden gewickelt, erreichten Reliquien christlicher Märtyrer vor 1000 Jahren die Kathedralen Europas. Händler erzählten vom Glanz des Morgenlandes, wenn sie Pfeffer, Seide, Perlen und Gläser anboten. Bis in das 10. Jahrhundert war der Orient nicht weit. Er begann schon in Südfrankreich, das zum spanischen Kalifat der arabischen Muslime gehörte. Sizilien war arabisch, und wenngleich das mächtige Byzanz auch christlich war, so war es doch mehr ein Teil der orientalischen Welt, ja, es sah sich als Zentrum der Welt schlechthin, und seine Kaiser residierten in orientalischem Prunk nach persischen Vorbildern.

Der Aufstieg der Handelsstädte Italiens und der Feudalstaaten Westeuropas führte im Niedergang der islamischen Macht zur Reconquista, der Wiedereroberung Spaniens, Siziliens und schließlich zum Angriff auf die Hafenstädte Syriens und Palästinas. Diese als »Kreuzzüge zur Befreiung des Heiligen Landes« unternommenen Eroberungszüge nach Vorderasien gaben Italiens Städtebürgertum die Vormachtstellung im Orienthandel und brachten zugleich zahlreiche orientalische Güter nach Europa. Dazu gehörten auch Kampfformen, Waffen und Befestigungstechniken. Die Beute ging jedoch trotz großer Opfer bald wieder verloren, und schließlich zog der Hohenstaufe Friedrich II. als Vertragspartner des ägyptischen Sultans (1228/29) friedlich in Jerusalem ein, ohne den Verlust der »Heiligen Stätten« auf Dauer verhindern zu können.

Zu seinen Lebzeiten rückte Nordasien bis an die Grenzen Deutschlands vor. Die Mongolen erschienen an der Oder, plünderten Prag, eroberten Ungarn und drangen bereits nach Kärnten vor. Da starb in Karakorum der Großchan, und die Pferdeherden der Mongolenarmee konnten nicht ausreichend versorgt werden, so daß sie in die Steppen Rußlands zurückwichen. Für kurze Jahrzehnte sicherte die mongolische Herrschaft die Überlandwege vom Schwarzen Meer bis nach China. Emissäre der Päpste und europäischer Könige, Missio-

Das Lager der Ägypter Ramses' II., Ausschnitt aus dem Relief aus Luxor, um 1280 v. u. Z.

nare und Abenteurer erreichten Ostasien, nahmen Dienste am Mongolenhof. Ihre Berichte sollten nach dem Zusammenbruch des Mongolenreiches die Erinnerung an die Reichtümer des Orients wachhalten, wie sie beispielsweise der Venezianer Marco Polo beschrieben hat, der von 1275 bis 1292 im Dienste der mongolischen Kaiser Chinas gestanden hatte. Der Ruhm Cathais (Chinas) und der sagenhaften Insel Zipangu (Japan) trieb selbst noch Kolumbus über das Meer. Die Habsucht nach Indiens Schätzen und Insulindes Gewürzen führte die Portugiesen auf dem Seeweg in den Indischen Ozean. Europas Bürgertum und seine Feudalen begannen den Raubzug, der sie zu den Herren der Welt machen sollte.

Das Vordringen nach Asien orientalisierte Europa erneut. Karl V. träumte von der Weltherrschaft der Habsburger Monarchie und richtete sich nach orientalischen Traditionen. Schon Dschingis-Chan war von der Devise ausgegangen: »Im Himmel Gott, auf Erden der Großchan«. In diesem Kampf um die Weltmacht erschütterten religiös motivierte Bewegungen Europas alte Welt. Die Reformation glich in ihren Grundlehren der islamischen Orthodoxie, die wie sie das Wort Gottes, den heiligen Text, an die Stelle der sich als gottberufen darstellenden Priester setzte. Unter der Decke dieses blutig ausgetragenen Streites, der schließlich im »Dreißigjährigen Krieg« Deutschland völlig zerrüttete, ging es um die Vormachtstellung in Europa.

Aber auch die leidenden Völker beriefen sich auf die Lehren der Bibel: »Als Adam grub und Eva spann – wo war denn da der Edelmann?« Die deutschen Bauern folgten dem revolutionär interpretierten Bibeltext, wie die Republikaner Cromwells sich als neuerstandene Makkabäer verstanden.

Ebenso betrachteten die Monarchen des 17. und 18. Jahrhunderts den Osten als Vorbild. Ludwig XIV. kopierte den Hofstil Chinas und imitierte selbst das Ritual der Chinesen, das den Kaiser bei der Reisaussat die erste Furche pflügen ließ. Diese Verkörperung des Absolutismus las aus den Berichten der seit 1601 in Peking tätigen Jesuiten die Realisierbarkeit und Dauerhaftigkeit eines zentralisierten, absolut regierten Staates heraus.

Chinesische Seiden und Porzellane umgaben die Fürsten auch in Dresden und Potsdam. Chinesische Parkanlagen und indische Palastbauten wurden in Europa nachgeahmt, und die entstehende Aufklärung wäre ohne die Übersetzung der konfuzianischen Schriften kaum vorstellbar. Ökonomen wie Quesnay oder Philosophen wie Voltaire sahen ihr Vorbild in China, so daß schließlich selbst der Mandschurenzopf und die einheitliche Uniformierung der Truppen nach chinesischem Vorbild eingeführt wurden. Die Freimaurer griffen auf die orientalische Mystik zurück und verehrten die vorgebliche Weisheit des alten Iran, die Mozarts »Zauberflöte« in der Gestalt des Zarastro (Zarathuschthra) feierte.

Chinesische Vorbilder prägten beispielsweise das Japanische Palais und das Schloß in Pillnitz. Chinesische Tapeten sowie entsprechend gestaltete Möbel, Lampen und Gefäße schmückten die Schlösser von München, Berlin und Wörlitz. Indischen Residenzen waren der Dresdener Zwinger und das Schloß von Schönbrunn nachempfunden. Opern, Fastnachtspiele und dergleichen befaßten sich thematisch mit den Türken, Chinesen und Japanern.

Die Jesuiten, deren Repräsentanten für Jahrzehnte am Hofe zu Peking großen Einfluß ausübten, übersetzten die Hauptschriften des Konfuzianismus. Sie lieferten damit die Begründung des Aufbaus absolutistischer Herrschaftsformen in Europa und zugleich wichtige Anregungen für die Frühaufklärung.

Aber die Kritik blieb nicht aus, je mehr sich das Regime des Absolutismus als Knechtschaft des Volkes und selbst des aufsteigenden Bürgertums erwies. Die Orientverehrung schlug um in den Kult der Antike, in dessen Geist die französischen Revolutionäre sich als römische Republikaner verkleideten, Volkstribunen und Konsuln ernannten, bis Napoleon das Kaiserreich des Augustus mit den Legionsadlern und der Eroberung Ägyptens wiedererstehen lassen wollte.

Das europäische Orientbild des 19. und frühen 20. Jahrhunderts schwankte von Etappe zu Etappe der gesellschaftlichen Entwicklung, beeinflußt vom Griff zur kolonialen Weltmacht und dem Aufstieg Japans, der Plünderung Chinas und der Ausbeutung Indiens. Auch die Gegenwart ist nicht frei von Vorurteilen und viel zu oft blutig ausgetragenen Konflikten in und um Asien, nicht selten noch immer als Nachwirkungen der Kolonialherrschaft europäischer Mächte über den Orient. Zugleich aber brachten die letzten Jahrzehnte große Fortschritte in der historischen Forschung, die ein sich mehr und mehr der Wirklichkeit annäherndes Bild orientalischer Vergangenheit zu zeichnen erlaubt – ein Bild, in dem das Heerwesen seinen festen Platz hat.

(vorherige Seite)

Trockensteppe in Südtunesien – früher Gebiet von Kamelzüchtern

(linke Seite)

Herat, Zitadelle (Ruine) und Hauptplatz

Kasbah, bei Boulmalne, Südmarokko

Die Stadtmauern von Sfax, Tunesien, 9. Jahrhundert

Die Burg Mardakjan auf der Apscheronhalbinsel, 1232 als Teil eines Sperrsystems gegen Seeräuber zum Schutz Bakus gebaut

(nächste Seite)

Die Alhambra, die befestigte Residenz der Emire von Granada

Der Kampf ums Dasein durch Jahrmillionen

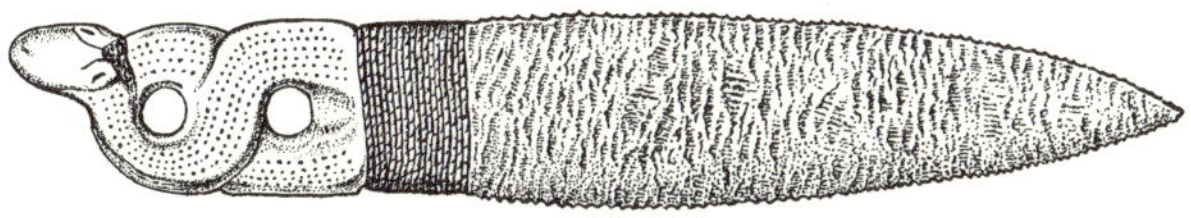

Seit fast drei Millionen Jahren vollzieht sich die Geschichte der menschlichen Gesellschaft in harter Auseinandersetzung mit der Natur. Aus den Gruppen relativ kleinwüchsiger Steppenaffen Ostafrikas vom Typ der Australopithecinen wurden in der endlosen Folge von Generationen die Horden der Steppenjäger und Sammler, die von Afrika aus Eurasien erschlossen, Australien erreichten und über Sibirien und Alaska nach Amerika gelangten. Sie eroberten die Steppen und die Waldzonen, die Kältesteppen des Nordens und die heißen ariden Zonen des Südens. Die Menschen sammelten Erfahrungen in der Verwendung von Pflanzen und Tieren, um ihre Lebensbedürfnisse zu stillen. Sie entwickelten eine Vielfalt von Produktionsformen und Lebensweisen, die ihnen die Existenz in sehr verschiedenen Biotopen erlaubten. Die gegenwärtig neu gestellte Frage des Verhältnisses des Menschen zur Umwelt stand stets vor der Menschheit nicht als Bewußtseinsproblem, sondern als eine Frage des Überlebens. Die Antworten waren so vielfältig wie die Voraussetzungen. Die Art der erreichten Anpassungsfähigkeit entschied, welche Regionen die besten Lebensbedingungen boten. So war dem Großwildjäger die Tundra lebensfreundlicher als die Taiga, dem Bauern die bewässerungsfähige Ebene interessanter als die Steppe, die wiederum dem Viehzuchtnomaden Lebensgrundlage bot. Selbst Hochgebirge und aride Wüsten wurden erschlossesn, teils im Wechsel der Naturvoraussetzungen, denn die Verteilung von Wald und Steppe, Tundra und Wüste war und ist nicht stabil. In kürzeren und längeren Intervallen schwanken Temperaturen und Niederschläge und lassen so große Zonen verwüsten oder Wüsten begrünen, fähig, Nomaden oder Bauern aufzunehmen. Naturkatastrophen haben in der Vergangenheit immer das gesellschaftliche Leben beeinflußt. Schon ein ungewöhnlicher Schneefall konnte die Herden der Nomaden vernichten, oder ausbleibender Regen ließ die Ernte verdorren. Diese Prozesse werden in der Gegenwart durch unkontrollierte Eingriffe, durch Luftverschmutzung, Überbevölkerung, ungenügend bedachte Projekte des Wasserbaus und übermäßigen Holzeinschlag verschärft und führen zu akuten lokalen Katastrophen.

Die in der Neuzeit vorherrschende seßhafte Lebensweise ist welthistorisch erst eine junge Erscheinung. Der Mensch war unstet, folgte den Naturbedingungen, den Wanderungen der Tierherden, der Reife der Wildgetreide oder Früchte, und dies drei Millionen Jahre hindurch. Ohne Zweifel herrschte in diesen Jahrmillionen ein erbitterter Kampf ums Überleben, ein Kampf gegen Naturgewalten, um Nahrung und sicher auch gegen andere Menschengruppen. Es ist schwer, zu sicheren Aussagen über jene längst versunkenen Perioden zu kommen, die den Aufstieg aus dem Tierreich bis hin zu den ersten Staatsbildungen umfassen! Ursprünglich dürften die Frühmenschen aus dem Tierreich ererbten Verhaltensweisen gefolgt sein, die den erforderlichen Lebensraum für jede Gemeinschaft sichern halfen. Hierzu gehörte das Abschrecken oder auch Vertreiben von Nahrungsmittelkonkurrenten, die, gleich ob Hirsch oder Mensch, auch als Nahrung dienen konnten. Belege hierfür haben sich schon aus den Zeiten des Sinanthropus und danach des Neanderthalers gefunden; menschliche Knochenreste oder Schädel mit Schnittspuren, sowie Menschenknochen in Abfallhaufen früher Jäger. Noch fehlte der Begriff der Menschheit als einer über der Natur stehenden Gemeinschaft. Vielmehr kann angenommen werden, daß sich der Mensch als Teil der Natur begriff, ja, daß er die Natur in seinen Vorstellungen »vermenschlichte«. Er sprach Tieren, Pflanzen und Teilen der unbelebten Natur alle Eigenschaften zu, die er an sich erlebte oder zu entdecken glaubte. Die Vorstellungskraft von Jägervölkern Eurasiens und Amerikas, die bis in unsere Zeit in der Lebensweise der Jäger der letzten Eiszeit verharrten, lassen darauf schließen, daß man damals vom »Bruder Bär« sprach oder sich dem Biber, dem Elch oder dem Wolf verwandt glaubte.

Zu Kämpfen kam es immer wieder, sei es um Jagdgründe und Wasserstellen oder um Erntegebiete. Nur Verträge vermochten Frieden zwischen verschiedenen Gemeinschaften zu stiften. Ansonsten galt der Fremde als potentieller Feind, und je begrenzter die Lebensmöglichkeiten waren, um so erbitterter konnten die Auseinandersetzungen geführt werden. Um überleben zu können, operierten Gruppe, Sippe oder Stamm gemeinsam, entsprechend den körperlichen Fähigkeiten des einzelnen und den sozialen Strukturen und Erfahrungen der Gemeinschaft. Es war keine Zeit »ewigen Friedens« und »edler Wilder«, die einst Rousseau aus den Berichten über Amerika und die Südsee herauszulesen glaubte.

Wahrscheinlich haben sich die Technik des Kämpfens und die Kampfformen langsam entwickelt, von den Stökken und Steinen des Urmenschen bis hin zu den verfeinerten, geradezu eleganten Waffen und Geräten des Jungpaläolithikums. Aber es blieb das Engagement der Gesamtheit, und es fehlte der Kampf zur Unterjochung anderer Menschen, der in den letzten Jahrtausenden zu einer der beherrschenden Antriebskräfte der Kriege in der Gesellschaft geworden ist.

In den Indianergesellschaften der Jäger und Sammler des vorigen Jahrhunderts waren die Führer im Kampf freigewählte Kriegshäuptlinge, die im friedlichen Tagesleben ohne Befugnis waren. Ihnen schlossen sich bei Angriffen auf andere Stämme Freiwillige an, während bei der Verteidigung jeder zu den Waffen griff, schon um des eigenen Überlebens willen.

In diesen Spätphasen urgesellschaftlichen Zusammenlebens gab es speziell für den Kampf gegen Menschen entwickelte Waffen, auch wenn viele Speerspitzen oder Harpunen gleichzeitig zur Jagd oder Fischerei wie zum Kampf geeignet waren. Je weniger spezialisiert diese Geräte waren, desto schwerer ist heute der Nachweis, ob es sich um eine Waffe oder ein Gerät zur friedlichen Arbeit handelte.

Die Anfänge orientalischen Heerwesens

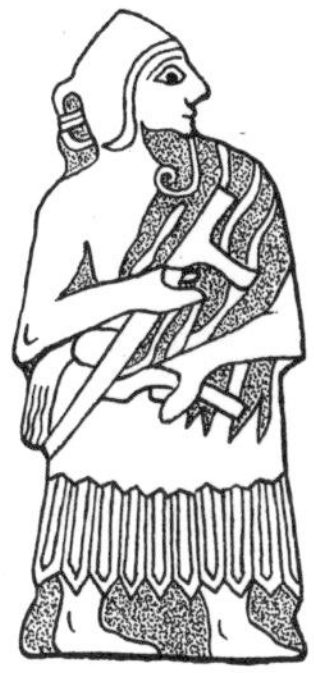

In der Nacheiszeit entstand in verschiedenen Regionen zwischen dem Atlantik und dem Pazifik eine neue Lebensweise, schrittweise und langsam, aber umstürzend in ihren Konsequenzen. Die ausklingende Eiszeit veränderte die Lebensvoraussetzungen und verschob die Zentren menschlicher Existenz. Eine stärkere Hinwendung zu pflanzlicher Nahrung belegen Funde von Sicheln und Reibsteinen in Siedlungen Nordafrikas, die vor 13000 bis 12000 Jahren bestanden. Im östlichen Mittelmeeraum waren es die Wildgerste und der Wildweizen, in der Sahara um 8000 v. u. Z. die Hirse, in Südost- und Südasien der Reis (vielleicht um 7000 v. u. Z.) und in Nordchina wiederum die Hirse (etwa um 7000 v. u. Z.).

In einer Übergangsperiode von sieben bis acht Jahrtausenden entwickelte sich der Ackerbau und mit ihm die Viehzucht, und tiefgehende Veränderungen prägten das Leben der Menschen. Die neue Wirtschaftsweise band die Bauern an die geeigneten Anbaugebiete und die Hirten an die Weidegebiete. Die Verfügung über Wasserstellen wurde im ariden Gebiet zur strategischen Position, die über Leben und Tod entschied. Die verschiedenen Voraussetzungen der materiellen Produktion bestimmten die Geschwindigkeit der jeweiligen Entwicklung und die Formen der sich bildenden neuen Gesellschaften. Nur wenige davon lassen sich bereits jetzt deutlicher erkennen, vieles liegt noch im Dunkel der Vergangenheit.

Auch für diese Periode sind wir lediglich auf archäologische Materialien als Quellen angewiesen, so daß wir aus Siedlungsresten, Geräten, Grabfunden und selten auftretenden Bildwerken Schlußfolgerungen ziehen müssen, wenn wir zu Aussagen kommen wollen.

Eines der ältesten Zentren der neuen Entwicklung waren die Gebiete um das östliche Mittelmeer bis hinein in die iranischen Berge. Von Bedeutung ist dies, da von Vorderasien aus die Ackerbauzivilisation nach Europa kam.

Für viele Jahrhunderte blieb das vorderasiatische Zentrum auf den Raum zwischen dem Kaspischen Meer im Nordosten, dem Toten Meer im Süden und dem Schwarzen Meer im Nordwesten beschränkt. Noch war die See nicht durch die Landenge zwischen Kleinasien und Europa durchgebrochen, so daß die alten Bauern- und Hirtengesellschaften bis hinüber zur Adria zogen, ohne auf natürliche Hindernisse zu stoßen.

Die neue Wirtschaft mit Viehzucht und Ackerbau erlaubte die Versorgung weit größerer Menschengruppen als die Jagd- und Sammelwirtschaft. Bedurfte ein Jäger zu seinem Unterhalt rund 20 km² als »Lebensraum«, so

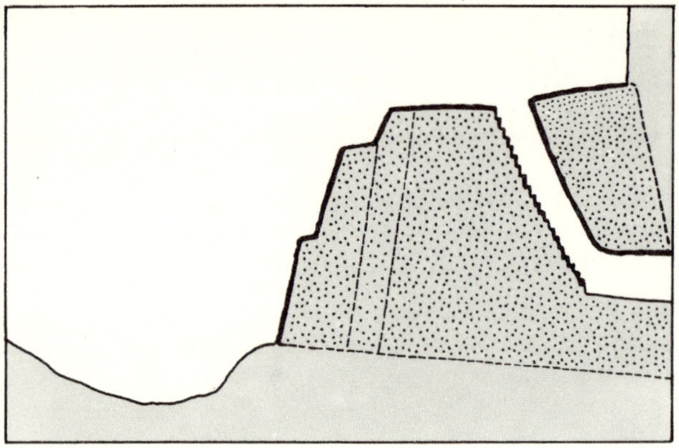

Die Befestigung von Jericho mit Graben, Mauer und Turm (im Querschnitt), Palästina, um 8000 v. u. Z.

konnten rund 5000 Bauern von der gleichen Fläche ernährt werden, sofern diese den Getreidebau erlaubte. Jahrhundertelang genügte das vorderasiatische Hochland, aber im 7. Jahrtausend v. u. Z. erreichte die Bevölkerung im Kernland des westasiatischen Geteideanbaus die Grenze des Möglichen. Kämpfe um Anbau- und Weideflächen brachen aus, und aus dem alten Zentrum zogen Wanderscharen nach Osten, Norden, Westen und Süden ab, auf der Suche nach neuen Weiden und neuem Ackerland. Sie verdrängten die alten Jägervölker oder vernichteten sie, ohne größere Spuren dieser Auseinandersetzungen zu hinterlassen.

In den Regionen Altvorderasiens begann damit eine neue Phase, der Übergang zu sozialen Veränderungen, die auch die Formen der Kämpfe verändern sollten.

Der Kampf um Wasser, Boden und Herden in der Frühzeit Vorderasiens

Die bislang ältesten »Ansiedlungen« von Getreidenutzern fanden sich an den Ufern längst ausgetrockneter Seen der nubischen und libyschen Wüste, jüngere auf dem Sinai. Dann folgen frühe Stationen in Syrien, Kleinasien und in den Bergen des Iran, die Zeltlager waren. Nur Reibmühlen und Sicheln weisen auf die neuen Elemente in der Produktion, eventuell auch die »Fesselsteine«, große Steinplatten mit eingeschlagenen Rillen für Seile, mit denen Tiere am Entlaufen gehindert wurden.

Es gab auch Pfeil- und Speerspitzen, doch wer kann ihren Verwendungszweck mit Sicherheit bestimmen? Wahrscheinlich waren es zumeist Jagdwaffen, so daß man schon jenen glauben möchte, die diese Zeit für ein Paradies des Friedens halten wollen, wären da nicht die Mauern von Jericho! Nicht jene, von denen eine Sage im Alten Testament berichtet, sondern eine gewaltige Anlage aus Steinen, Lehm und Ziegeln, die vor über 10000 Jahren an der noch heute sprudelnden Quelle entstand, die das aride Gebiet bewohnbar werden ließ. Bei Ausgrabungen fanden sich über einer etwa vier Meter starken Schicht aus den Resten von Zeltlagern getreideanbauender und ziegenhaltender Gruppen (die rund zwei Jahrtausende repräsentieren) im jähen Übergang Steinmauern von über vier Meter Höhe sowie ein Turm von ca. acht Meter Höhe und Breite. Da nur ein schmaler Graben bis in diese Tiefe führte – die Ausgräber hatten 40 Meter Schichten zu durchstoßen – wissen wir nicht, wieviele Türme zu dieser etwa einen Kilometer langen und 300 bis 500 Meter breiten Anlage gehörten. In ihrem Schutz mögen 3000 bis 4000 Menschen gelebt haben. Schätzungen sprechen von etwa 4000 Tagewerken, die zum Bau dieser Anlage aufgewandt werden mußten. In die Mauern eingebaut waren Steine von mehreren Tonnen Gewicht. Die Untersuchung der Siedlungsreste im Mauerring, der etwa 1000 Jahre bestand, zeigte, daß die Bewohner als Haustiere lediglich Hunde und einige Ziegen besaßen. Sie müssen also alle Arbeit selbst bewältigt haben. Aber nicht nur diese Mauer wurde von ihnen errichtet. Ein rund acht Meter breiter und etwa zwei Meter tiefer Graben befand sich vor der Mauer, aus dem Kalkstein ohne Hacken ausgehoben worden war. Wahrscheinlich wurden Feuer entfacht, um den Boden zu erhitzen, um ihn dann durch Wassergüsse zu »sprengen«. Welcher Druck muß auf den Menschen dieses »Urjericho« gelegen haben, daß sie derart viel Zeit und Arbeitskraft für ihre Sicherheit aufwandten. Ihre materiellen Hinterlassenschaften sind recht ärmlich, einige Steingeräte, Perlen und Statuetten. Nicht einmal die Kunst der Keramikherstellung war ihnen bekannt.

Die Mauern und den Turm krönten vermutlich noch Ziegelaufbauten. Erhalten geblieben sind die Steinbauten, da sie allmählich im Schlamm versanken, der von den umliegenden Höhen herabgespült wurde, obwohl die Mauern mehrfach ausgebessert und erhöht worden sind.

So wurde bereits die Theorie entwickelt, die Mauern seien kein Verteidigungssystem, sondern eine Staumauer gegen die Schwemmlandmassen gewesen. Jedoch bezeugt ein grausiger Fund im Turm die Einbeziehung der Bewohner in mörderische Auseinandersetzungen. Den Turm durchschnitt ein Treppenaufgang vom Siedlungsniveau bis auf die Höhe, und in diesen Gang hatten siegreiche Eroberer die Leichen Erschlagener geworfen.

Vielleicht ist auch ein anderer Fundkomplex mit dem Aufkommen kriegerischer Auseinandersetzungen zu verbinden: menschliche Schädel, die einzeln oder in Gruppen in oder bei den Häusern gefunden worden sind, und dies nicht nur in Jericho, sondern auch nordwärts bis in die heute türkischen Berge, in denen in der heute Çayönü-Tepesi genannten Ortschaft des 9. oder 10. Jahrtausends v. u. Z. ein Schädelhaus mit Dutzenden abgeschlagener Schädelkalotten gefunden wurde.

In Jericho und anderen Grabungsorten Palästinas konnte nachgewiesen werden, daß die Schädel Gräbern entnommen worden waren, also vermutlich Ahnenschädel waren. Aber jener Fund von Çayönü-Tepesi läßt auf die in Syrien noch vor 3000 Jahren nachweisbare Kopfjagd schließen. Diese auf Neuguinea bis in das 20. Jahrhundert geübte Sitte, den Kopf des Feindes als Kultsymbol zu verwenden, ist uralt und wurde mit der Vorstellung begründet, der Kopf sei Sitz der Macht und der Kraft des Feindes, die man sich durch die Kopfjagd aneignen könne. Im Kern war es nur eine ritualisierte Form der Jagd nach Fleisch, und dem sich ob derartigen Barbarentums Empörenden sei eine während des 1. Weltkriegs von dem polnischen Völkerkundler Bronislav Malinowski auf Neuguinea aufgezeichnete Episode berichtet: Er kam mit einem alten Herrn ins Gespräch, von dem er wußte, daß er ein »Stückchen Missionar« durchaus nicht verschmähen würde. Dieser hatte von dem großen Völkergemetzel in Europa erfahren und war nun interessiert zu wissen, wie man denn diese Millionen Leichen konserviere, da soviel Fleisch auf einmal nicht zu verspeisen wäre. Als ihm Malinowski angewidert erklärte, die Europäer töteten doch ihre Feinde nicht, um sie zu fressen, sah ihn der »Wilde« starr vor Entsetzen an und sagte: »Was müßt Ihr für Barbaren sein, Menschen ohne Sinn zu töten«!

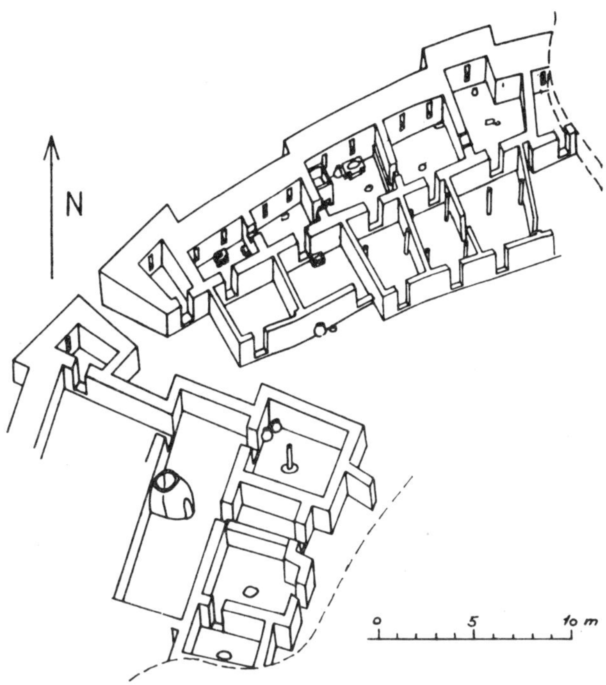

Die Festung von Mersin XVI, Südostkleinasien, um 5000 v. u. Z., links der »Palast«, darüber das Tor und oben die gleichartigen Wohnbauten

Die Wissenschaft erfaßte den Schädelkult in den historisch noch in der Gegenwart nachlebenden Formen einerseits als Ahnenkult wie als Kult mit dem Schädel des Feindes.

In Jericho mögen zur Furcht vor der Menschenjagd für Nahrungszwecke auch strategische Gesichtspunkte getreten sein, die zum Bau einer Festung zwangen. Zum einen gab es hier die reichste Süßwasserquelle nordwestlich des überaus salzigen »Toten Meeres«, und zum anderen führte der Übergang zur Seßhaftigkeit zum Aufkommen des Tauschhandels. Besonders Salz wurde gebraucht, dazu Bitumen als Klebemittel für Feuersteingeräte und Schwefel zur Bekämpfung vier- und sechsbeiniger Schädlinge, die es in den Zeltlagern und Dörfern sicher in Unmengen gab. Das »Tote Meer« lieferte all diese Rohstoffe, und die Bewohner Jerichos kontrollierten den Weg nach Norden. Diese Stellung begründete wohl den Festungsbau und führte wahrscheinlich zu ihrem gewaltsamen Ende. Jahrhundertelang deckten Schuttmassen die alte Siedlung.

Für das 7. Jahrtausend v. u. Z. gaben andere Siedlungen Auskunft über die Entwicklung der Kulturen und der Waffen. Im zentralanatolischen Hochland untersuchte der Archäologe James Mellaart die Reste einer Siedlung, deren zehn übereinanderliegende Schichten ungefähr die Zeit von 7000 und 6000 v. u. Z. ausfüllen. Çatal Hüyük (Tschatal Hüyük), »Doppelhügel«, werden heute die zwei nebeneinanderliegenden Siedlungshügel genannt, deren älterer jene Reste enthielt. Diese Siedlung war ganz anderer Art als Jericho. Eine Festungsmauer ist nicht nachgewiesen worden, aber die vermutlich zum Energiesparen entwickelte Bauweise, alle Häuser Wand an Wand zu bauen, dürfte zudem der Sicherung der Siedlung gedient haben.

Aus den Gräbern von Çatal Hüyük stammt eine der ersten Prunkwaffen, die wir kennen, ein über 30 Zentimeter langer Feuersteindolch mit einem Knochengriff in Gestalt einer sich rollenden Schlange. Sie lag wie andere Dolche und Lanzenspitzen in Gräbern, in denen auch Pfeilspitzen gefunden wurden. Wandbilder zeigen kleine Bogen als Jagdwaffen. Ihr Einsatz ist zwar nicht zu belegen, jedoch als wahrscheinlich anzunehmen.

Über 100 Kilometer westlich von Çatal Hüyük legte James Mellaart die Ruinen einer anderen Siedlung frei, Haçilar, die wiederum andere Strukturen aufwies. Ihre ältesten Schichten, wie Jericho präkeramischen Zeiten zugehörig, enthielten ebenfalls Schädel in den Trümmern ehemaliger Wohnbauten. Über diesen Ruinen siedelten sich im Laufe der folgenden Jahrhunderte wiederholt Bauern an, lebten hier Jahrzehnte – und immer wieder versanken die Siedlungen in Schutt und Asche. Im späten 6. Jahrtausend v. u. Z. gab es einen Durchbruch in der Entwicklung. Selbst ein kleines Dorf mit einem Tempel, drei Töpfereien und vier oder fünf Bauernhöfen war mit einer mächtigen Lehmziegelmauer umgeben worden. Die letzte Ansiedlung an dieser Stelle war eine ringförmig angelegte Wohnburg, die von ausgebrochenen Kämpfen zeugte. Im ummauerten Hof brachte man vermutlich die Herden in Sicherheit, wenn Feinde drohten. Leider ist nur ein Teil der Anlage freigelegt worden, so daß eine zuverlässige Rekonstruktion der gesamten Festung nicht möglich ist.

Besser bekannt ist eine etwas jüngere Anlage im Südosten der Türkei, Mersin XVI, gleichfalls eine Rundfestung des 6. Jahrtausends v. u. Z., entstanden nach einer gewaltsamen Eroberung der uralten Siedlung als systematisch geplante Anlage.

Der Kampf um Rohstoffe und Handelsstraßen

Die Festung von Haçilar wurde gewaltsam gestürmt. Desgleichen war das in Mersin vor dem Bau der Festung gelegene Bauerndorf niedergebrannt worden, gleich vielen anderen Siedlungen des 6. und 5. Jahrtausends in Vorderasien. Eine Zeit der Kriege, Kämpfe und Massaker war ausgebrochen. Massengräber nahmen die Opfer auf. Die Bauern bargen sich hinter Wall und Graben, die Hirten flohen in die Weiten der Steppen. Das zuvor kaum besiedelte Tiefland an Euphrat und Tigris wurde nun besiedelt. Die ersten Anlagen waren Zeltlager ziegenhaltender Getreidebauern, die weiterzogen, wenn die Ernte eingebracht worden war. Sie besiedelten auch – als Halbnomaden lebend – die aride Steppe. Ihre Vorräte, zu groß und schwer zum Transportieren, ließen sie im Schutz eigenartiger »Speicherburgen« zurück, bewacht von wenigen Kriegern vor dem Zugriff von Fremden.

Nur wenige Jahrhunderte später entstand am mittleren Tigris noch vor 6000 v. u. Z. der heute Tell es-Sawwan genannte Hauptort einer größeren Bauerngemeinschaft, geschützt durch Wall und Graben und die Kultstätten und Grabhäuser des Stammes bewahrend.

Die nach Südosten ziehenden Bauern fanden im südmesopotamischen Tiefland sehr gutes Ackerland, steinfrei und gut bewässert, aber ohne Rohstoffe für die Geräteherstellung. Selbst Steine mußten von weither herbeigeholt werden.

Schon zuvor waren Salz, Obsidian (ein vulkanisches Glas) und farbige Schmucksteine weithin im Handel. Nun gewann ein schon seit Jahrtausenden bekannter verformbarer »Stein« an Bedeutung – Kupfer, das es hauptsächlich in Anatolien gab. Die Verfügung über den neuen Werkstoff wurde zum Anlaß immer wieder aufbrechender Kämpfe, in denen die Siedlungen der Unterlegenen in Flammen aufgingen und die Sieger Reichtümer sammelten. Archäologisch zeigte sich dies neben den Brand- und Zerstörungsschichten der Siedlungen im Auftreten sich verschärfender sozialer Unterschiede in den Wohnbauten und im Aufkommen spezieller Handwerke, wie der teilweise zum Prunkgewerbe werdenden Töpferei, zu der oft die Überlebenden unterworfener Gruppen gezwungen wurden. Belege fanden sich unter anderem bei der Ausgrabung jener Mersin genannten Siedlung in Südostkleinasien. Über dreißig Siedlungen hatten nacheinander an dieser Stelle bestanden und werden seit ihrer Freilegung von oben nach unten mit lateinischen Zahlen bezeichnet. In der Schicht XX fanden sich deutliche Zeichen einer gewaltsamen Eroberung durch Eindringlinge aus Nordsyrien, deren Kultur wir nach dem Fundort Tell Halaf bezeichnen. Zugleich blieben noch Formen der Töpferei der Vorbevölkerung in Gebrauch, nach den Fingerabdrücken in den Gefäßen von Frauen und Kindern gefertigt; ein Befund, den die Archäologen als Hinweis auf die Versklavung der Überlebenden gedeutet haben. Besonders aufschlußreich war die Ausgrabung der bereits genannten Rundfestung in der Schicht XVI. Sie war planmäßig angelegt worden: Zuerst wurde der Hügel planiert, dann ein terrassiertes Steinfundament angelegt, auf der sich eine ca. 1,5 Meter starke Mauer erhob. Der Steilabfall davor war mit Steinplatten abgedeckt worden. Ein Tor öffnete sich zwischen zwei mächtigen Türmen und führte zu dem unbebauten Hof im Inneren. An die Mauer lehnten sich relativ einheitliche Wohnhäuser mit jeweils mehreren Räumen an. Nur links vom Tor stand einst ein größeres Haus, offenbar der Sitz einer Häuptlingsfamilie, die jedoch noch keiner Schutzmauer gegen die Angehörigen der gleichen Siedlung bedurfte.

Man kann diese Sozialstruktur als »militärische Demokratie« bezeichnen, ein vom Einsatz aller Kampffähigen im Krieg, bei Bewahrung relativer Gleichberechtigung in der Gemeinde bestimmtes Stadium, das dem Übergang zur Klassengesellschaft vorausging.

Kartiert man die Verbreitung der Kultur vom Tell Halaf-Typ, so belegt das entstehende Bild, daß die im gut beregneten nordsyrischen Randgebiet zu den Bergen des Nordens entstandene Gesellschaft dem Euphrat aufwärts bis an den Vansee gefolgt und westwärts bis an das Mittelmeer vorgedrungen war. Sie hatte nicht nur nach den Obsidian- und Kupferbergwerken Ostanatoliens gegriffen, sondern besetzte auch die wichtigste Handelsstraße nach Mesopotamien, den Euphrat, sowie die Häfen am Mittelmeer und die dorthin führenden Wege. Ein Kampf um die Handelswege und Rohstoffvorkommen hatte begonnen, noch immer als ein Kampf der Gemeinschaften, vielleicht auch von Gefolgschaften einzelner Häuptlinge, der Vorstufe bewaffneter Heere.

Wanderhirten im Kampf um Weiden und Wasserstellen

Einen anderen Entwicklungsweg lassen die Felsbilder und Ausgrabungen in Nordafrika und in der Sahara erschließen. Die heute größte Wüste unseres Planeten bot in der Vergangenheit wiederholt bessere Voraussetzungen für die Existenz menschlicher Gemeinschaften. Die jetzt weit im Süden verlaufende Grenzzone zwischen einem für die Ausbildung und Erhaltung einer ausreichenden Vegetation geeigneten Gebiet und der Wüste lag mehrfach weit im Norden, obwohl Nordafrika und die Sahara stets arid, also trocken, waren. Die Schwankungen der Durchschnittstemperatur auf unserem Planeten lassen die Grenze der möglichen Besiedlung wandern. Wird es wärmer, so ziehen die Regenwolken weiter nach Norden, beregnen die Südhänge des Atlas, überstreichen Libyen und erreichen selbst den Unterlauf des Nils. Wird es hingegen kälter, weicht die Grenze der Bewohnbarkeit weit nach Süden zurück.

Die letzte Eiszeit hinterließ eine tief bis in das heutige Waldland ragende Sandwüste, die in der Nacheiszeit wiederholt für jeweils einige Jahrhunderte von Steppen und im Süden von Wäldern bedeckt war.

Schon die ersten Anfänge einer Getreidenutzung und Tierhaltung in Nordafrika sind mit einer frühen nacheiszeitlichen Feuchtzeit verbunden. In der libyschen Wüste Ägyptens und im Westsudan sind Reste großer Seen aus den Jahrtausenden zwischen etwa 13 000 v. u. Z. und 10 000 v. u. Z. gefunden worden, an deren Rändern zumindest in den letzten Jahrhunderten Rinderhirten und Wildgetreideernter lebten. Sie mußten weichen, als das Klima kälter und trockener wurde. So zogen sie teils nach Süden, teils nach Norden und nach Vorderasien ab. Im 8. Jahrtausend v. u. Z. wurde es erneut wärmer, und aus der Sahelzone drangen Bauern schwarzafrikanischen Ursprungs bis fast zur Mittelmeerküste vor. Sie bauten Hirse an, jagten Elefanten, Antilopen und Giraffen, die sie auf tausenden Felsbildern verewigten. Ihre Bilder zeigen lange Bögen als Jagd- und Kampfwaffen. Diese Geräte weisen zum Teil einen eingezogenen Mittelteil auf, der die Tragweite der Waffen erhöhte. Grabungen lassen erkennen, daß sie eigenständig zur Keramikherstellung gekommen waren, Pfeilspitzen und Speere benutzten und Dörfer an Seen und Flüssen angelegt hatten. Wahrscheinlich gab es auch zwischen ihnen Kämpfe um geeignete Wohnplätze, vor allem, als es im 7. Jahrtausend v. u. Z. trockener wurde, bis schließlich die Sahara noch öder als heute war. Für Jahrhunderte blieben die Regionen der Zentralsahara menschenleer, bis sich Anfang des 5. Jahrtausends v. u. Z. erneut Menschen in die Weiten zwischen Nil und Atlantik wagten. Es waren hellhäutige Europide, nicht dunkelhäutige Afrikaner. Sie kamen mit großen Rinderherden und erschlossen sich die wiederbegrünten Bergländer und Ebenen der Sahara. Erneut war es wärmer und feuchter geworden, aber es kam nur in wenigen Teilen des Gebietes zur Ausbildung einer Ackerbaukultur. Die vorherrschende Wirtschaftsform war die nomadische Rinderzucht. Tausende wunderbare Felsbilder zeigen wandernde Rinderhirten, Lagerszenen und gelegentlich auch Kämpfe. Die Krieger tragen lange Lanzen mit aufgesetzten Spitzen, Wurfhölzer und Schlagwaffen mit eingesetzten Klingen. Vereinzelt werden Beile geschwungen. Auf der Jagd und im Kampf wurden lange Bögen mit eingezogenem Mittelteil verwendet.

Nach 5000 v. u. Z. wich die Nordgrenze des Siedlungsgebiets der Steppenomaden langsam nach Süden zurück, aber noch um 2000 v. u. Z. reichte der von Nomaden bewohnbare Steppenraum bis nach Kordofan und bis an die oberen Nilschwellen im Nordsudan. Nördlich dieser Zone blieben nur die Oasen bewohnt.

Die früheren Bewohner der Steppen des Nordens waren teils in die Berge Nordwestafrikas abgezogen, wo ihre Nachkommen als Berber fortleben. Große Gruppen zogen in den Süden, wo sie heute als Peul oder Fulbe die alte Lebensweise fortführen. Auch im Niltal wurden Volksgruppen aus der Sahara ansässig, und die Kämpfe um Land, Herden und Wasserstellen nahmen kein Ende.

Die archäologischen Funde in anderen Zonen des Orients sprechen für ähnliche Strukturen. In Beludschistan gab es Speicherburgen gleich denen in Vorderasien. In den Steppen Zentral- und Nordasiens entwickelten sich Ackerbaudörfer, und in China bildeten sich mehrere Zentren der Ackerbauzivilisationen heraus. Aber nur Pfeilspitzen, Beilklingen und Speerspitzen zeugen von Kämpfen und sich entwickelnden Gegensätzen zwischen den Stämmen und Völkern. Hier fehlen die aufschlußreichen Felsbilder der Sahara, die für diese Jahrtausende neben den Wandmalereien von Çatal Hüyük die einzigen erzählenden Quellen darstellen. Anders sollte dies erst werden, als in Vorderasien und im Niltal die soziale Entwicklung bis zur Ausbildung des Staates fortgeschritten war.

Das Heerwesen Altvorderasiens und Ägyptens *(3. Jahrtausend v. u. Z.)*

Die Herausbildung der Klassengesellschaft in Mesopotamien

Im späten 4. Jahrtausend v. u. Z. kam der Umbruch in der Geschichte des orientalischen Kriegswesens. Die »agrarische Revolution« erreichte mit der Ausbildung des Staates ihren Abschluß. Dieser Prozeß der Entstehung einer Staatsmacht ist anscheinend in Südmesopotamien erstmals vollendet worden, zumindest können wir ihn in diesem begrenzten Gebiet und im benachbarten Chusistan zuerst verfolgen. Ein wenig später folgte Ägypten, während es in China noch über ein Jahrtausend währen sollte, bevor Staaten entstanden.

Ungewiß sind bisher der Zeitpunkt und die Formen dieses sozialen Prozesses im Industal, dem heutigen Pakistan, und dem westlichen Gangestal Indiens.

Die Anfänge ständiger Seßhaftigkeit in Südmesopotamien und in Chusistan waren sehr bescheiden. Die Warmzeit des 6. Jahrtausends v. u. Z. hatte den Meeresspiegel im Golf wie in den Weltmeeren ansteigen lassen und weite Teile des Tieflandes überflutet. Euphrat und Tigris, aufgestaut durch den Hochstand des Meeres, waren aufgespalten in viele Arme, und Sümpfe bedeckten große Teile Südmesopotamiens. Das Abklingen der Warmzeit ließ gegen Ende des 6. Jahrtausends v. u. Z. das Meer zurückgehen. In die Flußebenen drängten Volksgruppen verschiedener Herkunft. Sie siedelten an Flußufern und bildeten kleine Dörfer. Ihre Bewohner hatten sich an die jährlichen Hochwasser zu gewöhnen, die die Unwissenden mit dem Tode bedrohten. Aber die bisher sumpfigen Tiefebenen hatten große Vorteile, ermöglichten sie doch eine hohe Produktivität des Ackerbaus. Im metertiefen Schwemmland fehlten Steine. Zwar gab es Wasser reichlich, doch mußte es teils von den Äckern fort-, teils zu ihnen hingeleitet werden. So entstand der Bewässerungsackerbau. Bald überstieg seine Produktivität die des Regenfeldbaus um das Zehn- bis Zwölffache. Die Bevölkerungszahl nahm rasch zu, und aus den vereinzelten Dörfern wurden Siedlungssysteme, die von der sich ausbildenden regionalen Organisation der Bewohner zeugten.

Gut verfolgen ließ sich dieser Prozeß in dem seit langem verödeten Chusistan. Die auch gegenwärtig sehr heißen und trockenen Ebenen an Karun und Karcheh wurden schrittweise von Norden her besiedelt, als das Flußwasser für die Bewässerung des ansonsten wüstenhaften Gebiets nutzbar gemacht wurde. Es war ein langsam voranschreitender Prozeß, der um 7000 v. u. Z. begann. Noch um 5000 v. u. Z. existierten nur 18 Dörfer mit ca. 30 Hektar Wohnfläche, so daß in ihnen kaum mehr als 6000 Menschen gewohnt haben können. Lediglich zwei Orte, das spätere Susa und der heute Abu Fanduweh genannte Ruinenhügel, waren größer als fünf Hektar, während die anderen Orte jeweils etwa einen Hektar bedeckten. Das Kartenbild läßt vier Gemeinschaften (vielleicht Stämme) erkennen, denen jeweils die Bewohner von zwei bis fünf Dörfern angehörten. Das Hervortreten der zwei größeren Anlagen deutet wahrscheinlich die Herausbildung zentraler Einrichtungen, vielleicht eines erblichen Häuptlingswesens, an.

Bis dahin dürfte es nur wenige Konflikte zwischen den Stämmen gegeben haben, denn Land und Wasser waren reichlich vorhanden. Zum Ende des Jahrtausends aber hatten die Erträge des Bewässerungsackerbaus die Bevölkerung auf etwa 20000 Menschen ansteigen lassen, die 49 Dörfer mit einer Fläche von mehr als 95 Hektar bewohnten. Deutlich wird im archäologischen Material die Erschließung von Ackerland, das nur durch Kanäle zu bewässern war, wie auch die Herausbildung des Handwerks, das in sich entwickelnden Siedlungen konzentriert war. Die alten Hauptsiedlungen Susa und Abu Fanduweh waren mit über 10 Hektar Fläche zu Städten aufgestiegen. Zwischen ihnen und den etwa 1,5 Hektar großen Dörfern standen kleinere »Zentren« mit sechs bis sieben Hektar Fläche. Dieses Siedlungsbild ist kaum noch als Widerspiegelung der urgesellschaftlich-demokratischen Stämme zu verstehen. Zentralgewalten bildeten sich heraus und ordneten sich das ihren Wohnsitzen beigeordnete Handwerk unter.

Bis zur Mitte des 4. Jahrtausends v. u. Z. war der Prozeß noch weiter fortgeschritten. Susa war eine Stadt von 25 Hektar Fläche. Abu Fanduweh beherrschte mit fast zehn Hektar Fläche den Süden, und im Osten war mit Chogha Misch ein etwa gleich großes städtisches Zentrum entstanden. Die Städte schlossen sich um abgesonderte Paläste und Tempel zusammen, in deren Bereich die Werkstätten der Kupferarbeiter, Steinschleifer und Töpfer konzentriert waren.

In den untergeordneten Zentren ließen sich repräsentative Sitze der Verwaltung nachweisen. Werkstätten aber wurden keine gefunden. Die jeweils etwa einen Hektar großen Dörfer waren lediglich Bauern- und Hirtensiedlungen.

Ein ähnliches Bild zeigte die Region von Uruk am unteren Euphrat. Um 5500 v. u. Z. lassen sich nur zwei oder drei Dörfer nachweisen, und 500 Jahre später waren es nicht mehr als sieben und schließlich elf Siedlungen. Dann aber begann die Urbarmachung des Sumpflandes am Euphrat, und schon im frühen 5. Jahrtausend v. u. Z. gruppierten sich 17 Dörfer um drei Hauptsiedlungen. Zwei Städte von ca. zehn Hektar Fläche waren Eridu und Uruk, die als Kultorte überregionaler Bedeutung anzusehen sind.

Somit standen sich am Persischen Golf zwei Machtzentren gegenüber, die wir wahrscheinlich bereits mit Teilen der aus der späteren Geschichte bekannten Völker der Elamer im Osten und der Sumerer im Westen verbinden können. Sie müssen in jener Phase in eine Folge bewaffneter Konflikte geraten sein, in denen die Urelamer unterlagen. Ihr seit Jahrhunderten entwickeltes Siedlungs- und Sozialsystem brach jäh zusammen. Der Nordwesten des Siedlungsraumes wurde völlig geräumt, südlich von Susa wurden viele Dörfer aufgegeben. Im Osten verfielen gleichfalls zahlreiche Ansiedlungen. Insgesamt dürfte die Bewohnerzahl um 35 bis 50 Prozent abgenommen haben.

Hingegen erlebte die Region um Uruk einen raschen Aufstieg. Um diese für Jahrhunderte zum Zentrum Südmesopotamiens aufsteigende Stadt schlossen sich zehn Zentren mit 123 Dörfern zu einem Verband zusammen, den wir durchaus bereits als »Staat« bezeichnen dürfen. Er war offenbar als Sieger aus dem Konflikt mit den Bewohnern Chusistans hervorgegangen – einem Konflikt, von dem neben Schuttschichten in den zerstörten Siedlungen auch erste »Bildberichte« sprechen. Siegelbilder aus Chogha Misch stellen die Einnahme und Zerstörung befestigter Siedlungen und marschierende Kolonnen dar. Aus Uruk kennen wir Siegel mit Bildstreifen, die einen »Fürsten« zeigen, dem Gefesselte vorgeworfen und vor ihm wahrscheinlich geblendet werden. Daneben stellen Statuen ebenfalls Gefesselte dar, während andere Bildwerke Herren auf Kampfwagen paradieren lassen.

Die Gewalt war nunmehr zum Gegenstand von Darstellungen geworden, besonders die Herrschaft über Menschen bis hin zu deren physischer Vernichtung. Die Auftraggeber dieser Kunstwerke sahen keinen Grund, ihre Grausamkeit zu verschweigen, sondern demonstrierten sie vielmehr, indem sie sie auf ihre Amtszeichen setzten. Sie waren stolz darauf, Schrecken zu verbreiten und bewaffnete Menschen zur Unterdrückung, ja zur Ermordung anderer Menschen einsetzen zu können.

Über diese Vorgänge gibt uns die Archäologie Auskunft, da die Erfindung der Schrift erst eine Folge der Staatsentstehung war. Noch ein Jahrhundert sollte vergehen, ehe für uns lesbare Texte entstanden. Das Ruinenfeld von Uruk ist mit über 400 Hektar viel zu groß und die in 4000 Jahren Geschichte angehäuften Trümmerberge sind viel zu gewaltig, um schon heute – trotz eines halben Jahrhunderts Grabungstätigkeit – aus jenen jetzt tief unter 40 bis 50 Meter Schichten ruhenden Resten der Frühzeit ausreichend Auskunft geben zu können.

Anders ist dies in der südlich von Uruk gelegenen kleineren Stadt Eridu, die weit früher aufgegeben wurde als die Machtzentrale des Landes. Hier gelang es durch eine Tiefgrabung unter den Ruinen eines Tempels aus dem 3. Jahrtausend v. u. Z. bis zu den Anfängen dieser in ihrer spätesten Form gewaltigen Anlage vorzustoßen. Auf der untersten (18.) Schicht mit wenigen Mauern fand sich ein Hüttchen von vier Mal vier Meter Fläche als erster Tempel. Ihm folgte bei jedem Neubau eine erweiterte Anlage, so daß um 4500 v. u. Z. hier ein schon recht ansehnlicher Tempel von 20 Metern Länge und 15 Metern Breite stand. Zum Ende des 4. Jahrtausends v. u. Z. erhob sich eine Tempelburg, zweistöckig auf einer rund 15 Meter hohen befestigten Plattform, umgeben von einer drei bis vier Meter hohen Mauer aus Kalksteinblöcken. Sie schloß den Tempel von den ihn umgebenden Wohngebieten ab. Diese Befestigung war ein materieller Ausruck der Macht der Besitzenden gegen die Bewohner der ärmeren Wohnviertel vor den Mauern des Tempels.

Auch in Uruk gab es im späten 4. Jahrtausend v. u. Z. monumentale Tempel, zwei voneinander getrennte Tempelbezirke, umschlossen von Festungsmauern und zu betreten nur durch gut kontrollierten Toranlagen. Erst Jahrhunderte später entstand eine Stadtmauer. Wer waren die Herren, die Tempel errichten, Dörfer zerstörten und Menschen vernichten ließen? Bisher kennen wir aus dem Bereich des Urukstaates keinen Palast, keine vom Tempel getrennte Residenz. Vielleicht erklärt sich dies aus der Besonderheit Südmesopotamiens, in der die Kenntnis der Natur, der Zeiten drohender Überschwemmungen und der Perioden der sengenden Sonne, über Leben und Tod entschied. Nur gemeinsam konnten Entwässerungsanlagen geschaffen und erhalten werden, so daß die Leitung und Organisation der Produktion und der Gesamtgesellschaft in Südmesopotamien zusammenfielen und den Priestern eine Vormachtstellung in der rasch an Zahl wachsenden Bevölkerung gaben. Die Priester kontrollierten auch die Speicher.

Im späten 4. Jahrtausend v. u. Z. waren schließlich die Städte mit 60 000 bis 70 000 Einwohnern zu groß geworden, um mit den Mitteln der alten Stammesdemokratie geleitet und im Zustand friedlichen Miteinanders gehalten zu werden.

Deutlich wird dies auch in Nordmesopotamien, dessen Wirtschaft auf dem Regenfeldbau beruhte. In den Siedlungen lassen sich die Wohnsitze reicher Familien klar von den Wohnungen der Ärmeren unterscheiden. In den Zentren entstanden neben größeren Tempeln befestigte Herrensitze, wie beispielsweise eine »Rundburg« mit »Ratssaal« in Tepe Gawra. Eine Keramikschale zeigt die Darstellung eines anscheinend aus Holzstämmen errichteten Wachturmes, in dem vermutlich Wachmannschaften die Siedlungen beschützten. Sie könnten aus der Jungmannschaft der jeweiligen Siedlung bestanden haben.

Diese Reste alter Stammesdemokratie scheinen im ausgehenden 4. Jahrtausend v. u. Z. beseitigt worden zu sein, ein Vorgang, der wahrscheinlich nicht ohne Gewaltanwendung vonstatten ging. Zumindest ist ein eigenartiger Befund im E-anna-Tempelbezirk von Uruk nur durch die Annahme des Vorhandenseins massiver sozialer Konflikte zu erklären. Der älteste prunkvolle Tempel dieses Komplexes, aus Zementmauern errichtet und mit Steinstiften verziert, ist systematisch zerstört worden, vielleicht infolge eines Aufstandes gegen die Priester. Dann wurden die Trümmer des geschändeten Heiligtums und die Reste des Tempelschatzes in einem in die Erde eingegrabenen Totenhaus regelrecht beigesetzt und mit Bitumen übergossen, jeden Zugriff verhindernd. Solange die Stadt Uruk existierte, ist diese Stelle nie wieder besiedelt worden. Ein »Fluch« lag auf dem Ort, vielleicht erstes Zeugnis einer Gewaltanwendung der Unterdrückten gegen die Herrschenden, denen dieser Aufstand unvergeßlich geblieben zu sein scheint.

Der Urukstaat steigt für uns allmählich aus dem Dunkel der Vergangenheit. Seine »Hauptstadt« maß etwa 400 Hektar, zwei weitere Städte jeweils über 50 Hektar. Um etwa 20 Landstädte gruppierten sich rund 124 Dörfer mit einer Fläche von einem bis sechs Hektar, so daß das Kernland um 3000 v. u. Z. bereits über 500000 Einwohner gezählt haben dürfte. Die herrschende Klasse waren Großgrundbesitzer, die zugleich den Staatsapparat kontrollierten. Nach den in dieser Zeit aufkommenden ersten Texten besaß der Herr von Uruk, der den Titel »En« führte, 1200 Hektar Land. Ein anderer Text berichtet, daß 900 Hektar Land an sechs Priester verteilt wurden. Die Arbeit leisteten Besitzlose, die in den Texten als »Männer (oder Frauen) aus dem Bergland« erscheinen und die man in der Regel als Sklaven bezeichnet.

Wahrscheinlich gab es zu dieser Zeit bereits zentrale Waffendepots. Jedenfalls zeigen einige Siegel mesopotamischer Beamter aus Uruk, offenbar waren es die Amtssiegel der Waffenverwalter, diese an. Die Depots enthielten Bogen und Pfeile, Köcher, Dolche und Speere. Ein urukzeitliches Siegel zeigt eine Waffe, die durch die Bibel berühmt geworden ist, die Schleuder. Der Legende nach tötete der Hirt David den Helden der Philister mit der Schleuder. »Und David tat seine Hand in die Hirtentasche und nahm einen Stein daraus und schleuderte ihn und traf den Philister an die Stirn, daß der Stein in seine Stirn fuhr und er zur Erde fiel auf sein Angesicht« (I Samuel, 17, 49–50).

Die Mesopotamier schleuderten mit dieser Waffe gleichmäßig geformte und hart gebrannte Tonklumpen in Zigarrenform, durchaus todbringene Geschosse. In den Ruinen mesopotamischer Siedlungen sind ganze Lager derartiger Schleuder»steine« gefunden worden. In Tepe Gawra (Nordirak) fand sich in den Trümmern einer zerstörten Ansiedlung neben anderen Opfern das Skelett eines etwa zwölfjährigen Jungen, in dessen Rückgrat noch das tödliche Geschoß steckte – ein Schleuderstein. Diese aus einem Lederriemen und geeigneten Wurfgeschossen leicht herzustellende Waffe diente u. a. den Hirten zur Bewachung der Herden. Nach der Aufstellung zusammengesetzter Truppenteile blieb die Schleuder bis in die Zeit der römischen Legionen die bevorzugte Waffer der Plänkler (Einzelkämpfer, die vor die eigene Schlachtreihe geschickt wurden), die zu Beginn der Schlacht die feindliche Kampflinie stören sollten. Wahrscheinlich ist es eine sehr alte Waffe, die aber nur schwer mit archäologischen Mitteln nachzuweisen ist. Vermutlich wurde sie in erster Linie von im Kriegsfall in den Dörfern ausgehobenen Bauern und Hirten geführt, die noch lange in der urtümlichen Gemeindeverfassung lebten, die von Großfamilien bestimmt wurde. Die Dörfer standen wahrscheinlich unter Ältestenräten.

Über die Organisation der bewaffneten Formationen wissen wir wenig, so sehr der frühe Übergang zur staatlichen Organisation Südmesopotamiens Sumerern und anscheinend auch den heutigen Südiran bewohnenden Elamern eine Vormachtstellung in Vorderasien gab. Denn die Elamer siedelten nicht nur in dem von Südmesopotamien mit Krieg überzogenen und verwüsteten Chusistan, sondern zudem in den Zagrosbergen und den Ebenen der heutigen Provinz Fars. Sie kontrollierten von hier aus die Handelswege nach Osten. Um die Wende zum 3. Jahrtausend v. u. Z. belegen Reste befestigter Siedlungen, Exportgüter und erste Triumphalbildwerke eine weitgreifende Expansion sowohl der Südmesopotamier wie der Elamer nach Osten, Norden und Süden – in Territorien, die offenbar auf Grund ihrer zurückgebliebenen Sozialstruktur dem Angriff selbst relativ kleiner bewaffneter Formationen wenig Widerstand entgegensetzen konnten. Das am weitesten nach Süden verschlagene Siegesdenkmal vorderasiatischer Eroberer ist ein Messergriff aus Flußpferdelfenbein an einem Prunkdolch aus Feuerstein, der sich am Dschebel el-Arak in Oberägypten fand. Auf der einen Seite sind die Besatzungen zweier Flotten aneinandergeraten, und die Leichen Erschlagener schwimmen zwischen Schiffen der Fremden (oben) und Nilbooten. Die Kämpfer benutzen kleine Stoßschilde und Schlagstöcke. Einer der Männer trägt eine Waffe, die in Ägypten eine lange Tradition haben sollte – den Schlagstock mit eingebundener halbkreisförmiger Klinge, aus der ein viel benutzter Typ ägyptischer Kampfäxte wurde. Im oberen Bildteil werden Gefangene eingebracht, wird die Gegenwehr der letzten Verteidiger gebrochen. Die andere Seite zeigt den Sieger, einen Mann in der Tracht des En von Uruk, der zwei Löwen an der Mähne hält. Unter ihm sind Jagdhunde und vielleicht Löwen dabei, Wildtiere zu unterwerfen, was vielleicht symbolisch für Stammesgruppen der Einheimischen steht.

Den Weg der Invasoren zum Nil deuten Felsbilder im Wadi Hamamat an, das in Oberägypten zum Roten Meer führt. Sie zeigen die gleichen Boote wie das Messer von Dschebel el-Arak und die Siegel Südmesopotamiens. Die Invasoren hatten Ägypten zur See erreicht und sich über die im Niltal Ansässigen geschoben, die ihrerseits zumindest zum Teil aus der austrocknenden Sahara in das Niltal gekommen waren.

Der im frühen 3. Jahrtausend v. u. Z. im Niltal entstandene Staat war ein anderer als der auf die Vorherrschaft von Städten aufbauende Staat Südmesopotamiens. Über den schmalen Streifen anbaubaren Landes zu beiden Seiten des Nils und dem weitgefächerten Nildelta herrschten Militärfürsten, deren Kultur noch während der ersten zwei Dynastien viele Züge Altvorderasiens aufwies. Ihre Gräber bei Sakkara bilden Palasttempel der Urukzeit Mesopotamiens nach. In den Gräbern der letzten Jahrhunderte von der Staatswerdung im Niltal sind Rollspiegel mesopotamischer Herkunft gefunden worden. Im Delta lassen erste Funde auf Handelsbeziehungen zur nordsyrischen Küste schließen.

Die Bewohner des Urukstaates waren den Euphrat aufwärts gezogen und hatten an strategischen Stellen befestigte Stützpunkte angelegt. Sie lassen das Ziel erkennen, dem die frühsumerische Expansion galt, die Kupferbergwerke Ostanatoliens und den Weg zur syrischen Küste. Deutlich wird dies beispielsweise in der am westlichen Ufer des Euphrats angelegten Festung »Habuba Kabira«. Sie war an dem dem Mittelmeer am nächsten gelegenen Euphratknie errichtet worden. Eine rechteckig geplante Stadt lag im Schutz einer Doppelmauer mit zwei systematisch angelegten Toren. Auf der Höhe im Südteil der Stadt erhoben sich mehrere Tempel. In der Stadt sind die Häuser reicher Handelsherren ausgegraben worden.

Ansiedlungen mit südmesopotamischen Erzeugnissen ließen sich bis an die Berge Anatoliens nachweisen. Gleichfalls am Wege nach Mittelasien sind in den Zagrosbergen Ansiedlungen der Urukbevölkerung entdeckt worden. Wahrscheinlich waren es Stationen zu den Edelsteinminen Afghanistans und Mittelasiens. Hierher kamen neben Karneolen und Türkisen besonders der als unheilabwehrend angesehene Lapislazuli, der schon vor 3000 v. u. Z. Ägypten und Mesopotamien erreichte. Offenbar umgingen die Mesopotamier die großen Salzwüsten Irans im Norden, während die Elamer den Zentraliran im Süden umgingen. Ihre befestigten Stationen lassen sich bis weit nach Kirman verfolgen. Hier trafen ihre Handelszüge auf die Repräsentanten einer uns noch in vielen Zügen rätselhaften Kultur, die wir nur mit archäologischen oder geographischen Begriffen bezeichnen, da wir ihre Träger nicht kennen und nicht wissen, welche Sprache sie benutzten. Gemeint ist die Induskultur, auch die Kultur von Harappa und Mohendscho Daro genannt. Sie war ihrer Flächenausdehnung nach größer als Altägypten oder Mesopotamien. Zwei große Städte sowie über 100 kleine Siedlungen sind bisher bekannt geworden, doch weder Palast noch Tempel. Die Städte waren schwer befestigt, rechteckig in der

Belagerung einer Stadt (bisher älteste Darstellung), vor 3000 v. u. Z., Nachzeichnung eines Rollsiegels, Chogha Misch, Südwestiran

Gefesselte Gefangene vor einem Priesterfürsten, Rollsiegelabdruck, Uruk, vor 3000 v. u. Z.

Erschießung Gefangener vor dem Tempel, Siegelabrollung aus Susa, Südwestiran

Planung und mit massiven Zitadellen versehen. Das Handelsnetz war weit gespannt, aber kein Bild zeigt einen Bewaffneten, und nur wenige Funde lassen sich als Waffen erklären. Wahrscheinlich bestanden die Waffen dieser Zivilisation aus Metall und sind immer wieder eingeschmolzen worden, so daß wir über das Heerwesen dieser seit dem 4. Jahrtausend bis in das frühe 2. Jahrtausend v. u. Z. blühende Zivilisation nahezu nichts wissen.

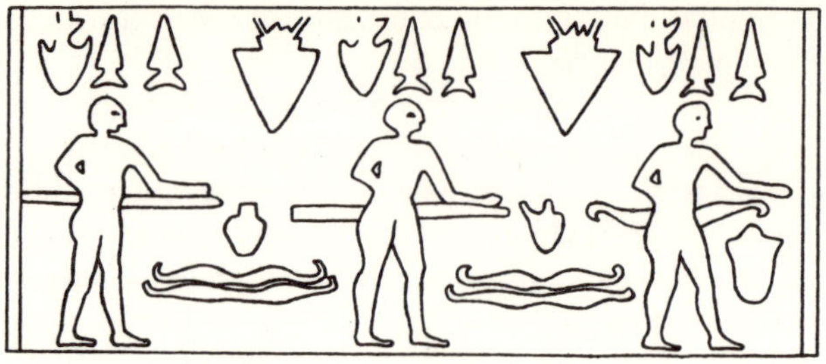

Waffendepot auf einem Siegel aus Uruk, Abrollung, vor 3000 v. u. Z.

Kriegs- und Heerwesen des 3. Jahrtausends v. u. Z. in Mesopotamien

Der große Urukstaat brach im frühen 3. Jahrtausend v. u. Z. auseinander. Vermutlich hatten andere Regionen Vorderasiens den sozialen Entwicklungsvorsprung Südmesopotamiens aufgeholt, denn die staatliche Struktur Mesopotamiens unterschied sich im 3. Jahrtausend von den Grundformen des Urukstaates.

Das 3. Jahrtausend v. u. Z. war die erste Etappe der Klassengesellschaft des Alten Orients, überschattet von einer endlosen Kette von bewaffneten Auseinandersetzungen. Erstmals künden geschriebene Texte und eine Vielzahl erzählender Darstellungen von blutigen Wirren und Kämpfen. In der Regel sind es die Berichte der Seiger, denn die Unterlegenen waren nur selten in der Lage, das Geschehen wiederzugeben. Dies geschah dann in Form der Anklage oder dem Schwur der Rache. Krieg beherrschte das tägliche Dasein, und der Konflikt um Ackerland und Wasser das gesellschaftliche Leben.

Deutlich wird dies beispielsweise im Text und den Reliefs einer Stele (freistehender Gedenkstein), die in den Trümmern der altsumerischen Stadt Girsu gefunden wurde – ein Siedlungshügel, der heute Tell Loh genannt wird. Die Stele war vom König Eannatum zur Erinnerung an den Sieg über die benachbarte Stadt Umma aufgestellt worden. Der Text berichtet vom Kampf vieler Generationen um einige Hektar Land, die Eannatum wiedererobert hatte. Aber die Feinde unterbrachen die Kanäle, die das Land bewässerten. Eannatum ließ daher einen neuen Kanal vom Tigris herüberziehen und erlöste damit Girsu aus der Gefahr neuer Grenzkämpfe um Land oder Wasser. Leider haben spätere Sieger diese Stele zerschlagen, nur Fragmente sind erhalten geblieben. Nach den Geiern, die auf einem Bruchstück Leichenteile zerreißen, ist sie »Geierstele« genannt worden.

Martialisch geben sich die Reliefs der Geierstele, die einen Einblick in die mit dem Krieg verbundenen Vorstellungen der Sumerer vermittelt. Die beiden Hauptseiten der zungenförmigen Stele stellen zwei Ebenen der künstlerischen Wiedergabe des Themas dar. Die Szenen sind in mehrere Streifen (Register) übereinandergestellt. Auf der einen ist der Kampf der Menschen dargestellt, und auf der anderen der Kriegsgott Ningirsu, der die Feinde der Stadt wie gefangene Vögel im Netz dem Tod überantwortet. Er zerschlägt mit einer Keule mit birnenförmigem Kopf den Schädel eines Gefangenen, der aus dem Netz hervorsieht. Der Gott hält mit der Linken das sackartige Netz mit einem symbolträchtigen Verschluß: ein löwenköpfiger Vogel hält zwei Löwenprotomen unter sich fest. Der löwenköpfige Vogel kehrt auf der linken Bildseite als Standartenaufsatz wieder, der anscheinend den Kampfwagen der Gottheit (hier ausgebrochen) zierte. Nur ein Teil des Kopfes und die Krone des Göttergespanns sind erhalten geblieben.

In einem zweiten Register war offenbar der Gott auf seinem Streitwagen dargestellt. Erhalten blieben von den Zugtieren wiederum nur die Kronen und vom Gefährt ein Teil der Deichsel sowie des Wagenschildes, nebst einem Zügelring in Tiergestalt. Aussagestärker ist die in vier Friese gegliederte Seite mit der Darstellung des königlichen Triumphes. Besonders der obere Streifen ist von demonstrativer Wirkung. Von links stampft eine aus Menschen formierte Kampfmaschine über Leichen hinweg, geführt von dem übergroß dargestellten König im weiten Mantel mit metallenem Helm. Die Marschkolonne wirkt wie eine geschlossene Walze, bestimmt von den schweren, rechteckigen Schilden, die an-

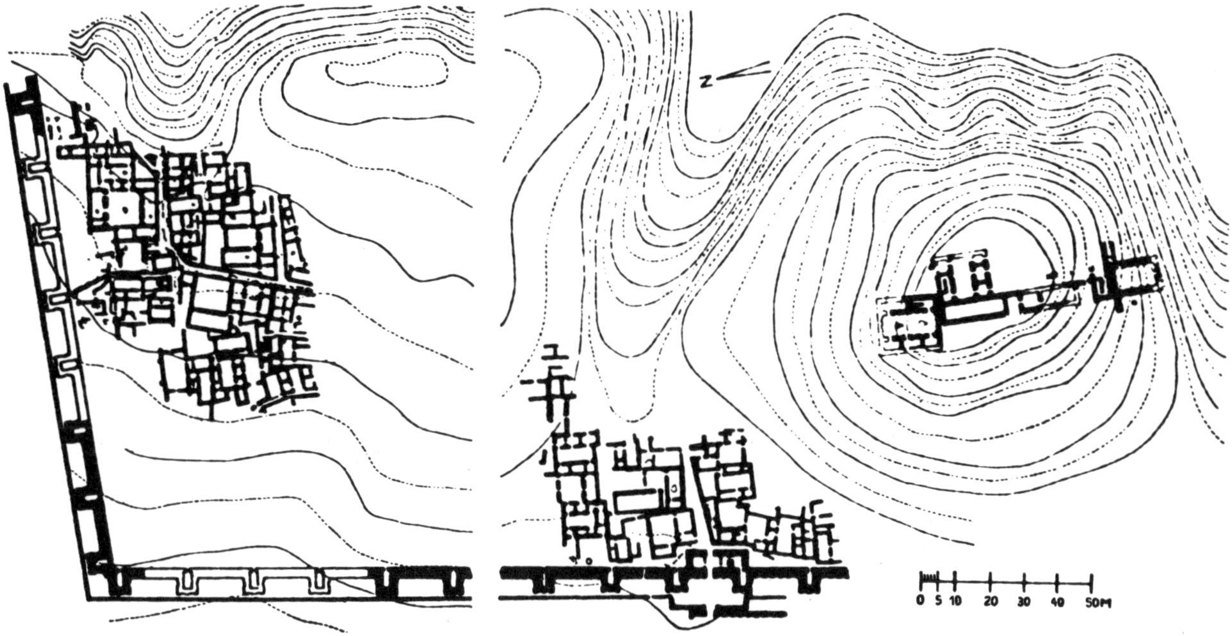

Die Festung Habuba Kabira, mit einer Doppelmauer und Toranlage, rechts oben ein Tempelzentrum, 4. Jahrtausend v. u. Z.

einander anschließen. Zahllose Speere zeigen drohend nach vorn, und über dem Schildrand erscheinen die mit Helmen bewehrten Köpfe. Eine Vielzahl Füße scheint die Gesamtmasse zu bewegen, in der man keine Einzelkrieger unterscheiden kann. Die unter ihre Füße getretenen Feinde sind nackt, und vor dem König häufen sich die Leichen. Am oberen Bildrand werden die Opfer von Geiern zerhackt.

Im zweiten Register zieht von links die Kolonne der Fußsoldaten heran. Ihre Stoßlanzen haben sie auf die Schultern gelegt. Voran fährt der König auf dem Kampfwagen und stößt seine Lanze nach vorn, vermutlich in den Körper des Königs von Umma, dessen Darstellung jedoch ausgebrochen ist. Am vorderen Schild des Wagenkastens sind Wurfspeere zu erkennen, an denen Schlingen auf die Verwendung von Speerschleudern hinweisen, die die Reichweite des Wurfes vergrößerten.

Der dritte Fries zeigt die Bestattung der Toten und das ihnen dargebrachte Opfer, wahrscheinlich die Gefallenen der eigenen Armee. Das Opfer leitet der dabeistehende König. Vom unteren Fries blieb nur eine Stoßlanze erhalten, die in das Auge eines von vier noch erkennbaren Kopfes trifft, möglicherweise die Wiedergabe des entscheidenden Stoßes im Zweikampf der Könige. Nur wenige Siegesdenkmäler erreichen Dramatik und Ausdruck dieser »Geierstele«, so fragmentarisch sie auch sein mag.

Vollständig erhalten blieb ein als »Standarte von Ur« bekanntgewordenes Bildwerk, ein Holzkasten mit aufgeklebten Mosaikstreifen auf den Längsseiten. Je drei Panele (Bildstreifen) zieren in Weiß auf Dunkelblau dieses einem König von Ur vor über 4500 Jahren in das Grab mitgegebene Kunstwerk. Die eine Seite stellt den Triumph des Königs dar, der im oberen Fries seine Soldaten und die ihm zugetriebenen Gefangenen nahezu um Hauptesgröße überragt. Hinter ihm stehen drei Fußsoldaten. Es folgt der königliche Kampfwagen, das Gespann von einem »Pagen« geführt. Nach dem Wagen, der schwer und mit massiven Scheibenrädern versehen ist, erscheint der Fahrer. Als Zugtiere fungieren niedrige, kräftige Tiere – Onager –, die störrischen Halbesel Vorderasiens, die mit einem Kappzaum und einem Ring durch die Nase gezügelt wurden.

Kampfwagen und Soldaten, Ausschnitt aus der »Ur«-Standarte, um 2500 v. u. Z.

Von rechts werden Gefesselte von Soldaten herangeschleppt. Im Mittelfries marschieren von links Schwerbewaffnete heran, Lanzenträger mit dem Helm auf dem Kopf und einem langen Schutzmantel, der mit »Punkten« besetzt ist. Nach Grabfunden aus dem gleichen Komplex waren es Kupferplatten, die den Ledermantel zum Panzer werden ließen. Die gleichen Funde weisen die Helme als in Kupfer gestaltete Mützenhelme nach. Ein Prunkhelm dieser Königsgräber ist sogar aus purem Gold gefertigt. Die auf der »Standarte« wiedergegebene Truppe treibt Gefangene vor sich her. Im unteren Fries sind hintereinander vier Kampfwagen mit je zwei Mann Besatzung zu sehen. Unter den ersten drei Wagen liegen Gefallene – Symbol des Sieges. Vielleicht ist mit dem siegreichen Streitwagenfahrer jedesmal der König als Triumphator gemeint.

Die Rückseite schildert gleichfalls in drei Friesen die Siegesfeier. Wohl zu unrecht wird diese Seite daher des öfteren als »Friedensseite« bezeichnet.

Im oberen Fries feiern die »Großen« des Staates, unterhalten vom Gesang einer Frau, die von einem Leierspieler begleitet wird. Auf den unteren Friesen wird die Beute herbeigeschafft; Zugtiere, Tragtiere, Ziegen und Schafe, Gazellen, Fische und andere Dinge.

Fragmente ähnlicher Einlegearbeiten aus Kisch und Mari stellen gleichfalls Kampfwagen und Schwerbewaffnete dar; Bilder, die zudem ein eigenartiges Metallgerät als Waffe erkennen lassen. An einer Tülle setzt ein geschwungenes Blatt an, das im oberen Rand durch einen Steg versteift worden war. Es war der Versuch, die mangelnde Festigkeit des Kupfers auszugleichen und eine wirksame Schlagwaffe herzustellen.

Doch blieb die Keule mit steinernem Kopf die Hauptwaffe im Nahkampf, da auch der Kupferdolch nur als kurze Stichwaffe zu verwenden war und gegen Helm und Lederpanzer wenig auszurichten vermochte. Der kugel- oder birnenförmige Kopf der Keule erhielt gelegentlich »Knöpfe«, um die Wirkung zu erhöhen. Manche Keule war mit Reliefs geschmückt. Keulenköpfe in Edelmetall und Halbedelsteinen wurden in Tempeln als Opfer dargebracht. Schon aus frühsumerischer Zeit sind übergroße Keulenköpfe künstlerischer Gestaltung bekannt, so aus Girsu die etwa 20 Zentimeter hohe Keule des Königs Mesilim, auf der ein Streifen stark stilisierter Löwen angebracht ist, wobei ein Tier dem anderen folgt und dabei das vor ihm stehende mit den Vordertatzen anpackt. Die Keule ist viel zu schwer, um als Waffe gebraucht zu werden und dürfte von vornherein als Opfergabe gefertigt worden sein. Ein Relief aus Girsu stellt Keulenköpfe auf hohen Pfeilern dar, die anscheinend in einem Tempel stehen. Dolche und Lanzenspitzen sind ebenfalls als Prunkwaffen hergestellt worden. Sie waren aus Gold oder Silber und mit Lapislazuli (Lasurstein; ein blauer goldgesprenkelter Schmuckstein aus Afghanistan) und Symbolen geschmückt.

So fand sich im gleichen Grab neben dem erwähnten Goldhelm aus Ur ein goldener Dolch mit einen Griff aus Lapislazuli. Die Klinge trägt das stilisierte Zeichen »Heuschrecke«, wohl eine Todesdrohung für den Gegner. Die zum Dolch gehörende Scheide ist mit Granulationen verziert und in Gold gearbeitet. Diese drei Gegenstände sind die prunkvollsten, erhalten gebliebenen Waffen Altmesopotamiens.

Ein beschrifteter Dolch aus Girsu hat einen Griff aus zwei hockenden Löwen; eine Waffe, die eventuell Opferzwecken diente.

Die bereits mehrfach erwähnten Gräber von Ur gehörten zu einem über tausend Bestattungen zählenden Gräberfeld des 26. bis 25. Jahrhunderts v. u. Z., von denen fast ein Dutzend tief in den Boden eingegraben und mit großen Schätzen ausgestattet war. In einigen dieser »Königsgräber« lagen bis zu 86 Menschen, die dem toten Fürsten hatten ins Grab folgen müssen. Dazu zählten neben Musikanten und Tänzerinnen auch die Fahrer der »Königswagen« und vollbewaffnete Wachsoldaten, die uns die Realität der Ausstattung altsumerischer Soldaten auf den Bildwerken jener Zeit bezeugen. Auch die Ausstattung der Kampfwagen ist, soweit sie aus Metall bestand, gefunden worden, darunter prachtvolle Zügelringe mit plastischen Aufsätzen, wie sie aus Kisch und nordmesopotamischen Fundorten bekannt sind.

Die tragende »Waffengattung« waren anscheinend die schwerbewaffneten Fußsoldaten, zu denen als »schwere« Kampfwaffe die Streitwagen kamen. Wahrscheinlich gab es von ihnen stets nur eine kleine Anzahl, waren sie doch schwer zu lenken, weil schwerfällig, und die Zugtiere nur mit Gewalt zum Dienst zu zwingen.

Die Schwerbewaffneten auf den Darstellungen und in den Königsgräbern stellten vermutlich die Kerntruppe der sumerischen Staaten dar, die auch als »Polizei« den Wachdienst an den Toren zu leisten hatten. Im Kriegsfall mußten alle erwachsenen Männer sich selbst bewaffnen und hinter ihren »Standarten«, die vereinzelt gefunden bzw. dargestellt wurden, sammeln. Groß war die Zahl der Angehörigen der Kerntruppen nicht. Sie hatten in Friedenszeiten als unfreie Angehörige der Tempel- und Palastwirtschaft zu arbeiten, entweder als Hirten, Fischer, Ruderer oder als Schiffsführer. Außerdem mußten sie den Bodenbesitz der Oberschicht bearbeiten. Sie erhielten Rationen, doch keine Landanteile wie die freien Angehörigen der Gemeinden.

Der Kampf um den Boden und den Zugang zum Wasser hatte schon im frühen 3. Jahrtausend v. u. Z. den Siedlungstyp in Südmesopotamien völlig verändert. An die Stelle der über weite Flächen ausgedehnten Territorialstaaten mit einer Hauptstadt, mehreren untergeordneten Städten und vielen abhängigen Dörfern waren Stadtstaaten getreten. Es waren dies schwerbefestigte Städte, umgeben von einem Ring von Ackerland, so weit, daß es von der Stadt aus noch zur Bearbeitung erreicht werden konnte. Darum legte sich ringförmig eine Einöde, das Grenzland zur nächsten, stets als Konkurrent geltenden Stadt. Allerdings waren die südsumerischen Stadtstaaten in einer »Kengir«-Liga vereinigt und sahen in der Stadt Nippur ihr Kultzentrum. Der König der Stadt Kisch beanspruchte eine Oberhoheit, die jedoch Kämpfe zwischen den Stadtgemeinden nicht ausschloß. Noch Jahrhunderte später diente der Titel »König von Kisch« zur Demonstration des Anspruchs auf die Herrschaft über Südmesopotamien, auch wenn der Herrscher die Stadt Kisch nicht in seiner Gewalt hatte.

Teile eines befestigten Palastes und Spuren von Königsgräbern sind in Kisch gefunden worden. Die sumerische Literatur des ausgehenden 3. Jahrtausends v. u. Z. enthält mehrere Schilderungen, in denen sich Zustände der frühsumerischen Zeit widerspiegeln mögen. So berichtet eine Erzählung aus dem Sagenkreis um den König Gilgamesch von Uruk von der Rebellion Uruks gegen den Oberherrn Agga von Kisch. Dort heißt es u. a.:

»Der Herr Gilgamesch,
den Ältesten seiner Stadt
Legt er die Frage vor,
wirbt er um das Wort:
›Unterwerfen wir uns nicht
dem Hause Kisch,
schlagen wir es mit
unseren Waffen!‹
Die versammelten Ältesten der Stadt
antworteten Gilgamesch:
›Unterwerfen wir uns dem
Hause Kisch,
schlagen wir es nicht
mit unseren Waffen!‹
Gilgamesch, der Herr von Kullab,
welcher Heldentaten für die
Göttin Inanna verrichtet,
Nahm sich das Wort der
Stadtältesten nicht zu Herzen.
Ein zweites Mal, Gilgamesch,
der Herr von Kullab,
den Kämpfern der Stadt
legt er die Frage vor, wirbt um das Wort:
›Unterwerfen wir uns nicht
dem Hause Kisch,
schlagen wir es
mit unseren Waffen!‹
die versammelten Kämpfer der Stadt
Antworten Gilgamesch:
›Unterwirf dich nicht dem
Hause Kisch, schlagen wir
es mit unseren Waffen!‹«
(Kramer, 1956, S. 37f.)

Die noch sehr urtümliche Struktur könnte bis in die Zeit der frühsumerischen Stadtstaaten fortbestanden haben und zeugt von einer Beschränkung der Königsmacht durch den »Ältestenrat« und die »Volksversammlung«, die hier bereits zu einer Versammlung der Waffenfähigen geworden war.

Das Gilgameschepos erzählt, daß die Stadtmauern in Fronarbeit errichtet wurden:

»Held Gilgamesch erbaute Uruks Mauern,
Die mächtige, die da steht wie erzgegossen,
So lotrecht sind die Ziegel aufgetürmt ...
Ersteiget Uruks Mauer, geht auf ihr,
Bewundernd ihren allgewaltigen Bau!
Die Männer Uruks zürnten sehr und schalten,
Die Mütter und Töchter klagten weinend,
Denn schwer lag ihres Königs Hand auf ihnen,
und seine Herrschaft dünkte Uruk hart.
Die Mauer, rühmenswert in späten Tagen –
In harter Fron ließ er sie auferbauen.

Es wirkten hier die Männer Tag und Nacht,
Es durfte nicht der Sohn den Vater suchen,
Das Mädchen konnte seinen Freund nicht sehen.
Der Mann die Gattin in den Arm nicht nehmen.
Was lebte, diente nur dem Bau ...«

(Zitat in literarischer Nachgestaltung von Schmökel, 1955, S. 24)

Andere Strukturen bildeten sich in den relativ kleinen, fruchtbaren Tälern des Bergvorlandes östlich des mittleren Tigris, im Stromgebiet des Diyala. Hier waren Staaten entstanden, die die gesamte Talaue umfaßten. Die befestigten Hauptsiedlungen waren an den strategisch wichtigen Außenpunkten errichtet worden, und die Dörfer lagen im Innenraum, geschützt gegen drohende Angriffe der Bergstämme und Nomaden.

In den schwer befestigten Städten fanden sich hinter Mauern geborgene Tempel und Paläste – deutliche Anzeichen scharfer sozialer Gegensätze zwischen den Klassen der Gesellschaft. So wirkte der Haupttempel der alten Stadt Tutub (heute Chafadschi) wie eine gewaltige Festung. Zwei ovale Mauern umschlossen eine Fläche von 103 Metern Länge und 74 Metern Breite. Nur ein Tor erlaubte den Zugang zum Heiligtum. Die vermutlich mit unfreien Arbeitskräften betriebenen Werkstätten befanden sich im inneren Oval. Es ist anzunehmen, daß die innere Mauer gleichzeitig als Gewahrsam diente, während die äußere die Bewohner der Stadt fernzuhalten hatte. Nicht weniger befestigt waren die Paläste.

Die Bewohner dieser Region waren wohl keine Sumerer, sondern Verwandte der Elamer im Südiran. In Mittel- und Nordmesopotamien lebten bereits damals Völker semitischer Sprache. Ihre Lebensverhältnisse unterschieden sich nicht wesentlich von denen der Sumerer. Am mittleren Euphrat entstand die Stadt Mari, ein Handelszentrum, von dem aus die Karawanen westwärts zum Mittelmeer zogen. Ihre Herren hatten sich mit den Stämmen der Steppe zu arrangieren und warben häufig Angehörige dieser Stämme als Söldner an, um die Karawanen zu begleiten. Weiter im Norden, im Regenfeldbaugürtel Nordsyriens und des Nordirak, bildeten sich offenbar Flächenstaaten mit städtischen Zentren heraus. Eine dieser Anlagen war die Königsstadt Ebla, die italienische Archäologen im Tell Mardich in Nordsyrien gefunden haben. Das dortige Archiv von über 30000 Tontafeln wird viele Aufschlüsse auch über die Geschichte Nordmesopotamiens geben, wenn die Tafeln erst einmal bearbeitet sein werden. Derzeit ist lediglich festzustellen, daß die alten Handelsstraßen weiter benutzt und von städtischen Zentren aus kontrolliert wurden.

Wenig faßbar sind im 3. Jahrtausend v. u. Z. die Nomaden und noch urgesellschaftlichen Bauernvölker, deren Krieger die Handelsstraßen bedrohten und immer wieder einzelne Stadtstaaten angriffen. Aber die südsumerische Staatenwelt sollte nicht diesen Angriffen unterliegen. Vielmehr erschütterten innergesellschaftliche Konflikte, der unablässige Klassenkampf, die über 500 oder 600 Jahre Gesellschaftsform der Stadtstaaten der »Kengir«-Liga.

Texte aus der Regierungszeit des letzten unabhängigen Königs von Lagasch, der in der Literatur als Urukagina bekannt geworden ist (heute als Uru'inimagina gelesen), schildern als erstes die Entwicklung eines erbitterten Klassenkampfes sowie den Versuch, ihn durch Reformen zu dämpfen. Urukagina behauptete nicht die Klassen beseitigt, wohl aber die Gegensätze gemindert zu haben. Eine Intervention beendete die Reformbemühungen des Königs, denn der König von Umma Lugalzagesi überfiel Lagasch und verheerte die Stadt. Ein Klaglied erzählt:

»Der Mann von Umma
hat an das Ekibirra
Feuer gelegt.
An das Antasurra
hat er Feuer gelegt;
sein Edelmetall (und) Lapislazuli
hat er zusammengerafft.
Im Palast von Tirasch
hat er geplündert ...
Der Mann von Umma hat,
nachdem er Lagasch
zerstört hat,
eine Missetat
gegen Ningirsu begangen ...
Eine Schuld
Uru'inimgina's,
des Königs von Girsu,
ist nicht vorhanden.«

(Steible, 1982, S. 334–337)

Der Sieger Lugalzagesi (um 2400 v. u. Z.) war aufgebrochen, um ganz Sumer zu unterwerfen. Es gelang ihm, eine Stadt nach der anderen zu erobern, und bald herrschte er vom Mittelmeer bis zum Persischen Golf. Lugalzagesi war durch einen Staatstreich zur Macht gekommen, regierte, gestützt auf seine Armee, und fürchtete zugleich um seine Herrschaft: »Enlil, der König der Länder, möge Anu, seinem geliebten Vater, meine Bitte übermitteln, mein Leben zu verlängern und die Länder in Sicherheit leben zu lassen. Krieger, so zahlreich wie das Kraut, gebe er mir reichlich ... das gute Schicksal, das die Götter mir bestimmt haben, mögen sie nicht verändern ...«, heißt es in einer seiner Inschriften.

Die Furcht vor einem Umsturz sollte sich als begründet erweisen. Der Führer einer semitischen Volksgruppe in Mittelmesopotamien stieß ihn vom Thron und herrschte als »Der König ist der Wahre« (= Scharru-kenu = Sargon) über Mesopotamien, das erstmals in seiner Geschichte zu einem Großreich vereinigt wurde.

Frühe Großreiche und ihre Heere

Mit Waffengewalt hatte Sargon (2350–2295) die Herrschaft errungen. Nicht mehr auf eine Stadt und ihre Bürger stützte sich nun die Königsmacht, sondern den Standarten folgten Söldner, über die die Quellen berichten: »5400 Krieger essen täglich vor ihm ihre Speise.« Gering mag diese Zahl erscheinen, aber als Kerntruppe war sie offenbar ausreichend, um die Städte von Meer zu Meer zu unterwerfen. Spätere Legenden erzählen sogar, Sargon sei mit seiner Armee auf den Hilferuf mesopotamischer Fernhändler tief nach Anatolien vorgestoßen. Eine altbabylonische Chronik berichtet: »Scharru-kenu, der König von Akkad, stieg auf durch Ischtars Gunst (Ischtar war die semitische Fruchtbarkeits- und Kriegsgöttin – B.B.) und hatte keinen Rivalen und Widersacher. Seinen Glanz ergoß er über die Länder. Das Meer im Osten überschritt er und eroberte im 11. Jahr (seiner Regierung – B. B.) das Land des Westens bis zu seinem Ende ... Über die Gesamtheit der Länder regierte er ganz und gar.«

An die Stelle der angestammten Stadtfürsten traten akkadische Gouverneure, die sich »Sklaven des Königs« nannten und durchaus zu dem Kreis der von ihm Unterworfenen gehört haben mögen. Der Staatsapparat löste sich völlig von den bisherigen Stadtstrukturen, als Sargon eine neue Hauptstadt, die er Akkade nannte, gründen ließ, die nicht mit der sumerischen Tradition verbunden war. Ein Netz von Festungen überzog nunmehr das Land. Die Befestigungen waren zugleich Speicher für die einzutreibenden Steuern, für Waffen und Stationen der Fernhändler. In Tell Brak (Nordsyrien) ist eine akkadische Festung ausgegraben worden, die der Enkel Sargons, Naramsin, hatte errichten lassen. Die 105 mal 92 Meter große Anlage schützte eine Mauer von zehn Metern Stärke. Nur ein Tor erlaubte den Zugang in das Innere, dessen Plan zumindest das Erdgeschoß als Lagerhaus aufweist.

Über die Organisation der akkadischen Armee ist wenig bekannt. Noch scheint es keine Differenzierung unterschiedlicher Waffengattungen gegeben zu haben. Dargestellt werden auf den Siegesstelen nur Fußtruppen mit den traditionellen kappenartigen Helmen. Sie führten Stoßlanzen, Speere, Pfeil und Bogen und den Schlagstock mit eingesetzter Klinge. Eine neue Waffe jener Zeit scheint die Streitaxt gewesen zu sein; eine aus Bronze gegossene Nahkampfwaffe, die sich zwar nicht zum Parieren feindlicher Schläge eignete, aber durch die Festigkeit gehärterter Bronze, die fast der das Stahls gleichkam, eine wirksame Waffe gegen Kupfer- und Lederhelme darstellte. Sie scheint in der Akkadzeit noch relativ kostbar gewesen zu sein, denn auf den Siegesstelen ist sie dem König und nur wenigen Kriegern vorbehalten.

Die Stelen, die stets die Akkader als Sieger darstellen, sind überwiegend nur in Fragmenten erhalten geblieben, da das Akkadreich durch Waffengewalt zugrunde ging. Die Reliefs schildern Massaker und den Abtransport von Gefangenen, die gefesselt in ein ungewisses Schicksal getrieben werden. Ein Fragment zeigt eine Gefangenenkarawane. Den Gefangenen waren die Arme auf den Rücken gebunden und die Hälse in eine Art Leiter gefesselt; sie waren wehrlos, zur rechtlosen Sache geworden. Die berühmteste Stele feierte den König Naramsin, der – nach den Prinzipien der Bedeutungsperspektive übergroß hervorgehoben – über seinen in zwei Reihen eine Anhöhe emporsteigenden Kriegern steht. Vergeblich haben Feinde, die Lullubäer des Berglandes, den Paß zu sperren versucht. Zwei Gefallene liegen unter dem linken Fuß des Königs, ein dritter stürzt den Berg herab. Vor dem König versucht ein Zusammenbrechender vergeblich, den tödlichen Pfeil aus der Gurgel zu ziehen. Dahinter wendet sich ein Waffenloser gnadeflehend ab. Unter ihm sind ein fliehender Gegner mit zerbrochenem Speer und darunter weitere Fliehende dargestellt.

Die akkadische Armee wird auf den erhaltenen Teilen der Stele – die unteren Streifen des Reliefs sind stark zerstört – durch unterschiedlich bewaffnete Soldaten vertreten (vielleicht ein Hinweis auf unterschiedliche Truppenteile). So folgen den Trägern von Stoßspeeren Bewaffnete mit Bogen und Pfeilen. Beide Gruppen tragen Schlagstöcke mit eingesetzten Klingen. Zwei Soldaten halten hohe Feldzeichen mit Standarten, bewaffnet sind sie mit Streitäxten. Alle Krieger der Akkader tragen spitz zulaufende Kappenhelme.

Der König hält in der Linken den Bogen, während eine Streitaxt über dem Arm hängt. In der Rechten ist der Pfeil zu sehen, im Gürtel steckt ein Dolch. Ein Hörnerhelm, er weist den König als Gott aus, schützt das Haupt. Naramsin hatte sich als Schutzgott von Akkad verehren lassen und daher die auf den alten Stierkult zurückgehende Hörnerkrone aufgesetzt.

Auch die Kunstwerke der Akkaderdynastie sollen den Eindruck göttlicher Macht und Ruhe vermitteln, doch zeugen sie mehr vom Wunsche als von der Wirklichkeit.

Die so glanzvoll scheinende Akkadzeit war eine Epoche blutiger Kämpfe, von Aufständen und Kriegen. Die akkadischen Könige Sargon, Rimusch, Manischtusu und Scharkallischari fielen durch die Hand Aufständischer, und Naramsin scheint im Kampf gegen jene Lullubäer sein Leben eingebüßt zu haben, die er auf der Stele so heldenhaft bezwingt. Mit dem Akkaderreich begann eine soziale Gesetzlichkeit, die Staaten dieses sozialen Typs stets charakterisierte. Der Staat war kampfkräftig, solange der König seine Truppen, besonders die Offiziere, mit Land bezahlen konnte. Hatte er seinen Besitz verteilt (schon Manischtusu mußte Land gegen Silber kaufen, um es vergeben zu können), fiel es schwer, Truppen anzuwerben. Die zu Großgrundbesitzern aufgestiegenen Offiziersfamilien fielen von der Zentralmacht ab und glaubten, allein herrschen zu können. Sie erlagen dann entweder Aufständischen oder den Einfällen feindlicher Bergvölker bzw. heranziehender Nomaden. So heißt es beispielsweise in einem späteren Omen: »Scharrukenu, den seine Truppen in einer Grube einschlossen und ihren Herrn gemeinsam überwältigten« (Frank, 1914).

Die akkadische Reichsbildung diente hauptsächlich der Sicherung des Fernhandels, und so traten die Akkader sowohl mit Anatolien wie auch mit den Bewohnern des Industals in Verbindung. Die Flotten der Induskultur erreichten damals den (heutigen) Persischen Golf und legten in Oman Stationen an. »Indische« Importe sind in Mesopotamien gefunden worden, jedoch fehlen bisher Belege für mesopotamische Beziehungen zur Großmacht am Nil, mit Ägypten. Vielleicht blockierten mächtige Staaten und Nomadenföderationen die Straßen nach Südwesten. Hingegen scheinen Expeditionen zu See selbst das heutige Bahrein erreicht zu haben.

Der Zusammenbruch des Akkaderreiches vollzog sich in Etappen. Nahezu jeder Akkadkönig hatte sein Reich neu zu erobern. Die ratlose Frage des Chronisten »Wer war König? Wer war nicht König?« ist verständlich, wenn ihm für drei Jahre vier Herrscher bekannt waren, die den Königstitel beanspruchten.

Schon unter Scharkallischari (2235–2210) scheint die Hauptstadt Akkad gefallen und zerstört worden zu sein, und einen der vier Prätendenten (Anwärter auf den Thron), den König Elulu, nennt die Königsliste der Gutäer, die um 2200 v. u. Z. dem Akkaderstaat ein gewaltsames Ende bereiteten. Wir wissen nur sehr wenig über diese Gutäer. Nahezu keine Texte aus ihrer Hand blieben erhalten, und fast kein Kunstgut kann auf sie zurückgeführt werden. Fest steht, daß es Stämme von Bergbauern und Hirten waren, in ihren Höhensiedlungen kaum erreichbar, die die Handelswege nach Norden und Osten kontrollierten. Sie waren in der Bevölkerungszahl sicher nicht mit den Staaten des Tieflandes zu vergleichen. Aber jeder Waffenfähige trug Waffen, war in ihrem Gebrauch geübt. Selbst die Frauen der Stämme dieser Kulturstufe verstanden mit Pfeil und Bogen umzugehen. Besonders in Zeiten sozialer Unruhen und politischer Zersplitterungen vermochten diese Völker im Verbund mehrerer Stämme kampfkräftige Heere aufzustellen und auszuschicken. So gelang es den Gutäern nach Jahrzehnten kriegerischer Auseinandersetzungen, das Akkadreich schließlich zu vernichten. Nur die spätere babylonische Königsliste nennt Namen, nach denen die Gutäer weder Semiten noch Sumerer gewesen sind.

Ihr Sieg sollte in Mesopotamien vorerst die Vorherrschaft der Semiten beenden. Darüber hinaus trafen die Gutäer auch Elam schwer. Nur die sumerischen Städte des Südens scheinen die Niederlage ihrer früheren Herren relativ ungestört überstanden zu haben. Die alten Stadtstaaten wie Uruk, Lagasch und Ur gelangten wieder zur Macht und eröffneten im Rückgriff auf die durch die vergangenen Jahrhunderte verklärte Zeit der frühsumerischen Stadtstaaten eine »sumerische Renaissance«.

Die von den Gutäern abhängigen Kleinstaaten stellten keine Kriegsszenen dar. Ihre Könige ließen sich als fromme Diener der Götter wiedergeben und nutzten die Religion, über das Elend der Ausbeutergesellschaft hinwegzutrösten. So heißt es in einem Bittgebet aus dem Lagasch-Staat an die Göttin Nansche:

»Sie, welche die Waise kennte, welche die Witwe kennt, die Unterdrückung des Menschen durch den Menschen kennt, Mutter der Waise ist Nansche, welche für die Witwe sorgt, Gerechtigkeit (?) für die Armen erstrebt ...

Um die Waisen zu trösten und daß es keine Witwen mehr gebe, um für die Mächtigen eine Stätte des Verderbens zu schaffen, um die Mächtigen den Schwachen zu überantworten, ergründet Nansche die Herzen der Menschen« (Kramer, 1960, S. 87f.).

Die Religion war der letzte Trost der Leidenden, »das Opium des Volks«, »der Seufzer der bedrängten Kreatur«, wie sie Karl Marx genannt hat.

In der bildenden Kunst fehlen bislang militärische Szenen oder Waffen. Die Könige ließen sich bevorzugt als fromme Beter oder als Bauherren großer Tempel darstellen. Die Realität aber war gänzlich anders.

Mit militärischer Macht zerschlug der Herr von Uruk, Utuhengal, den Staat der Gutäer und einigte den Südirak unter seiner Herrschaft. Aber er fand der Legende nach den Tod in einem Bewässerungskanal, und der Militärgouverneur von Ur, Ur-Nammu, riß die Macht an sich (um 2050 v. u. Z.). Er berief sich auf seine Abstammung von den alten Königen Uruks und suchte ein eigenartiges Staatswesen zu organisieren – das gesamte Land in Form eines Stadtstaates, verwaltet durch eine allgegenwärtige Staats- und Tempelbürokratie, die das ganze anzubauende Land als Königsgut zentral verwaltete. Der Realität entsprach diese Vorstellung nur in begrenztem Umfang. Breite Kreise der Bevölkerung lebten weiterhin im Familienverband, produzierten als Kleinbauern und Handwerker in unterschiedlicher Rechtsstellung. Aufgelöst wurde die Staatstheorie vollends in der Bezahlung der Beamten, Offiziere und lokalen Machthaber durch Landzuweisungen. Sie erhielten große Landgüter, auf denen ganze Dorfgemeinschaften als an den Boden gebundene Leibeigene angesiedelt wurden. Große Gruppen Gefangener wurden in Arbeitskolonnen zur Arbeit gezwungen und in »Arbeitshäusern« unter Bewachung gehalten. Drei große Sperrfestungen schützten Sumer: Der im Südosten gegen die Elamiter, Uruk im Süden gegen die Steppenstämme Arabiens und Mari im Nordwesten gegen die syrischen Stämme und Staaten. Eine »Martu«-Mauer verschloß das Ackerland vor den Nomaden Nordmesopotamiens. Die Macht in den Städten teilten sich die Priester der großen festungsartigen Tempel mit den Gouverneuren des Königs, die den alten Titel »Ensi« weiterführten.

Schon der zweite König von Ur, Schulgi, ließ sich als Gott verehren. Die ihm geltenden Tempel nahmen die Form schwerbefestigter Burgen an, in denen die Könige residierten. Obwohl kaum ein Wort über die Rolle der Armee in den Texten dieses Staates fällt, trieben die Fürsten eine aggressive Handels- und Militärpolitik wie die Akkadherrscher. Schon Schulgi (2045–2000) weihte den Göttern des eroberten Susa Prunkwaffen, so einen Hammer, der aus Baktrien stammte und von weit nach Osten ausgedehnten Kriegszügen der Armeen von Ur zeugt.

Aber auch dieses Reich sollte nicht lange bestehen, denn bereits unter dem fünften Herrscher, Ibbisin (1960–1955), zerfiel es. Eine Provinz nach der anderen fiel ab, wie aus der Datierung nach Regierungsjahren des Königs auf den Tontafeln aus verschiedenen Städten hervorgeht. Im dritten Jahr fiel Eschnunna ab, im vierten Susa und in den beiden folgenen Jahren Nippur, Lagasch und Umma. Von Westen her drangen die Martu-Beduinen ins Land und stürmten eine Festung nach der anderen. Vom Osten kamen die Elamiter und nahmen Ur im Handstreich. Sie verschleppten Ibbisin in den Osten des Reiches. So war Mesopotamien zu Beginn des 2. Jahrtausends v. u. Z. in viele Staaten zerfallen.

Waffen und Heere Altägyptens

Eine Prunkpalette mit der Inschrift und den Darstellungen des Pharaos Narmer ist eines der ersten Dokumente, die die Herausbildung einer selbständigen Kultur Ätyptens belegen. Auf der einen Seite schreitet übergroß der Pharao mit der Krone Oberägyptens, seine Keule gegen einen niedergerissenen Gefangenen schwingend. Hinter ihm geht der Sandalenträger des Pharaos. Über dem zusammengebrochenen Gegner steht ein eigenartiges Symbol, eine verschlüsselte Zahlenangabe der Gefangenen, die der falkenförmige Sonnengott Horus dem Pharao zuführt. Schon hier wird eine Besonderheit Ägyptens deutlich, die es von Mesopotamien trennt, nämlich die Darstellung von Mächten in Tiergestalt. Den oberen Rand der Palette schmücken Köpfe der Fruchtbarkeits- und Muttergöttin Hathor, dargestellt als ein menschliches Gesicht mit Teilen eines Büffelkopfes. Im unteren Feld fliehen zwei Feinde aus einer angedeuteten Festung.

Ähnlich demonstrativ ist die zweite Seite. Das Mittelfeld nehmen zwei am Halsband gebundene Schlangenhalslöwen ein; ein Motiv, das in Mesopotamien die Königsmacht repräsentierte. Vielleicht sollte hiermit die Überwindung der eingedrungenen Mesopotamier ausgedrückt werden. Im oberen Fries marschiert der Pharao mit der unterägyptischen Krone hinter seinem Schreiber und vier Standartenträgern hin zu zehn Geköpften. Im unteren Fries zerstampft der Pharao in der Gestalt eines Büffelstieres einen Gefangenen und zerstört mit den Hörnern die Mauern einer Festung.

Deutlich wird hier bereits die Vorliebe für eine symbolhafte Verschlüsselung, die Aussagen über die Anfänge des ägyptischen Heeres erschwert. Auch auf anderen Paletten jener Frühzeit werden sowohl der Pharao als Wildstier wie seine Gegner als gejagtes Wildtier dargestellt. Eine Prunkkeule des Pharaos Skorpion stellt die unterworfenen Völker des nordägyptischen Küstengebiets als an die Standarten der siegreichen Truppen gehängte Vögel dar. Ganze Sklavenkarawanen wie einzelne Gefesselte gehören zu den häufigen Motiven frühstaatlicher Kunst Ägyptens.

Das Relief der »Löwenjagd«-Palette stellt zwei Reihen Krieger auf der Löwen- und Gazellenjagd dar. Die Männer führten Stoßspeere und die von den Saharafelsbildern bekannten Bögen mit eingezogenem Mittelteil, dazu die gekrümmten Wurfhölzer, Keulen und Fangleinen, die Lassos der Jägervölker. Diese Waffen und die Trachten, sowohl der am Gürtel hängende Tierschwanz wie die auf dem Kopf sitzende Feder, weisen auf die Herkunft großer Bevölkerungsteile Ägyptens aus den verwüsteten Steppen Nordafrikas hin. Prunkkeulen, deren Stiele mit Goldblech umwickelt sind, tragen mehrmals reichen Schmuck in Gestalt gut gezeichneter Tierfiguren. Eine ägyptische Besonderheit sind die Keulen mit tellerförmigem Kopf.

Relativ häufig dargestellte Festungen erinnern wie die Pharaonengräber in Sakkara an die Bauweise mesopotamischer Großbauten. Folgten die Sakkaragräber der mesopotamischen Tradition, so zeigt sich die zweite Wurzel ägyptischen Königstums in den Gräbern von

Syrischer Fürst mit Bogen auf dem Streitwagen und sein Gefolge, Rollsiegel, um 1800 v. u. Z.

Der König erschlägt mit der Harpe einen Gefangenen und wird von einer bewaffneten Göttin unterstützt, Siegelabrollung, Königssiegel aus Mari, Syrien, um 1800 v. u. Z.

Abydos, denn jeder Pharao der ersten beiden Dynastien erhielt zwei Grabstätten – ein Erdgrab in Abydos und einen Grabpalast in Sakkara.

Bei den Gräbern in Abydos fanden sich – wie in Ur – zusätzliche Bestattungen, in denen bis zu 338 Tote lagen, die dem Pharao ins Grab zu folgen hatten. Es waren Handwerker, Töpfer, Steinschleifer und Metallarbeiter, Maler und Schiffsführer, aber auch Beamte.

In Gräbern gefundene Spielsteine oder Modelle geben Wachtürme wieder. Die Darstellungen der Frühzeit bieten Angreifer auf Festungen und deren Besatzungen in Tiergestalt oder als Symbole. Erst gegen Ende der 2. Dynastie werden die Bildwerke aussagestärker. Zwei Statuen des Pharao Khasekhem aus Hieraconpolis tragen auf den Sockeln die Angabe, 47209 Feinde aus dem Norden seien erschlagen worden. Verrenkte Leichen »zieren« die Sockel.

Die in diesen Bildwerken reflektierten Konflikte kennzeichneten den Übergang zu einer neuen Phase ägyptischer Staatlichkeit – die Herausbildung des Alten Reiches unter den Pharaonen der 3. Dynastie. Im Aufbau des Alten Reiches kamen jene Züge zur Ausbildung, die Ägyptens Besonderheiten darstellten. Oberägypten war in den größten Teilen nur ein schmaler Streifen Ackerlandes zu beiden Seiten des Nils bis hinauf zu den Katarakten. Nur das Nildelta, Unterägypten, war eine breite Ackerbauzone. Hier könnte es Städte und Stadtstaaten im vorderasiatischen Sinne gegeben haben. Doch in Oberägypten mußte der Staat eine großen Nord-Süd-Ausdehnung haben, eine ganze Folge von Dörfern umfassen, um ausreichend Mehrprodukte abschöpfen zu können, das den Aufbau zentraler Organe erlaubte. Die Tendenz zum Einheitsstaat beherrschte Ägyptens Geschichte. Stets blieb man sich der Zweiteiligkeit des Landes bewußt, so daß die Hauptstadt im Alten Reich an der Grenze von Ober- und Unterägypten lag.

Die Residenzen jener Zeit sind verschwunden, aber das Grabmal für Djoser (um 2750), einen Pharaonen der 3. Dynastie, bildet in Stein den Palastbezirk des Herrschers nach, so daß wir die befestigten Herrschersitze jener Zeit rekonstruieren können. Ein Rechteck von 600 mal 300 Meter Fläche umgab eine massive Mauer. Sie schützte Magazine, Kapellen, Wohnkomplexe und die zu einer ersten Pyramide aufsteigende Grabanlage, die wohl an der Stelle des eigentlichen Wohnpalastes stand.

Die Sitze der Provinzgouverneure mit ihren Kasernen dürften ähnlich ausgesehen haben. Zugleich gaben die Wüsten zu beiden Seiten relative Sicherheit. Angriffe waren von Süden oder Norden her zu erwarten, so daß nur dort Grenzfestungen errichtet werden mußten. Diese dienten sowohl der Abwehr fremder wie auch als Basis eigener Angriffe.

Im Süden begann zu jener Zeit der Steppenraum mit großen Tierherden wandernder Nomaden viel weiter nördlich als gegenwärtig. Bis in den Nordsudan reichte bis um 2000 v. u. Z. die Sahelzone, in die die Pharaonen Raubscharen entsandten, um Herden zu erbeuten und Gefangene zu machen. So soll die Armee des Pharao Snofru aus Nubien 7000 Gefangene und 200000 Stück Vieh, aus Libyen 11000 Gefangene und 131000 Stück Vieh ins Niltal geschleppt haben. Gewiß sind dies gewaltige Zahlen, doch die ungeheuren Bauten jener Zeit, zu denen die Pyramiden gehören, lassen sie als annehmbar erscheinen. Sie erlauben Schlußfolgerungen auf die Größe der eingesetzten Armeen, die jeweils mehrere Tausend Soldaten umfaßt haben dürften. Der Wachdienst bei den Bauten und dem bis Syrien ausgedehnten Fernhandel erforderte zusätzlich den Einsatz Tausender Soldaten, die zum Teil aus Gefangenen rekrutiert wurden. Über ihre Formationen wissen wir noch relativ wenig. Die Kunst der 3. und 4. Dynastie feierte vorwiegend den Pharao als den Herrn der Welt. Unter der 5. Dynastie häufiger werdende Großgräber zeigten die Grundherren und Beamten in einer »heilen Welt«; als in reich ausgestatteten Gütern und in Frieden lebende Herren, nur selten als Krieger und Helden. So wurde beispielsweise im Grab des Kaemhet, eines Grundherren der 6. Dynastie, der Sturm auf eine syrische Festung dargestellt, bei der die Angreifer eine auf Rädern rollende Sturmleiter herbeibringen. Die Soldaten tragen Äxte mit gebogenen Stielen, in die durchbrochene halbkreisförmige Klingen eingesetzt sind.

Als Transportmittel dienten für in Flußnähe operierende Truppen die Nilbarke und auf Landstrecken Eselkarawanen und menschliche Trägerkolonnen. Aber das Alte Reich Ägyptens war auch dem oben erwähnten Grundzug altorientalischer Reiche unterworfen. Es blühte, solange der Pharao Land vergeben konnte, da er dann genug Soldaten fand. Doch das Ackerland Ägyptens war begrenzt, und zum Ende der 6. Dynastie lastete die Ausbeutung durch die Grundherren unerträglich auf

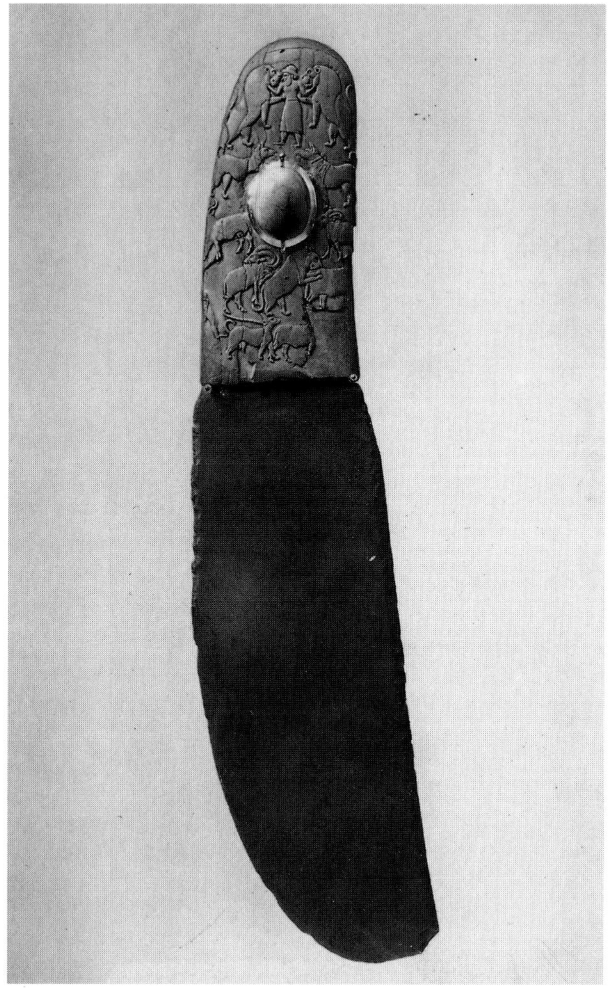

Der Kampf von Mesopotamiern gegen Ägypter, Messergriff. Rückseite: Triumphalszene, Dschebel el-Arak, Ägypten, um 3200 v. u. Z.

(rechte Seite)
Prunkpalette des Pharaos Narmer, Ägypten, um 3000 v. u. Z.

(vorherige Seite)
Bogenschütze, Felsmalerei in Tin Abotera, Südalgerien, 7. (?) Jahrtausend v. u. Z.

(nächste Seiten)
»Geierstele« des Königs Entemena, König von Lagasch, Sumer, Irak, um 2500 v. u. Z.

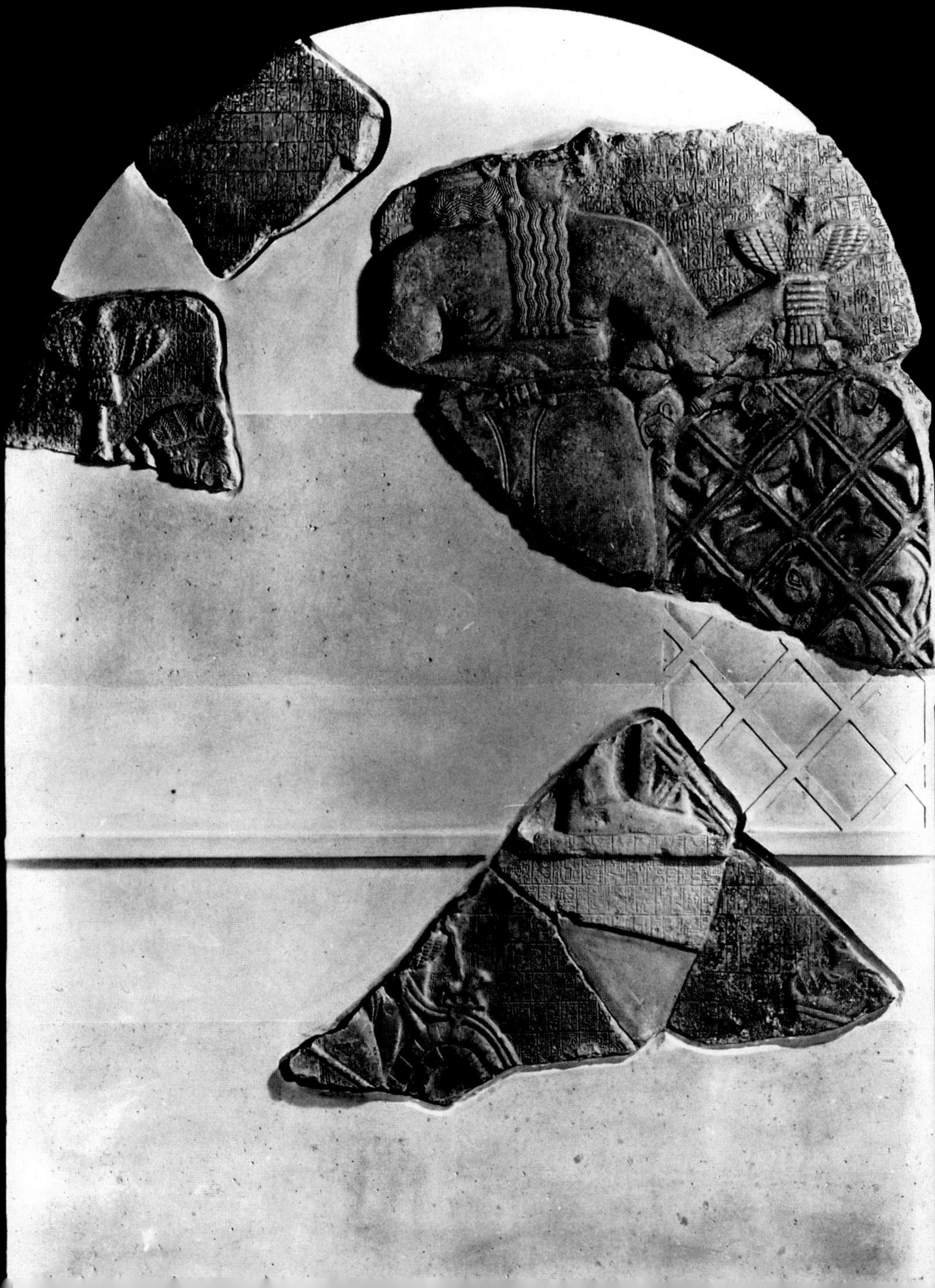

Siegesstele des Königs Naramsin von Akkad, Irak, um 2300 v. u. Z.

Syrischer Reiter als Kopfjäger, Orthostatenrelief aus Sendschirli, Südostanatolien, um 900 v. u. Z.

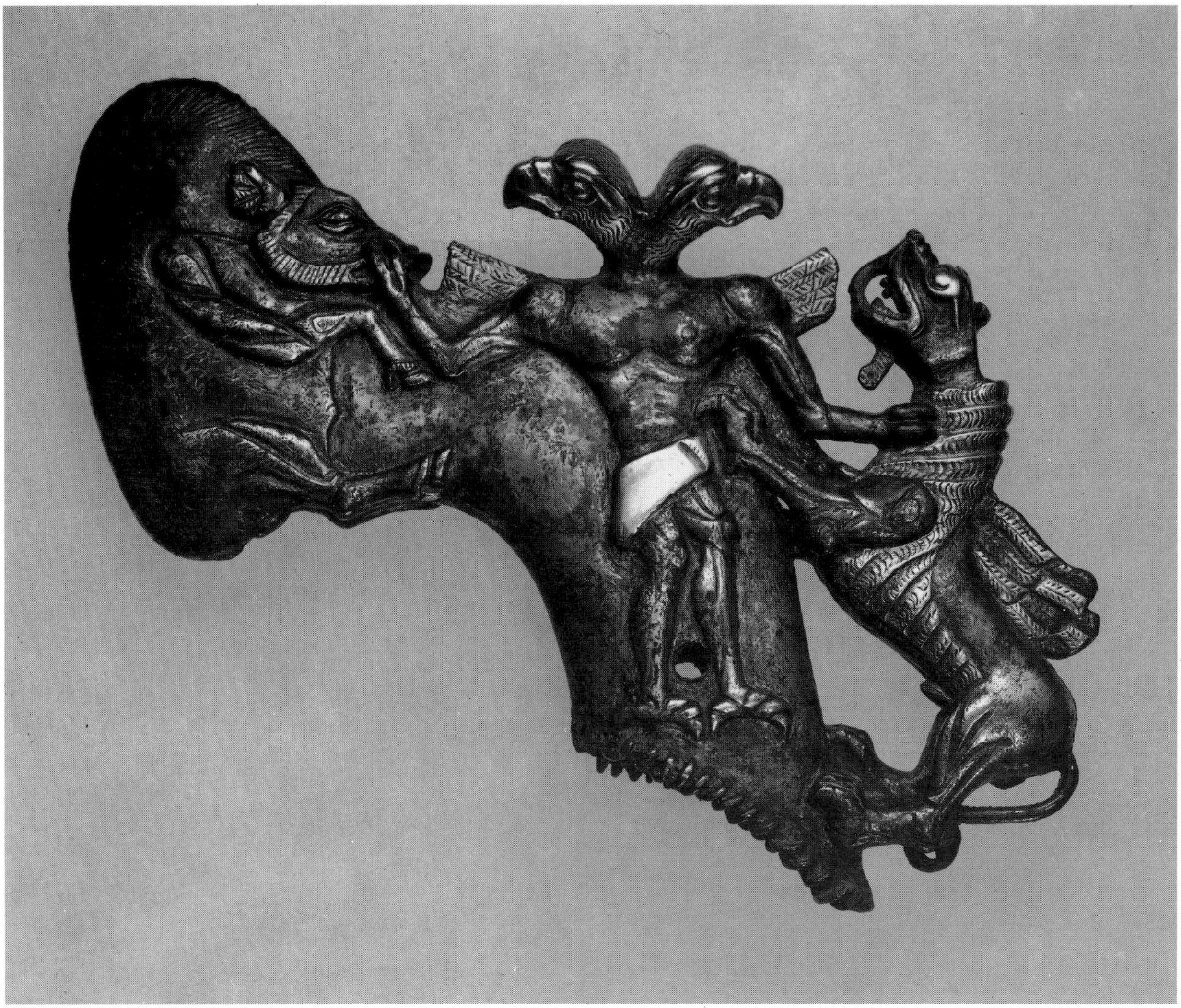

Silberne Prunkaxt mit Goldplattierung, Nordafghanistan, 19. bis 18. Jahrhundert v. u. Z. Stellt wahrscheinlich den Fährmann über den Grenzfluß zum Reich der Toten Humuttabal dar, dessen Name »Nimm schnell hinweg« bedeutet, ein passender Name für eine Waffe

(vorherige Seiten)
Salmanassar III. auf den Metallreliefs aus dem Tempel von Balawat. Zwei Friese: oben, von rechts nach links: gepanzerte Bogenschützen, dahinter der thronende König in einem angedeuteten Lager, auf das Infanterie zweier Einheiten zu marschiert, denen Streitwagen folgen; unten, von rechts nach links: belagerte Festung, davor zwei assyrische Mineure, gegen die Mauer treiben die Assyrer einen gepanzerten Rammwagen vor, dahinter folgen gepanzerte Infanteristen, es folgt eine Audienz bei Salmanassar

Assyrische Fußsoldaten, Orthostatenrelief aus dem Palast des Sanherib zu Ninive

(rechte Seite)
Bronzeaxt im Luristanstil, gestiftet in der Totenstadt des elamischen Reiches Chogha Tsanbil, 13. Jahrhundert v. u. Z.

Ringkampf zweier abgesessener Reiter, Bronzeplatte, Ordos, Nordchina, 3. bis 2. Jahrhundert v. u. Z.

Sarmatischer Panzerreiter im Schuppenpanzer und mit Spangenhelm, Ausschnitt aus den Reliefs der Trajanssäule, Rom, 107

Assyrisches Lager, Relief (Teil) aus dem Palast des Assurbanipals, Ninive, 7. Jahrhundert v. u. Z.

(rechte Seite)
Taq-i Bustan, Iran, 5. Jahrhundert. Der Schahinschah Peroz als Panzerreiter im Kettenpanzer, Rundschild, Stoßlanze, Köcher und Helm. Auch das Pferd ist gepanzert. Statue aus dem stehenden Felsen gemeißelt

Die aiyubidische Burg von Adschlun, Jordanien, 12. Jahrhundert

(linke Seite)
Sogenannter »Alexanderwall« am Kaspischen Meer, Gurgan, Iran, 1. bis 2. Jahrhundert

Der Ostturm und der Uferturm der osmanischen Sperrfestung »Rumeli Hissar«, Istanbul, 1452

den Bauern und Handwerkern. Das in viele mehr oder weniger selbständige Gebiete zerfallene Reich zerbrach wahrscheinlich in einem Aufstand.

»Sehet, Dinge haben sich zugetragen, die seit den fernsten Tagen nicht geschehen sind. Der König ist von den Huru gestürzt worden. Sehet, der als Falke (als Horus, d. h. als Herrscher – B. B.) bestattet war, ist aus dem Sarg gerissen. Das Geheimnis der Pyramide ist ausgeleert. Sehet, es ist soweit gekommen, daß das Land des Königtums beraubt worden ist von ein paar Menschen, die nichts von der Regierung verstehen! ... Die Residenz ist in einer Stunde über den Haufen geworfen worden« (Spiegel, 1950), heißt es in einem später aufgezeichneten Bericht, der sich möglicherweise auf jene Zeit bezieht. Beschrieben wird ein Aufstand der Armen und Unterdrückten, die mit bewaffneter Hand gegen die Reichen und Beamten vorgingen. Der zentralgeleitete Staat ging zugrunde, und es sollte mehrere Generationen dauern, ehe einer der Lokalfürsten namens Mentuhotep Ägypten wieder gewaltsam einigte.

Das Mittlere Reich Ägyptens wurde von Theben aus gegründet, dem Zentrum eines relativ breiten, fruchtbaren Talabschnittes in Oberägypten, dessen Herren reicher und mächtiger waren als die anderen Fürsten Ägyptens. Sie verdrängten die Lokalherren schrittweise und ersetzten sie durch Beamte, wahrscheinlich zumeist aus dem Offizierskorps. Die Rolle der Militärmacht widerspiegelte sich auch in der Kunst. Grabreliefs bzw. Grabmalereien und in das Grab beigegebene Figuren stellten Söldner unterschiedlicher Ausrüstung dar. Darunter fallen dunkelhäutige Truppen auf – Nubier aus dem Süden, die vorwiegend mit großen Bögen, Speeren und Keulen bewaffnet waren. Bei Assiut gefundene Modelle aus Holz stellen zwei Abteilungen nubischer Lanzenträger dar. Eine Gruppe trägt große Schilde, die oben in eine Spitze auslaufen und unten glatt abgeschnitten sind. Vermutlich sind es Aufsetzschilde.

Ähnliche Schilde erscheinen auf Grabmalereien des Mittleren Reiches, die im Grab 17 von Beni Hasan die Belagerung einer Festung schildern. Bogenschützen, Stockfechter und Speerträger benutzten derartige Schilde. Eine Gruppe der Belagerer verwendete einen großen Setzschild, um sich der Festung nähern zu können. (Setzschilde waren große Schutzschilde, die an die belagerte Festung herangetragen und auf den Boden gestellt wurden, um die eigene Mannschaft zu schützen.) Über der Belagerungszone werden Ringkämpfe wiedergegeben, vielleicht Szenen militärischen Trainings. Nahezu das gleiche Bild fand sich im Grab 19 von Beni Hasan.

Die Nubier stammten aus dem während der 12. Dynastie eroberten Süden des Niltals bis nach Dongola hin. Eine Kette von Festungen zog sich von der befestigten Stadt Buhen am 2. Katarakt bis nach Semna, 50 Kilometer weiter im Süden, hin. Die Festungsmauern standen auf abgeschrägten Glacis, um die Heranführung von Rammböcken bis an die Mauer zu erschweren. Solche Geräte wurden zwar in jener Zeit noch nicht dargestellt, doch ist anzunehmen, daß sie bereits vorhanden waren.

Gut erhalten ist eine Festung auf der Nilinsel Uronarti, südlich von Semna. Massive Mauern und große vorgelagerte Bastionen umschlossen einen dicht bebauten Innenraum. Diese Festung war wie viele ihrer Art so stabil gebaut, daß sie noch 700 bis 800 Jahre später benutzt werden konnten.

Auf einer Wand im Grab 3 des gleichen Gräberkomplexes ist eine wandernde Nomadengruppe aus Vorderasien wiedergegeben. Sie führte die gleichen Waffen wie die Libyer, das Schlagholz, den Speer, den Bogen mit eingezogenem Mittelteil und vielleicht Wurfhölzer. Auf Eseln wurden Schilde mitgeführt, wie sie auf Felsbildern Zentralarabiens wiederkehren. Waffenfunde aus Rife umfassen Streitäxte mit relativ langen Klingen und flachen Einsatzklingen für Schlagstöcke.

Ägypten beherrschte in jener Zeit auch die syrische Küste, vor allem Byblos, den Hafen für den Export von Schiffsbauholz aus den Libanonbergen. Aus den Fürstengräbern von Byblos stammt auch ein prunkvolles Sichelschwert, das offenbar die Umsetzung der alten Kampfstöcke mit eingesetzten Kupferklingen darstellt. Diese »Harpen« waren im frühen 2. Jahrtausend v. u. Z. in Vorderasien und Ägypten verbreitet, doch werden sie relativ selten im Original gefunden.

Das Mittlere Reich zerbrach ebenfalls am Aufstieg der Grundherren zur Macht. Zu Beginn des 18. Jahrhunderts v. u. Z. zerschlugen aus Asien einfallende Kriegerscharen den Staat der Pharaonen der 12. Dynastie, ohne ein stabiles Imperium aufbauen zu können.

Die Zeit um 1800 v. u. Z. war weltweit eine Krisenperiode. Reiche zerbrachen, Völker wanderten weithin. Schon mit dem Beginn des 2. Jahrtausends v. u. Z. waren die natürlichen Voraussetzungen für den Ackerbau und die Viehzucht schlechter geworden. Eine kalte Trockenzeit ließ weite Regionen veröden, wovon selbst die Kulturen der Flußebenen schwer betroffen waren.

Die Soldaten Hammurabis

Bereits das Reich von Ur hatte unter dem Druck dieser Entwicklung gestanden. Großangelegte Bewässerungsanlagen sollten der fortschreitenden Austrocknung begegnen. Aber sie riefen einen anderen Feind, das Salz, auf den Plan. Jedes Grundwasser enthält Salz, und der Tigris ist sehr salzhaltig. Das Aufstauen der Flüsse und die Erhöhung des Grundwasserspiegels ließen beim Verdunsten des Wassers Salz zurück – das Land wurde unfruchtbar. Hungersnöte brachen aus und hatten ihren Anteil am Sturz Ibbisins.

Der Militärgouverneur von Mari hielt Getreidelieferungen aus dem Norden zurück und ließ sich Wucherpreise für Korn in Silber bezahlen. Er riß die reiche Provinz von Isin an sich und gründete hier einen Nachfolgestaat traditionellen Gepräges. Die meisten Städte und Dörfer fielen jedoch in die Hand westsemitischer Nomaden, Stämme der sogenannten Martu, die sich selbst als Amurru bezeichneten. Ihre Scheiche rissen die Herrschaft in Uruk, Babylon, Mari, Terqa und Assur an sich. Fast 50 Staaten sind dem Namen nach bekannt. Die Amurru bildeten zumeist nur eine kleine Oberschicht, die in der Volksmasse der Akkader allmählich aufging. Auch die Sumerer assimilierten sich immer mehr an die semitischsprachige Mehrheit, so daß schließlich ihre Sprache zur »toten« Literatur- und Kultsprache wurde. Aus dem Königreich Mari liegen die ersten Nachrichten über eine »Feuertelegraphie« vor. Feuerzeichen gaben in der Nacht Informationen zwischen Militärposten weiter, besonders Warnungen bei Nomadeneinfällen.

Die Amurru bildeten keine Einheit, sondern waren eine Vielfalt von Stämmen und Verbänden, die unter einer großen Anzahl von Namen in den Texten auftauchen. Kämpfe nahmen kein Ende, da sich die neuen Herren erbarmungslose Kriege untereinander lieferten. Die wohl bekannteste Gestalt unter den Amurrufürsten war der König Hammurabi von Babylon (1728–1686). Eine 1902 in Susa gefundene Stele aus seiner Regierungszeit enthält die umfangreichste altorientalische Gesetzessammlung, die wir besitzen. Dieser im späten 18. Jahrhundert v. u. Z. entstandene Text gibt Aufschluß unter anderem über die Stellung der Soldaten in der altbabylonischen Gesellschaft. Das Gesetz unterscheidet zwischen Awilum, einer bevorrechteten Schicht (vielleicht den Amurru) und Muschkenum, den einheimischen Freien. Die Soldaten und die »Fänger« (wohl eine Art Polizei) wurden weder zu ihnen noch zu den Sklaven gerechnet. Sie standen unter straffer Disziplin und Aufsicht, genossen jedoch auch den Schutz des Staates, solange sie ihren Dienst versahen.

§ 26 »Wenn ein Soldat oder ein ›Fänger‹, der den Befehl erhalten hat, sich an einem Feldzug des Königs zu beteiligen, nicht geht, oder einen Mietling mietet und diesen als Ersatz schickt, so wird dieser Soldat oder ›Fänger‹ getötet, sein Denunziant erhält sein Haus.«

§ 27 »Wenn ein Soldat oder ein ›Fänger‹, der beim Festungsdienst für den König in Kriegsgefangenschaft geraten ist – wenn man nach seinem Wegbleiben sein Feld und seinen Baumgarten einem anderen gibt und dieser seine Lehnspflicht erfüllt, so soll man, wenn er zurückkehrt und seine Stadt erreicht, sein Feld und seinen Baumgarten ihm zurückgeben, und er selbst soll seine Lehnspflicht erfüllen.«

§ 28 »Wenn ein Soldat oder ein ›Fänger‹, der beim Festungsdienst für den König in Kriegsgefangenschaft geraten ist, einen Sohn hat, der imstande ist, seine Lehnspflicht zu erfüllen, so sollen Feld und Baumgarten diesem gegeben werden, und er soll die Lehnspflicht seines Vaters erfüllen.«

§ 36 »Ein Feld, ein Baumgarten und ein Haus eines Soldaten, eines ›Fängers‹ oder eines Abgabepflichtigen darf nicht für Geld hingegeben werden.«

§ 37 »Wenn ein Bürger ein Feld, einen Baumgarten oder ein Haus eines Soldaten, eines ›Fängers‹ oder eines Abgabepflichtigen kauft, so wird seine Tafel zerbrochen und er geht seines Geldes verlustig; das Feld, der Baumgarten oder das Haus kehrt zu seinem Eigentümer zurück.«

(Borger, 1982, S. 48–49)

Über die Organisation der Truppe ist wenig bekannt. Unter den Waffen werden bronzene Äxte und Harpen (Sichelschwerter) häufiger dargestellt. Derartige Sichelschwerter erscheinen auch auf vielen Götterdarstellungen als Hauptwaffe. Die Götter führten daneben Mehrfach-, ja Vielfachkeulen und andere Phantasiewaffen.

Die Fußtruppen waren die ausschlaggebende Waffengattung, neben der die Kampfwagen noch keine große Rolle gespielt haben. Allerdings waren neue Zugtiere in Mesopotamien und wohl auch bereits in Ägypten aufgetaucht, die Pferde, deren Einsatz in der Folgezeit Gesellschaftsstrukturen, Militärstrategien und Techniken ändern sollten.

Der Aufstand von Babylon

Ein Mythos der Babylonier bewahrt wohl den ältesten Bericht über einen Aufstand in Babylon und seine Niederschlagung durch fremde Intervention. Wir kennen diesen Text aus einer assyrischen Fassung, da der Aufstand sich offenbar so tief den Menschen eingeprägt hatte, daß sie den Bericht als Abwehrmittel gegen die Pest zitierten.

Nach diesem Text hätte der Herr der Götter, Anu (der Himmelsgott), die Herrschaft über die Welt dem Pestgott, Ira, übergeben, damit dieser wiederum die Menschen vernichte, da sie gesündigt und Marduk beleidigt hätten. Ira habe Marduk veranlaßt aus Babylon zu fliehen und ihm die Stadt zu übergeben. Dahinter steht wahrscheinlich die Erinnerung an eine Eroberung Babylons durch die Hethiter, die die Statue des Marduk entführt haben sollen. In der Stadt brach offenbar während der Besetzung die Pest aus, und die verzweifelte Bevölkerung erhob sich gegen die Eroberer. Als Mensch verkleidet habe Ira die Macht übernommen: »Wer die Waffe nicht kannte, dessen Dolch ist gezückt. Wer Streit nicht kannte, kämpft ... Der Bedrückte geht den Gewaltigen an, der Arme überfällt den Mächtigen. Gegen den Statthalter, der ihre Städte versorgt, sprechen sie große Frechheiten aus. Das Tor Babylons, den Fluß ihrer Fülle, haben ihre Hände verschlossen. In die Tempel Babylons wirft man wie ein Plünderer des Landes Feuer. Du bist ihr Anführer, nimmst ihre Spitze ...« Der Aufstand gegen die Reichen und Tempelpriester hatte gesiegt, eine Tatsache, die sich der priesterliche Verfasser nur als Werk eines bösen Gottes erklären kann.

Der Gott Ira habe dann die Stadt verlassen und sich einer fremden Armee bedient, die Babylonier zu vernichten: »Die Stadt verließest Du und gingest hinaus nach draußen ... Als Dich das Heer sah, legten sie ihre Waffen an. Des Statthalters, des Rächers von Babylon Herz ergrimmte. Wie um Beute des Feindes zu erbeuten, entbot er seine Truppen. Den Anführer des Heeres lehrt er Böses: In jener Stadt, wo ich Dich hinschicke, Du Mensch, fürchte keinen Gott, scheue keinen Menschen! Groß und Klein töte zumal! Den schwachen Säugling, laß keinen übrig! Den Haufen des Besitzes Babylons sollst Du plündern! Das Heer des Königs sammelte sich, zog ein in die Stadt, gespannten Bogens, gezückten Dolches ...

Ihr Blut ließest Du wie Wasser eines Regengusses die große Straße der Stadt einnehmen. Ihr Blut öffnetest Du, ließest es den Fluß hinwegtragen ...«

Die Vernichtung der Rebellen schildert der Verfasser mit Befriedigung, es waren seine Feinde. Der Schluß des Epos verheißt dann die Wiederherstellung des alten Glanzes der Stadt.

Die genaue Datierung der dem Epos zugrundeliegenden Vorgänge ist umstritten. Der Verfasser hält eine Ansetzung in der Mitte des 2. Jahrtausends v. u. Z. für wahrscheinlich. Damals (um 1531/1530) ging die altbabylonische Dynastie Hammurabis zugrunde, und an ihre Stelle trat eine landfremde Dynastie – die Könige der Kassiten, die für vier Jahrhunderte Mittel- und Südmesopotamien beherrschten.

Das Jahrtausend der Streitwagenkrieger *(2. Jahrtausend v. u. Z.)*

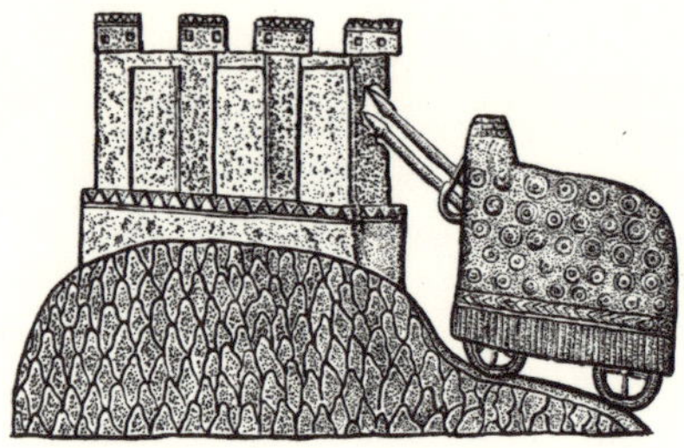

Der Streitwagen und seine Schöpfer

Der Pharao Amenophis III. (1400–1362) erhielt vom Herrn Nordsyriens, Tuschratta Briefe, die mit der gleichbleibenden Grußformel begannen: »Zu Nimmuria (Amenophis III.), König von Ägypten, meinem Bruder, meinem Schwiegersohn, den ich liebe und der mich liebt, dein Schwiegervater: ich befinde mich wohl: dir geht es auch wohl! Deinem Hause, Taduhepa, meiner Tochter, deiner Frau, die du liebst, gehe es wohl! Deinen Frauen, deinen Kindern, deinen Großen, deinen Wagen, deinen Pferden, deinen Soldaten, deinem Lande, allen den Deinigen gehe es sehr, sehr wohl«.
(Greßmann, 1926, S. 372)

Der Absender trug einen Kampf- und Thronnamen, der soviel besagt wie »einen verderbenbringenden Streitwagen habend« (Tuschratta), und er hob die Wagen und Pferde im Gruß hervor. Neu war auch die Betonung der Soldaten. Der Streitwagenkönig kam aus einer im 17. Jahrhundert v. u. Z. in Syrien auftauchenden Bevölkerungsgruppe, deren Götter- und Personennamen sie mit den Indoariern verbinden, den Mitanni. Letztere waren anscheinend eine nach Westen abgetriftete Gruppe der nach Indien ziehenden Völker indoeuropäischer Sprache. Sie schoben sich über eine den heutigen Georgiern sprachverwandte Gruppe, die Churriter, in denen sie relativ rasch aufgegangen sind. Ihre großen Erfolge verdankten sie wohl einer neuen Waffe, dem leicht gebauten Kampfwagen mit vier Hengsten als Gespann, der an die Stelle des alten, schweren Geräts mit Halbeseln als Zugtiere trat.

Dieser war etwas anderes als die schwerfälligen Wagen mit Scheibenrädern der Sumerer. Die Pferde waren leicht zu lenken, wenn sie gut trainiert waren, und im Verband einzusetzen. Die Wagen wogen nur noch wenige Kilogramm, wie wir von Originalfunden in ägyptischen Gräbern wissen. Zu dem neuen Zugtier, dem abgerichteten Pferd, war mit dem Speichenrad eine technische Erfindung gekommen, deren Herkunft wir bisher nicht kennen. Das Speichenrad senkte das Gewicht des Gefährtes wesentlich.

Bekannt aber dürfte das Ursprungsgebiet des Hauspferdes sein, die Region, in der das Wildpferd domestiziert wurde. Das Pferd steht zoologisch neben der Gruppe der Halbesel, die von der Mongolei bis nach Syrien hin vorkam, als das Tier der eurasiatischen Waldsteppe und den Eseln Nordafrikas und den Zebras des südlichen und östlichen Afrikas. Die Waldsteppe war und ist noch heute der Hauptlebensraum im ariden Gürtel Osteuropas und Nordasiens. Sie dehnt sich über zehntausend Kilometer von der Donau bis in die Mandschurei südlich der Waldmassive der Taiga sowie nördlich der Wüsten und Bergregionen Nord- und Mittelasiens. Heute ist sie weitgehend durch die Kultursteppe des Ackerbaus ersetzt bzw. durch unsachgemäße Bewirtschaftung verwüstet oder versteppt. Aber ihre natürlichen Bedingungen heben sie noch immer als einen begünstigten Landstreifen hervor, von dessen Erzeugnissen große Völker leben. Vor Jahrtausenden streiften Herden von Wildpferden und Saigaantilopen über ihre Ebenen, die von kleinen Wäldern an begünstigten Stellen und Galerie- und Auwäldern entlang der Flüsse unterbrochen waren. Von Süden und Südwesten gelangten Bauernvölker ins Land, die sich vor schwankenden Niederschlägen, oft eisigen Wintern und heißen Sommern in wenig begünstigter Lage sahen. Auf die Jagd angewiesen, nährten sich die Bauern gern vom Fleisch der Pferdeherden und der Antilopen. Während letztere viel zu empfindlich waren, um domestiziert werden zu können, erwiesen sich die zähen Wildpferde vom Przshewalsky-Typ als widerstandsfähig und der Natur besser angepaßt als Rinder und Ziegen. So begannen im Gebiet östlich des Dnepr, an der Wolga bis zum Ural, ackerbautreibende Stämme mit der Pferdezucht. In Siedlungen der Wolgaregion und der Ukraine sind zahlreiche Pferdeknochen gefunden worden. Sie deuten darauf hin, daß das Pferd als Fleischlieferant diente. Daneben kamen aus Knochen geschnitzte Trensen auf, die von der Nutzung der Körperkraft der Tiere zeugen. Es währte jedoch Jahrtausende, bevor dieses neue Haustier wirksam werden konnte. Hinderlich war der allgemeinen Nutzung des Pferdes eine technische Tradition – die am Rind entwickelte Schirr- und Zugweise, bei der das Geschirr am Hals ansetzte. Beim Rind konnte man das Joch auch am Gehörn befestigen, und selbst mit dem Halsjoch erreichte das Rind beträchtliche Zugleistungen. Das Pferd hingegen ist am Hals überaus empfindlich, und die ursprüngliche Jochform beschränkte die Zugleistung der Pferde auf einen Bruchteil des Möglichen. Auch das Reiten sollte sich erst ganz langsam entwickeln und wurde erst im 1. Jahrtausend v. u. Z. zur militärisch einsetzbaren Technik. Die Erfindung des leichten Kampfwagens mit Speichenrädern ließ das Pferd zu einem wichtigen Bestandteil militärischer Rüstungen werden.

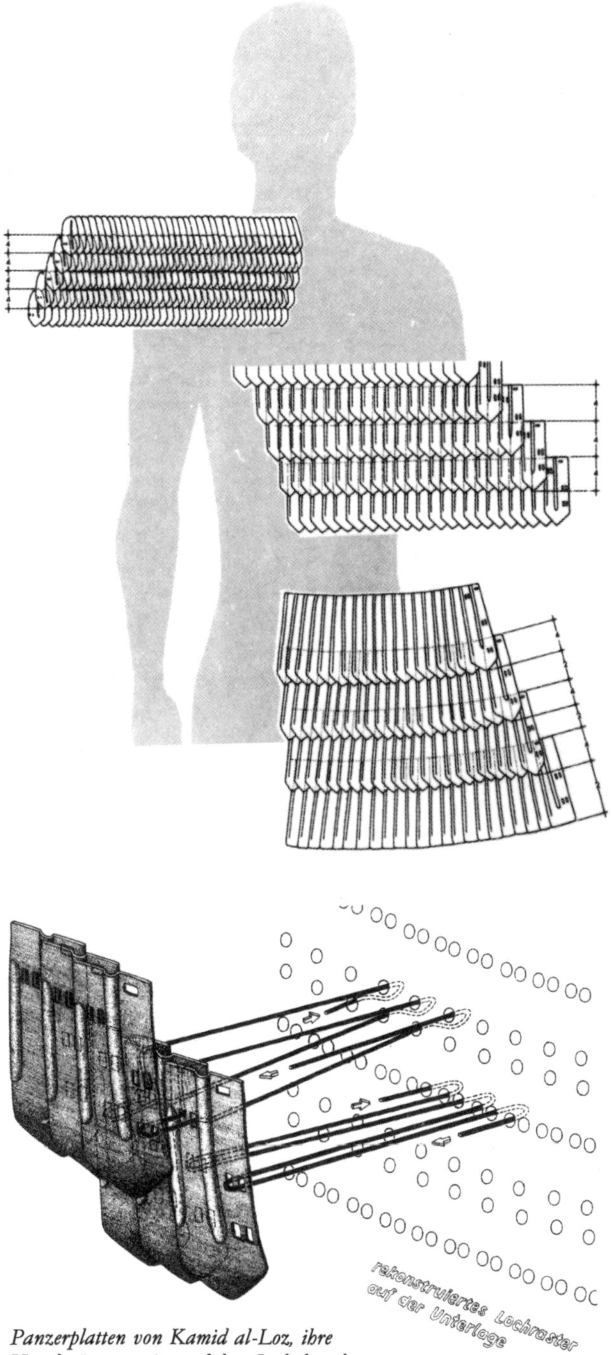

Panzerplatten von Kamid al-Loz, ihre Verschnürungsweise auf dem Lederhemd und die schematische Übersicht der Anbringung, um 1500 v. u. Z.

Die rezenten Vegetationszonen Nordeurasiens

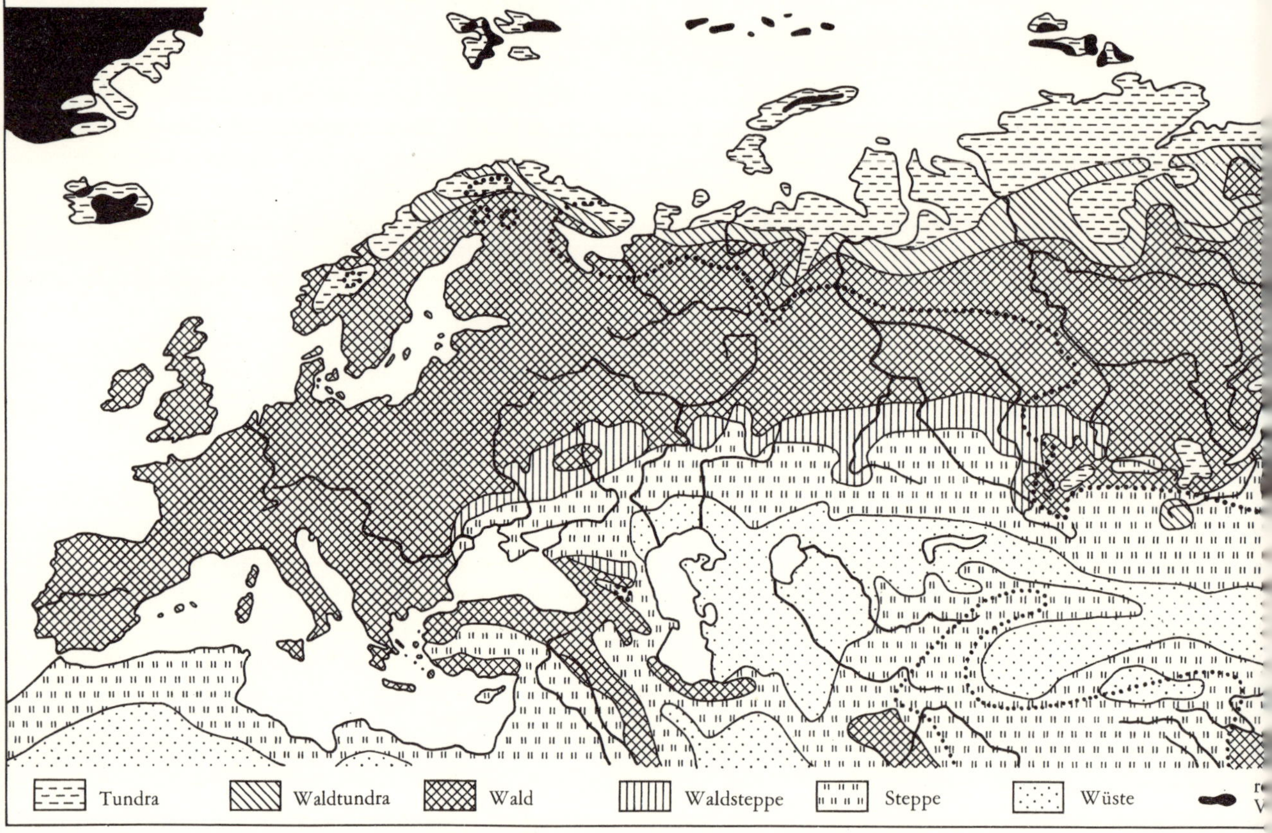

Es ist ungewiß, wo die technische Erfindung des Speichenrades gelang. Einige Historiker möchten diese Leistung nur einem hochentwickelten Gebiet zusprechen und verweisen deshalb auf Mesopotamien als Ursprungsland, doch unterschätzen sie vermutlich die technischen Fähigkeiten frühbronzezeitlicher Steppenvölker. Es gab daneben in Mittelasien und Indien hochentwickelte Stadtkulturen. Anzunehmen ist, daß es Handwerker der Steppenstämme zwischen Wolga und Ural waren, die über jahrhundertelange Erfahrungen mit dem Pferd verfügten, denen darüber hinaus reichlich Holz zur Verfügung stand.

Faßbar wird bereits seit dem 4. Jahrtausend v. u. Z. eine Ostwanderung europider Stämme bis in den Altai und an den Jenissei, ohne daß bisher Rennwagen nachweisbar sind. Anders wird dies im frühen 2. Jahrtausend v. u. Z., als vom Ural aus eine Völkerwelle bronzezeitlicher Bauern ostwärts brandete und bis an die Grenzen Chinas schlug. Die »Andronovo«-Kultur führte den Streitwagen, wie Felsbilder in Kasachstan und Kirgisien sowie Reste von Originalwagen in Gräbern am Ural belegen.

Die Träger der Andronovo-Kultur waren anscheinend die Vorfahren der Iraner, die im Altai und in den Weiten Ostkasachstans auf die Ahnen der Türken und Mongolen trafen. Der Kampfwagen als neue Waffe veränderte die Kriegführung in Eurasien. Bald verfügten die Chinesen wie die Völker Europas über solche, und zu

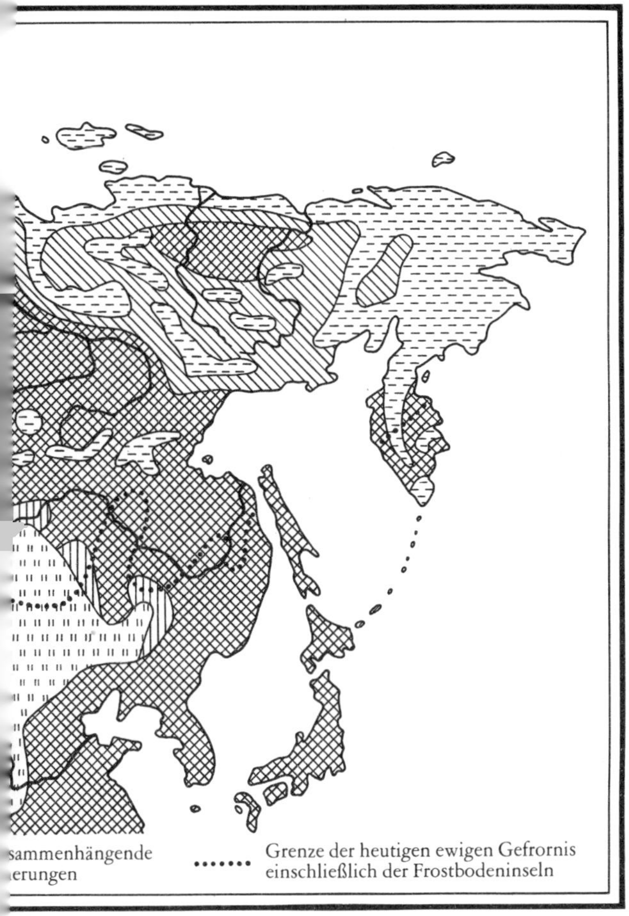

Beginn des 18. Jahrhunderts v. u. Z. häufen sich die Nachrichten über Kampfwagentruppen in Vorderasien. Erst viel später setzten die Ägypter Kampfwagen ein, dann übernahmen auch die Libyer den Rennwagen. Felsbilder lassen seinen Weg bis an den Niger verfolgen. Zum Ende des 2. Jahrtausends v. u. Z. wurde von Korea bis nach Schweden, vom Rhein bis zum Niger, am Indus und am Nil mit dem pferdebespannten Rennwagen gekämpft.

Der Rennwagen hat seinen Ursprung wahrscheinlich in der Steppe und war den Ebenen angepaßt. Er sollte die bisherige Kriegführung revolutionieren, die viel beweglicher und zugleich anspruchsvoller wurde. Streitwagen und Pferdegespanne verlangten höhere Aufwendungen als die Ausrüstung eines Fußkämpfers. Die Gespanne mußten ständig trainiert werden, der Kämpfer war nicht in der Produktion einzusetzen. So bildete sich ein »Kriegeradel« heraus, der über große Pferdeherden verfügte und Kampfwagen bauen und erhalten ließ.

Die Kampfwirkung der Wagen ergab sich hauptsächlich aus dem Anprall großer Pferdegruppen auf den Feind und erst dann aus den Waffen des Kämpfers, der von der Plattform seines Wagens aus Fernkampfwaffen benutzen mußte. Hierzu zählten in erster Linie Pfeil und Bogen, aber auch Wurfspeere. Im Nahkampf focht man mit der Axt und dem Stoßschwert aus gehärteter Bronze. Als Schutzwaffen entstanden Panzerhemden für die Krieger und Panzerdecken für die Pferde, sowie Schilde und Helme verschiedener Form. Die Panzer und Helme waren aus Leder gefertigt, für die Offiziere mit Bronzeplättchen benäht und mit bronzenen Halsbergen versehen. Es gab aber auch Leinenpanzer.

Erforderlich wurden nunmehr große Ställe, Depots für Kampfwagen und große Werkstätten. Parallel dazu wandelte sich die Einstellung zum Krieg. Der Streitwagenadel entwickelte sogar eine Kriegspropaganda. Die Bildkunst besonders Ägyptens aus der zweiten Hälfte des 2. Jahrtausends v. u. Z. ist geradezu mit Kampf- und Siegesbildern überladen. Die Texte fließen ebenfalls reicher als zuvor.

Streitwagenkrieger Vorderasiens

Im 18. Jahrhundert v. u. Z. müssen opferreiche Kriege Kleinasien erschüttert haben. Asche- und Schuttschichten decken die Reste alter Städte und Dörfer. Die noch in den ersten Jahrhunderten des 2. Jahrtausends blühenden Staaten der Chatti, eine den Churritern sprachverwandte Völkergruppe, gerieten unter die Herrschaft einer indoeuropäischen Völkerschaft, die systematisch Kampfwagen einsetzte. Auf sie ist später der Name der Vorbevölkerung übergegangen, so daß wir sie in Nachfolge der Bibel als Hethiter bezeichnen.

Das Ursprungsgebiet der Hethiter ist unbekannt. Es könnte die ukrainische Steppe gewesen sein, aus der im frühen 2. Jahrtausend v. u. Z. Völker nach Osten und Süden abgezogen sind. Um die alte Stadt Kuschschara for-

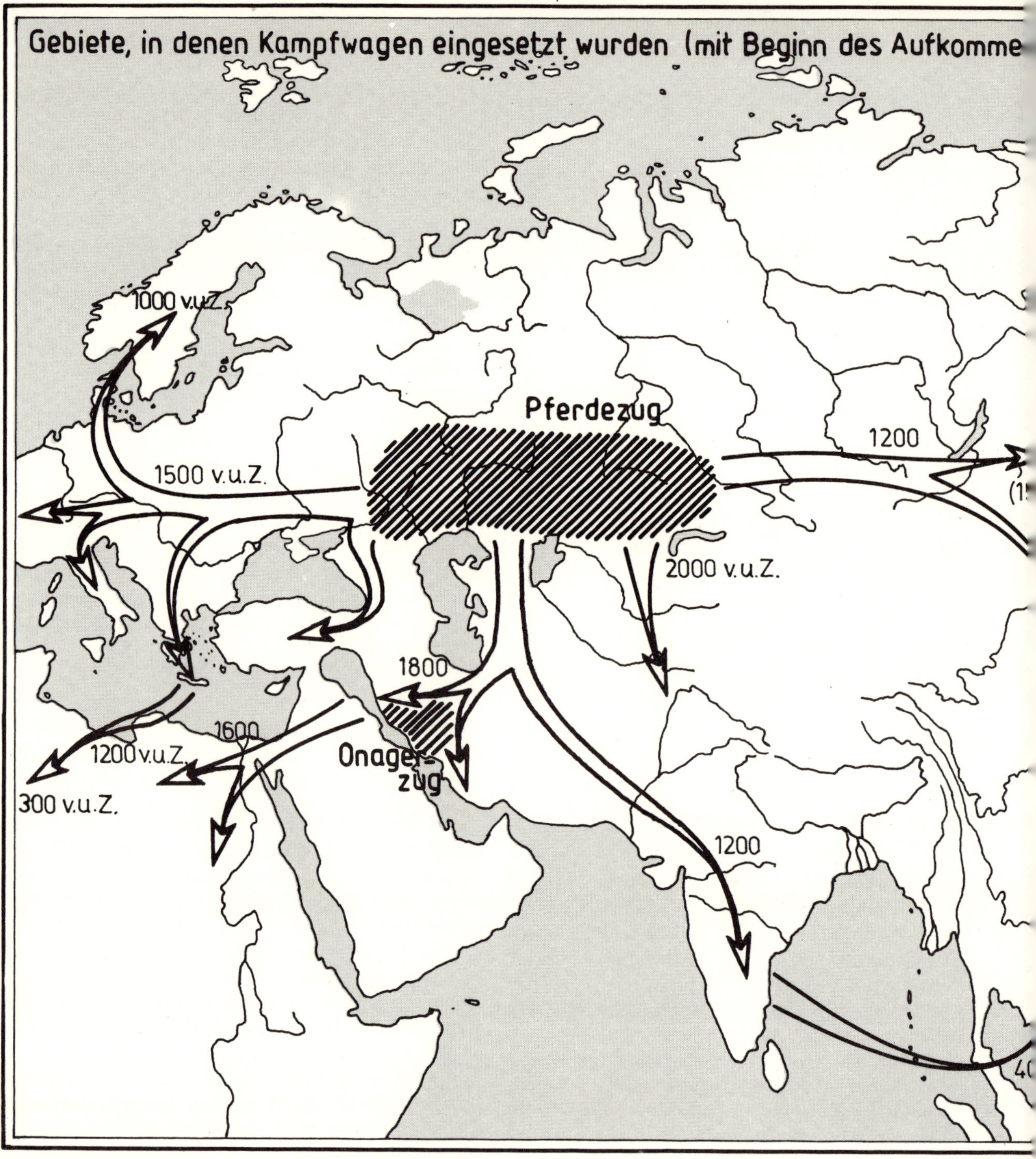
Gebiete, in denen Kampfwagen eingesetzt wurden (mit Beginn des Aufkomme
1000 v.u.Z.
Pferdezug
1200
1500 v.u.Z.
2000 v.u.Z.
1800
1600
Onager-
zug
1200 v.u.Z.
300 v.u.Z.
1200

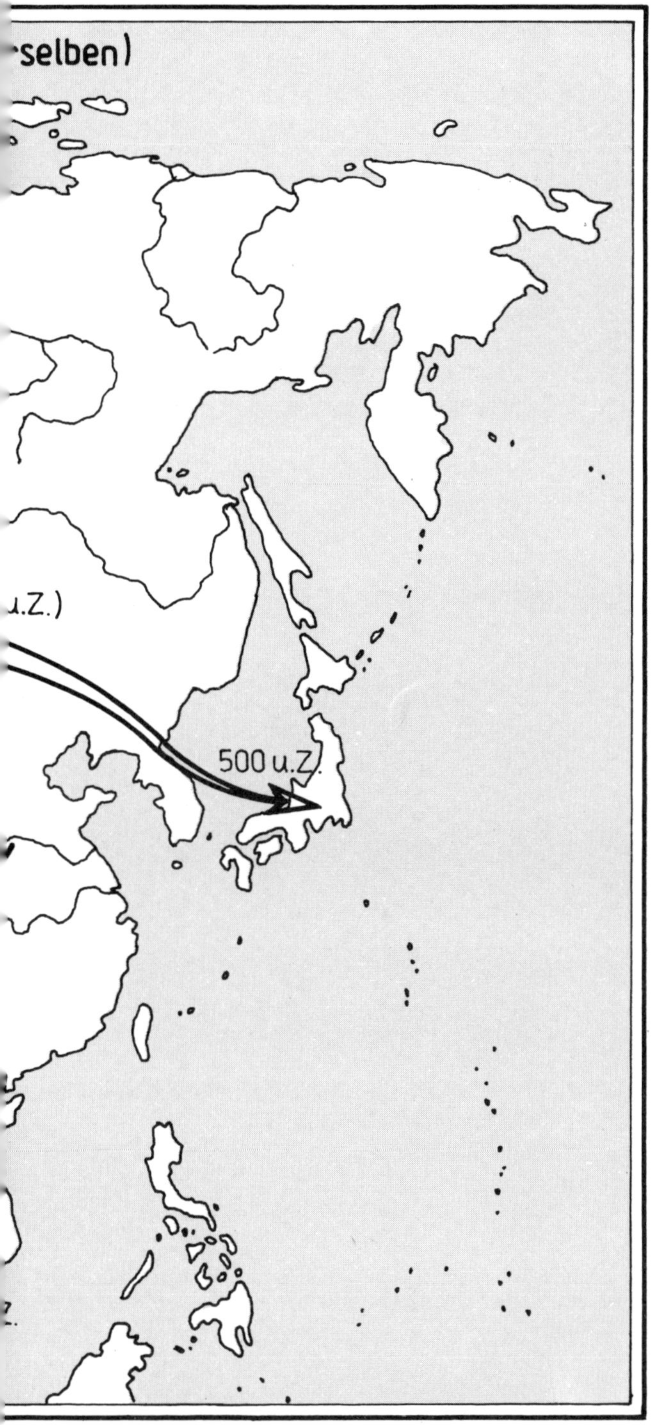

mierten die Hethiter einen Staat, dessen Heere nicht besonders groß waren. So bestand eine ihrer Armeen aus 1400 Fußsoldaten und 40 Kampfwagen. Dennoch waren die Kämpfe erbittert und führten letztlich zu einer Vereinigung der Hethiter um die zuvor verfluchte Stadt Hattuscha, dem Zentrum des hethitischen Großreiches. Aus der Regierungszeit des ersten Großkönigs Hattuschili I. (um 1600 v. u. Z.) liegen Berichte über Eroberungszüge nach Syrien vor, aber auch das Eingeständnis, daß nach einem Aufstand nur die Stadt Hattuscha dem König geblieben war. Das Heer war offenbar vor Aleppo geschlagen worden und brachte den schwerverwundeten König heim, der dort seinen Wunden erlag. Zuvor hatte er seinen Enkel Murschili zum Nachfolger eingesetzt. Das Testament blieb erhalten und enthält interessante Angaben über die Stellung des Heerbannes in der Gesellschaft (Heerbann, alter deutscher Begriff für Gesamtheit der Angehörigen eines Heeres mit noch traditionellen Bindungen). Hattuschili mahnt in seinem Text den Nachfolger, auf die Großen zu achten: »Mit meinen Gefolgsleuten und den Großen sollst Du gelinde verfahren. Wenn Du an irgendeinem ein Vergehen siehst, entweder, daß sich einer vor einem Gott vergeht oder einer irgendein (frevlerisches – B. B.) Wort ausspricht: dann befrage den Heerbann. Eine Streitsache soll gleichfalls vor den Heerbann verwiesen werden« (Sommer/Falkenstein, 1938, S. 16f.).

Der Heerbann blieb bis zum Ende des Alten Reiches der Hethiter die oberste Instanz des Reiches. Der letzte althethitische König Telepinu ließ in einem Text niederschreiben: »Von der Sippe sollst Du (der König – B. B.) keinen töten; das ist nicht recht. Ferner: Wer König wird und gegen Brüder und Schwestern Böses plant, und wenn ihr (der Heerbann) ihm (den König) der Heerbann seid, so sagt ihm bestimmt: Wie Blutsachen behandelt werden, ersieh aus der Tafel ...«
(Goetze, 1957, S. 86).

Der König war noch wie der alte Kriegshäuptling mehr ein Führer des Heerbanns, weniger ein absoluter Herrscher. Nicht einmal die Blutgerichtsbarkeit lag in seiner Hand. Die Hethiter übten Blutrache, und »der König soll nichts einzureden haben«.

Die Heeresverfassung befähigte die Hethiter zu großen Raubzügen. So erstürmten Murschilis Krieger Aleppo und zogen in Eilmärschen gegen Babylon. Die Stadt wurde erstürmt und ausgeplündert. Doch den

Die Befestigungen von Boghazköi,
Rekonstruktion von W. Hauenstein

heimkehrenden Sieger ermordeten verräterische Verwandte. Mord regierte das Land, und das Reich verfiel (um 1500 v. u. Z.).

Im späten 15. Jahrhundert v. u. Z. entstand das hethitische Reich als straff organisierter Zentralstaat erneut. Die alte Hauptstadt Hattuscha wurde zur Stadtfestung ausgebaut und der größte Teil Kleinasiens und Nordsyrien erobert. Die Ruinen der Hauptstadt sind bei dem Dorf Bogazköi gefunden und gründlich untersucht worden, so daß wir über den Festungsbau der Hethiter gut unterrichtet sind. Grabungen in anderen hethitischen Städten bestätigten die Ergebnisse. Die Stadt bestand aus einer befestigten Palastburg (heute Büyük-Kale genannt), der Unter- oder Altstadt um den großen Reichstempel sowie der großen Ober- und Neustadt mit eigenen Tempeln und Burgen. Ein massiver Erdwall umgab die Neustadt. Auf dem Erdwall stand die aus großen Steinblöcken gebaute Befestigung, die so vor Angriffen mit Mauerbrechern geschützt werden sollte. Die Mauer selbst war in einer »Kastenbauweise« errichtet. Zwei parallele Steinwände waren durch Stützmauern verbunden. Die entstehenden Hohlräume waren locker mit Schutt und Steinen gefüllt, damit die äußere Wand vor Rammstößen vibrierend zurückweichen konnte. Die Tore waren regelrechte Festungen. Von vorspringenden Türmen konnten Bogenschützen die Mauerfront bis zur Sohle des nächsten Turmes mit ihren Pfeilen bestreichen. In den Wall war beim Bau eine sogenannte »Poterne« eingebaut worden, ein unterirdischer Gang unterhalb des Südtores, wahrscheinlich als Ausfalltor in Belagerungszeiten geplant. Derartige Poternen sind auch in Assur und anderen Festungen gefunden worden. Die Hethiter haben wenige Darstellungen hinterlassen, die Aussagen über die Bewaffnung erlauben. So ist das Osttor der Neustadt von Boghazköi mit einer Kriegergestalt im Relief geschmückt, die diesem Tor dem modernen Namen »Königstor« eingebracht hat. Wir wissen aber nicht, wer gemeint war. Der Krieger trägt einen spitzen Helm mit Wangenklappen, eine Streitaxt mit vier Dornen auf dem Nacken und einen Dolch im Gürtel. Der breite Gürtel erinnert an gleichzeitige kaukasische Bronzegürtel, die als Teilpanzerung dienten.

Nahe von Boghazköi ist das Heiligtum Yazilikaya gelegen. Hier entdeckte Felsreliefs zeigen marschierende Götter mit Sichelschwertern. Noch interessanter ist jedoch die Wiedergabe eines Kriegsgottes in dieser Felsschlucht als in die Erde gestoßene Schwertklinge, deren Griff aus zwei liegenden Löwen an einen Dolch aus Girsu erinnert. Aufgesetzt sind ein Knauf aus zwei Löwenprotomen und ein Götterkopf. Diese Darstellung des Kriegsgottes hat in Altvorderasien keine Parallelen. Aber aus den Steppen Eurasiens kennen wir derartige Schwertgottheiten von den Skythen, den Hunnen und selbst noch den Mongolen. Vielleicht hatten die Hethi-

ter die Vorstellung von schwertförmigen Göttern bei ihrer Einwanderung mitgebracht.

Aus den Archiven von Boghazköi stammen viele Kriegsberichte. Erzählungen von erbitterten Kämpfen gegen die Bergstämme im Nordosten, die Kaschkäer, die Staaten im Süden und Westen zeichnen ein düsteres Bild nahezu ununterbrochener Kriege.

Für die Vorbereitung der hethitischen Armee auf den Kampf ist eine schriftliche Anweisung zum Training von Rennwagenpferden interessant. Ihr Verfasser Kikkuli war ein Mitanni, und manche darin verwandten Ausdrücke sind indoarisch, nicht hethitisch. Aber die Texte sagen nur wenig über die Organisation und Bewaffnung der Truppe.

Aussagereicher sind die Triumphalreliefs ägyptischer Pharaonen und ihre Inschriften, vor allem die Berichte über die Schlacht bei Kadesch in Nordsyrien. Ramses II. (1290–1224) versuchte, den Hethitern Nordsyrien streitig zu machen und zog mit vier Heeresdivisionen im Jahre 1286 nach Norden, jede nach einem Reichsgott, »Amun«, »Re«, »Ptah« und »Seth« genannt, und unterstützt durch Soldtruppen aus Syrien und den Mittelmeerländern. Geschickte Verschleierungstaktik der Hethiter wiegte den Pharao in Sicherheit, die hethitische Hauptarmee sei weit im Norden gebunden, und so marschierte das Heer in weit auseinandergezogenen Formationen nach Kadesch. Als hethitische Aufklärer in die Hand der ägyptischen Spionageabwehr fielen, sagten sie nach Schlägen aus, daß der hethitische König Muwatalli (1315–1285) mit seiner Armee von ca. 3500 Streitwagen und 35000 Fußtruppen hinter Kadesch stehe. Die Nachricht kam zu spät. 2500 Streitwagen stießen in die Flanke der Ägypter, deren erste Division gerade erst den Fluß von Kadesch überquert hatte. Mühsam rettete der Pharao anscheinend unter hohem persönlichem Einsatz seine Armee vor der Vernichtung und führte sie in die Heimat zurück. Den Sieg aber feierten beide Seiten. Ramses ließ die Schlacht gleich zweimal in großen Reliefs darstellen, in Luxor und in Abydos. Diese Reliefs geben ein eindrucksvolles Bild beider Armeen. Selbst das Verhör der hethitischen Spione wurde dargestellt. Die Kampfwagen beider Mannschaften unterschieden sich kaum voneinander. Die angreifenden Hethiter haben jeweils einen dritten Kämpfer auf den Wagen steigen lassen, der dann als Fußsoldat kämpfen sollte.

Das Relief in Luxor zeigt links oben die marschierende Ptah-Division mit ihrem Marschgepäck an den Lanzen und großen Stellschilden. Die hethitische Kampfwagentruppe führte mehrere Schildtypen mit sich, während die Fußtruppen mit langen Stoßlanzen und kurzen Dolchen bewaffnet waren.

Das Relief von Abydos stellt den hethitischen Troß inmitten der Fußtruppen, bestehend aus vierrädrigen Ochsen- und Pferdekarren sowie Lasteseln dar. Das ägypti-

sche Lager mit rastenden Truppen und der Verhörszene der hethitischen Spione auf dem Relief in Luxor ist sehr regelmäßig angelegt und scheint mit einer Mauer von Setzschilden umgeben gewesen zu sein.

Leider zeigt kein Bildwerk die hethitische Flotte, von der Kriegsberichte erzählen. Es sind dies letzte Nachrichten über hethitische Siege. Feindliche Flotten waren auf Zypern vorgestoßen und bedrohten bereits Syrien. Schuppiluliuma II. warf sich mit seinen Truppen dem Feind entgegen: »Ich machte mobil, und das Meer erreichte ich schnell, ich, Schuppiluliuma, der Großkönig. Gegen mich stellten sich die Schiffe von Alaschija (Zypern – B. B.) inmitten des Meeres dreimal zum Kampf. Ich vernichtete sie, indem ich ihre Schiffe ergriff und sie mitten im Meere in Brand steckte. Als ich aber dann auf das trockene Land kam, traten mir die Feinde vor Alaschija in Scharen zum Kampf entgegen.« (Otten, 1966, S. 173).

Hier hören wir zum ersten Mal von Seeschlachten, und wiederum müssen wir auf ägyptische Reliefs zurückgreifen, um eine Vorstellung von diesen Kämpfen zu gewinnen.

Das Hethiterreich versank unterdessen in Schutt und Asche. Anstürmende Wanderscharen verwüsteten das

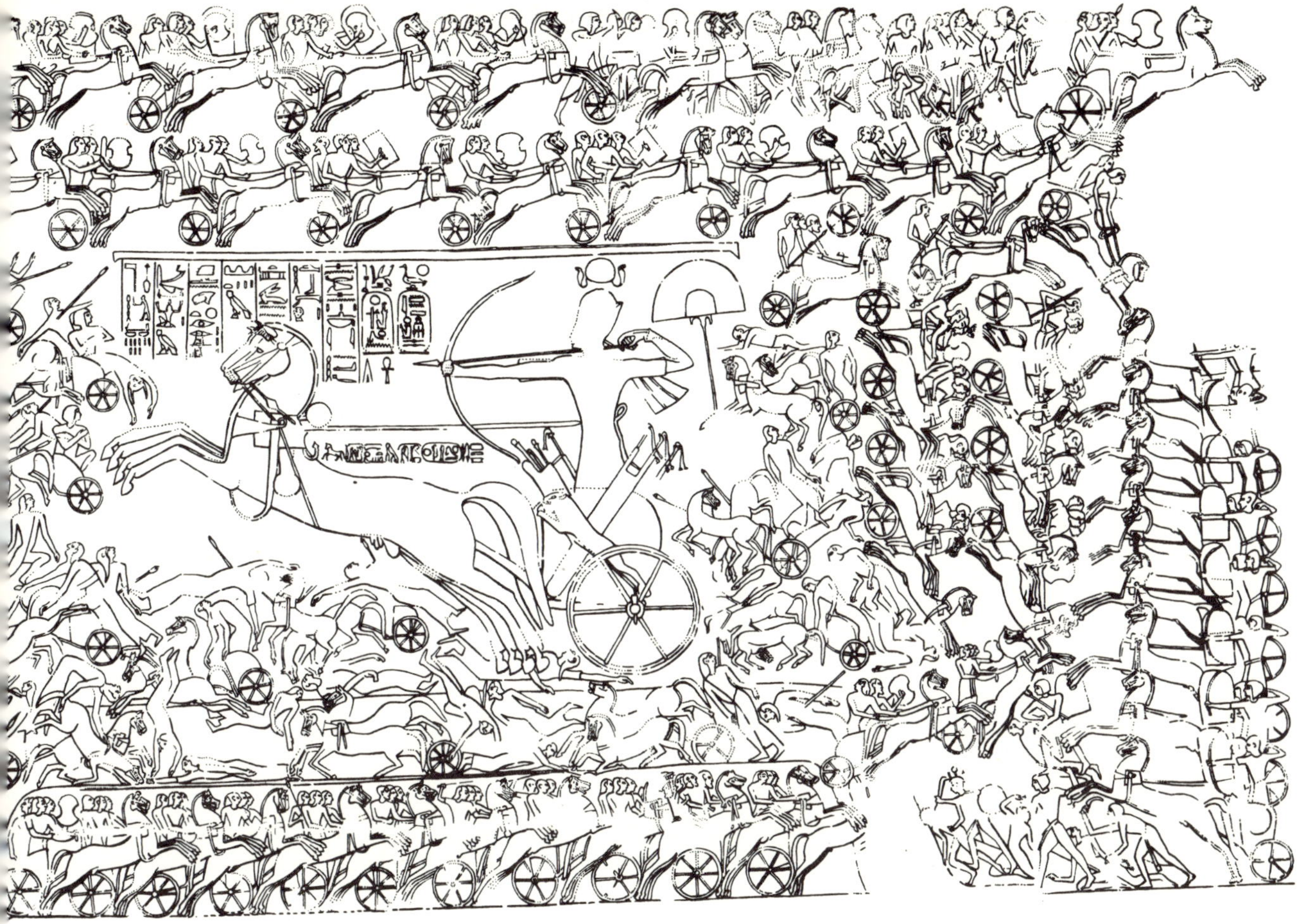

Die Schlacht von Kadesch. Der Angriff der Hethiter auf die Armee Ramses II., Relief aus Luxor, um 1280 v. u. Z.

hethitische Kernland, und für Jahrhunderte verödeten Zentral- und wohl auch Westanatolien.

Ägyptens Heere des Neuen Reiches

Die bereits erwähnten Triumphalreliefs belegen die neue Haltung der ägyptischen Herrscher zum Krieg. Den großen Herrschern nacheifernd, erzählten auch deren Offiziere in ihren Biographien auf den Grabmälern gelegentlich ihre Heldentaten. Die Autobiographie eines Schiffsführers Ahmose in El-Kab ist eine lebendig geschriebene Quelle für die Formierung des Neuen Reiches. Er diente dem gleichnamigen König Ahmose (1562 bis 1537) bei der Vertreibung der Hyksos, einer zeitweise Ägypten beherrschenden Volksgruppe asiatischer Herkunft. Nach seinem Bericht bestand die Pharaonenarmee aus Fußtruppen und Schiffseinheiten. Nur der König ist mit einem Kampfwagen in die Schlacht gefahren. Der Pharao Ahmose hat in seiner fünfundzwanzigjährigen Regierungszeit beinahe jährlich Krieg geführt und die Grenzen des Reiches nach Syrien und Nubien hin

Das Lager der Ägypter Ramses' II.,
Relief aus Luxor, um 1280

vorangetrieben. Seine Mutter, Ahhotep, die »Fürstin der Länder der Nordvölker«, scheint eine kampflustige Dame gewesen zu sein, die selbst in die Kämpfe eingegriffen haben soll. Ihr Grab enthielt Prunkwaffen, eine reich verzierte Kampfaxt, einen beschrifteten Dolch und eine Lanzenspitze mit Inschrift. Vielleicht weist ihr Titel auf eine Herkunft aus Kreta hin – eine Insel, auf der in jener Zeit ein mächtiger Seestaat blühte. Mit dem Inselreich bestanden während der 18. Dynastie lebhafte Handelsbeziehungen. Wandbilder aus dem Grab des Rechmire (Theben, Grab 100) stellten Kreter in ihrer typischen Tracht dar, die die Produkte des Inselstaates als Gaben darbringen. Im 14. Jahrhundert v. u. Z. traten dann Mykener an ihre Stelle.

Aus Kreta selbst sind lange Rapiere (spitze Stoßschwerter) bekannt, so aus den Gräbern von Zafar Papoura bei Knossos. Die kretische Kultur hinterließ auch einige Bildwerke mit Darstellungen eines militärischen Kampfsports, so den Stierkampf auf Wandmalereien in Knossos oder die Boxszene auf dem Steatitgefäß aus dieser Stadt. Zwei Fragmente eines Rhytons (kunstvoll verziertes Trinkgefäß) aus Mykenai zeigen Schleuderer und Bogenschützen. Ein mykenisches Gefäß ist mit einer Reihe marschierender Soldaten bemalt. Sie tragen die

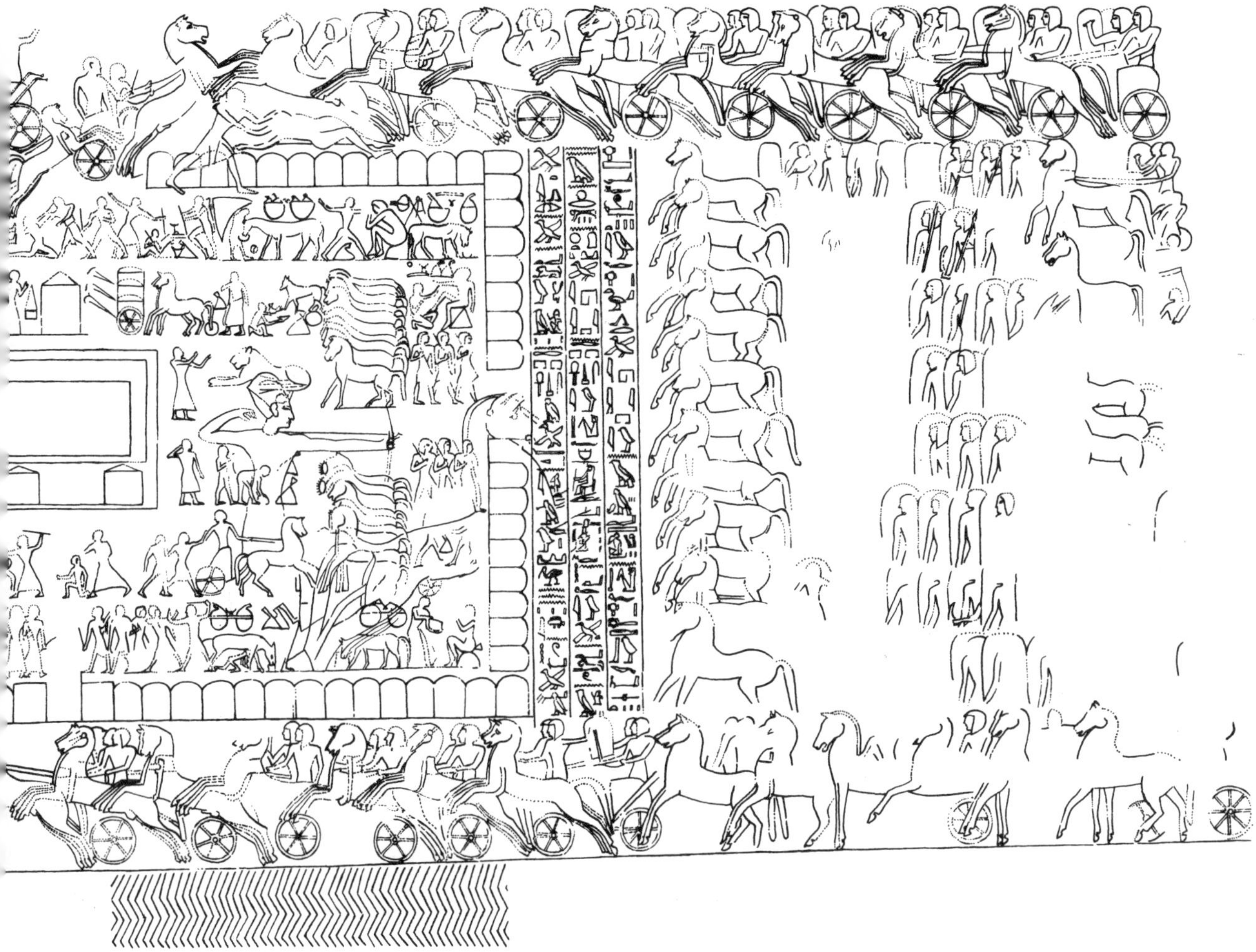

Tracht der Schardana (fremder Soldtruppen in ägyptischen Diensten, eventuell aus Sardinien kommend) der ägyptischen Reliefs.

Ungewöhnlich ist ein aus geschliffenen Eberzähnen zusammengesetzter Helme aus den Felsgräbern von Mykenai. Derartige Helme tragen Krieger auf mykenischen Wandmalereien aus dem Palast von Pylos, die mit Dolchen und Stoßlanzen in Felle gekleidete Feinde töten.

Einzelfunde, wie aus dem Felskammergrab 12 in Dendra, belegen die Existenz zusammengesetzter Panzer aus Blechstreifen.

Die Kreter und Mykener benutzten große Schilde in Form einer Acht, ebenso Kampfwagen. Die Mykener bewohnten zyklopische (aus großen Felsblöcken gebaute) Burgen, die sich von den offenen Palästen Kretas unterschieden. Letztere standen vermutlich unter dem Schutze der Flotte.

In Ägypten sind ebenfalls relativ lange Stoßdolche gefunden worden, so in Tanis mit einem Knauf in Form eines Falkenkopfes. Häufiger sind jedoch bronzene Sichelschwerter und Kampfäxte unterschiedlicher Art. Zu den gefundenen Waffen gehören wohl ebenso große drei- und zweizinkige Gabeln wie die aus einem Grab bei Akko und aus Ugarit.

Die Armee der Hethiter mit ihrem Troß. Aus den Reliefs mit der Darstellung der Schlacht von Kadesch in Abydos

Schließlich kamen auch in Ägypten Bronzeschwerter mit breiter Klinge auf, die zum Schlagen geeignet waren. In einigen Gräbern sind Waffenlager dargestellt; Keulen, Sichelschwerter, Schlagstöcke und Köcher im Grab des Ken anum in Theben. Im Grab des Nacht und in anderen thebanischen Gräbern ist die Herstellung von Kampfwagen wiedergegeben.

Noch reichere Auskunft über das Heerwesen verdanken wir den Sieges- und Triumphalberichten der Pharaonen der 18. Dynastie. Ihr Beginn datiert ins Jahr 1562 v. u. Z., dem Jahr des Triumphes Ahmoses'. Die ersten Herrscher eroberten den Nordsudan und organisierten ihn als Vizekönigtum. Sie begannen mit der Eroberung Palästinas, als eine Herrscherin, die Pharaonin Hatschepsut, die Kette der Kriegsherren unterbrach. In einem ihrer Texte heißt es: »Sie stellte her, was zerstört wurde, als die Asiaten in Unterägypten in der Stadt Auaris saßen ...« (Otto, 1953, S. 147). Sie setzte ihren Stolz in Friedenswerke und Handelsexpeditionen bis nach Ostafrika. Schließlich mußte sie ihrem Halbbruder Thutmosis III. (1491–1436) weichen (1490 v. u. Z.), der ihr Andenken auslöschen wollte, da sie ihn jahrelang von der Macht ferngehalten hatte.

Er wurde zum großen Erobererkönig Ägyptens, dessen Annalen siebzehn Feldzüge aufführen. Sein Hauptgegner war das Mitannireich in Nordsyrien und das erste Ziel der ägyptischen Kriegführung die Eroberung der Stadtfestung Kadesch in Syrien. Für den siebenten Feldzug erwähnt der König die Einrichtung von Flottenstützpunkten an der Küste und den Aufbau einer Kriegsflotte für die See, die neben die Nilflottillen, dem Haupttransportmittel der altägyptischen Armee, trat. Es gelang ihm sogar, Schiffe bis an den Euphrat zu bringen und mit ihrer Hilfe das Mitannireich anzugreifen.

Die Kriegführung der Ägypter jener Zeit setzte eine genaue Geländeerkennung, eine gezielte Aufklärung, voraus. Die Annalen rechneten auch über die Beute ab: Pferde und Wagen, Gefangene und die abgeschlagenen Hände der Feinde; weiterhin Waffen, Schmuck und die Ernteeinnahmen.

In den Gräbern ägyptischer Offiziere finden sich ebenfalls Kriegsberichte. Der General Amenemheb er-

zählte beispielsweise eine Episode aus der Zeit des Angriffs Thutmosis III. auf die Stadt Kadesch. Beim Aufmarsch der ägyptischen Streitwagengeschwader mit ihren Tausenden Hengsten hätten die Feinde eine rossige Stute geschickt. Er, Amenemheb, habe die Stute rechtzeitig erschlagen und sei dafür mit dem »Gold der Tapferkeit« ausgezeichnet worden.

Auch in der Königsfamilie wurden Kraft und militärische Fähigkeiten hoch geschätzt. Der Sohn und Nachfolger Thutmosis III., Amenophis III., rühmte sich, er habe vom fahrenden Wagen aus mit dem Bogen vier Kupferplatten durchschossen und niemand habe des Königs Bogen spannen können. Er habe auch allein anstelle der Mannschaft die Königsbarke rudern können. Sein Sohn, der spätere Thutmosis IV., war als Prinz Kommandant der Wagenkämpfertruppe in Theben.

Die folgenden Pharaonen, Thutmosis IV. und Amenophis III., schlossen Frieden mit den Mitanni. Sie führten vorwiegend Kriege im Süden oder gegen Rebellen in Syrien. Eine Siegesszene verziert den im Museum von Kairo ausgestellten Streitwagen Thutmosis' IV. Der Pharao steht in seinem Streitwagen und schwingt die Kampfaxt gegen zwei syrische Häuptlinge, deren Soldaten und Streitwagen vom Pharao überrollt werden. Die Pferde haben Panzerdecken, die Wagen scheinen ebenfalls gepanzert zu sein. Den Herrscher schützt ein Schuppenpanzer.

Plättchen derartiger Panzer sind beispielsweise im Palast Amenophis' III. in Theben gefunden worden. Ein Fragment eines Panzers des Pharaonen Scheschonk besteht aus einem Lederhemd, auf das Bronzeplatten in Reihen aufgenäht sind. Jede Platte ist 3,5 Zentimeter lang und zwei Zentimeter breit. Sie sind unten abgerundet und oben gerade abgeschnitten. Je zwei Löcher an den oberen Ecken und ein Nietloch unten erlaubten die Befestigung auf der Unterlage. Gleich Dachziegeln sind sie in den Reihen versetzt aufgenäht. Der früheste Fund kupferner Panzerplättchen (800 Stück) stammt aus Kefar Monasch in Palästina. Er wird in die Zeit um 2000 v. u. Z. datiert. Neben den Panzerteilen gehörten Kampfäxte, Speere, Dolche und Keulen zu dem Hortfund (Rüger, 1966).

Der Katzen- und Mäusekrieg, nach einem Papyrus in Turin (unten) und das Vorbild, ein Relief Ramses III. (oben)

In einem durch ein Erdbeben zerstörten Palast des 14. Jahrhunderts v. u. Z. in der Beka'ebene des Libanon, in Kamid al-Loz, fanden sich 180 bronzene Panzerschuppen eines dreiteiligen Panzers. Die Platten waren mit Bronzekrampen auf einem Lederhemd festgemacht. Es sind Platten in vier Typen, der eine 8,1, der andere 6,2, der dritte 9 und der vierte 3,9 Zentimeter lang.

Derartige Bronzepanzer wurden allgemein in Syrien benutzt. So erbeutete Thutmosis III. allein bei Megiddo 200 mit Bronzeplatten besetzte Panzerhemden. Sie waren relativ schwer und bei der Sommerhitze hinderlich, so daß daneben dick gefütterte Leinenkoller gegen Pfeilschüsse getragen wurden. Die Körperpanzer waren im Heer der 18. Dynastie hauptsächlich beim Kampfwagenkorps üblich. Neben der Marine und der Infanterie war es die vorherrschende Waffengattung. Untergeordnet waren die Transportabteilungen mit Schiffen, Eselkarawanen und Ochsenkarren. Die Truppen waren territorial organisiert und bildeten drei Divisionen.

Unter Amenophis IV. (1361–1340), der sich religiösen Reformen zuwandte und innenpolitisch gebunden war, verfiel das Reich. Eine Provinz nach der anderen, eine Stadt nach der anderen gingen verloren. Amenophis, Echnaton genannt, ließ den Hauptverbündeten in Asien, die Mitanni, in Stich. Die vordringenden Hethiter schlugen Tuschratta, und die Assyrer fielen von den Mitanni ab. Nomaden drangen in Palästina ein, und von Westen drohten die Libyer. Ein Militärputsch brachte eine Offiziersdynastie an die Macht, die aus Tanis in Unterägypten stammte. Ihr Gründer, Ramses I. (1309–1306), war der Sohn des »Obersten der Bogenschützen«. Er selbst war bereits vor der Thronbesteigung ebenfalls »Oberster der Bogenschützen«, Chef der Wagenkämpfer und Kommandeur der Infanterie sowie »Vorsteher aller Fremdländer«.

Seine Nachfolger regierten vorzugsweise mit Hilfe der Armee. Sein Enkel, Ramses II. (1290–1224), herrschte 66 Jahre und hinterließ viele Denkmäler zur Kriegsgeschichte, wie die bereits erwähnten Berichte über die Schlacht von Kadesch.

Aufschlußreich sind auch andere Reliefs, wie die Darstellung der Belagerung der syrischen Stadt Debir im Ramesseum (um 1290 v. u. Z.). Die Stadt ist als Festungsturm wiedergegeben, die mit Sturmleitern und Truppen im Schutz großer Setzschilde angegriffen wird.

Nach Unruhen folgte eine neue Dynastie, die den Ramsesnamen wieder aufgriff. Neun weitere Pharaonen dieses Namens erlebten Angriffe aus vielen Regionen. Schon unter Ramses II. waren Libyerstämme gegen die Grenzen Ägyptens angerannt, Vorboten einer großen Völkerwelle, die in Kleinasien die Hethiter hinwegfegte, Syrien verwüstete und als »Seevölker« nun Ägypten angriff. Die Völkernamen weisen nach Süd- und Südosteuropa. Die Schardana und die Schekelesch kamen vermutlich aus Sardinien und Sizilien; die Turscha waren wahrscheinlich die Tyrsener, die Etrusker; die Danuna und Aqaiwascha könnten die griechischen Achäer und Danaer gewesen sein, während die Luka eventuell die Vorfahren der Lyker waren. Unter Ramses III. kamen dann die Peleschtet, die Philister, und die Zaker könnten ein Zweig der Phryger gewesen sein. Zugleich griffen libysche Stämme Ägypten an und wurden mehrfach blutig zurückgeworfen. Sie waren zum Teil mit den »Seevölkern« im Bunde. Die Gefangenen wurden oft als Soldtruppen in den Dienst der Pharaonen gepreßt. Sie erscheinen in ihren Trachten und mit den für sie typischen Waffen neben nubischen und syrischen Söldnern.

Das Überhandnehmen der Fremden in der Armee und das Verkommen des Staates führten zu einer moralischen Entwertung des Soldatenstandes, der von den Beamten verhöhnt und verachtet wurde. Die Verhöhnung gipfelte in der Darstellung der »verkehrten Welt« als Persiflage auf die Siegesreliefs der Ramessiden. Zeichnungen auf Papyrus setzten an die Stelle des siegreichen Pharaonen eine Maus auf den von Hunden gezogenen Streitwagen, der gegen Katzen anrennt, die eine Festung verteidigen.

Der verspottete Pharao Ramses III. hat vor allem in seinem Großtempel Medinet Habu Siegesreliefs anbringen lassen. Sie feierten die Eroberung asiatischer Städte und die Vertreibung der Libyer.

Die Schardanatruppen tragen auf diesen Reliefs Rundschilde, Stichschwerter und Hörnerhelme, oft mit einem ballförmigen Aufsatz. Interessant sind besonders die Bildberichte über die Angriffe der »Seevölker« mit der ersten Darstellung einer Seeschlacht. Sie findet in Küstennähe statt. Beteiligt sind Segelschiffe mit Ruderreihen. Wiedergegeben sind fünf Schiffe der »Nordvölker« und vier ägyptische Kampfschiffe. Drei der Angreifer sind durch die Federkappen der Mannschaften als Peleschtet und zwei durch die Hörnerhelme ihrer Besatzungen als Schardana gekennzeichnet. Die Ägypter greifen mit Pfeil und Bogen an, und in ihren Mastkörben stehen Schleuderer. Die Angreifer sind mit Langschwertern und Rundschilden ausgerüstet. Metallhaken an Wurfleinen sollten die feindlichen Schiffe am Entweichen hindern.

Die unteren Bildstreifen stellen den Abtransport der Gefangenen dar. Die »Seevölker«-Flotte diente wahrscheinlich als Flankenschutz für den Volkszug auf dem Land. Auch er wurde angegriffen und geschlagen. Auf zweirädrigen Ochsenkarren mit Scheibenrädern war ein ganzes Volk unterwegs. Peleschtet und Zakar wurden zur Ansiedlung in Palästina (der Name geht auf die Philister zurück) gezwungen. Unter dem Druck der »Fremdvölker« zerbrach das Reich allmählich.

Ebenso stand Assyrien im 12. und 11. Jahrhundert v. u. Z. unter dem Druck wandernder Nomadenscharen. Die Aramäer verließen in Scharen die Oasen und versandenden Steppen Arabiens und zogen nordwärts. Sie stürmten gegen Babylonien und Assyrien und besetzten das von den »Seevölkern« erschütterte Syrien. Der Assyrerkönig Assurreschischi (1132–1115) ließ sich als der Herrscher feiern, »der die unermeßlich Horden der Achlamu ausgerottet und ihre Truppen versprengt hat«. Aber sein Nachfolger, Tiglatpilesar, mußte aufs neue gegen die Achlamu ziehen und sich ihnen in vierzehn Schlachten stellen. Hinzu kamen Angriffe auf Kleinasien.

In Babylonien ersetzten Aramäer die zweite babylonische Dynastie von Isin (um 1150 v. u. Z.), und die »Zeltaramäer« (Übersetzung einer assyrischen Bezeichnung für aramäische Nomaden) besetzten Südmesopotamien.

ARKTISCHER OZEA
ATLANTISCHER
OZEAN
Ob
Jenissej
Irtysch
Ob
Wolga
Baik
see
Donau
Schwarzes Meer
Kaspisches Meer
Aral-
see
Hethiter-
reich
Meso-
potamische
Staaten
Euphrat
Elamstaat
Mittelmeer
Indus
Sha
Ganges
Pharaonen-
reich
Nil
Zone der Nomaden mit
Pferd und Schaf
Zone des Dromedar-
nomadismus
Urnenfelderzentrum
„Seevölker“bewegung
Aramäerwanderung
Dschouwanderung
Steppenbronzebewegung
Indoarierwanderung
Iranerwanderung
INDISCHER
OZEAN

Nach Palästina drangen die Vorfahren der Hebräer ein. Die Ammoniter, Edomiter und Aramäer wurden in den östlichen Randgebieten ansässig.

In Mittelasien brachen im 14. und 13. Jahrhundert v. u. Z. die bronzezeitlichen Kulturen Südturkmeniens zusammen, und nach Indien zogen die Vorfahren der »Inder«. In Europa mußten in jenen Jahrhunderten ganze Volksgruppen ihre angestammte Heimat verlassen. Diese Bewegung ist als »Urnenfelderwanderung« bekannt geworden. Ihre Ursachen sind klimatischer Natur. Die kälteste Phase der Nacheiszeit brach über Eurasien herein und führte zur trockensten Periode in Afrika und Arabien. Sie muß weite Gebiete der ariden Zone in Wüsten verwandelt und damit jene großen Völkerwanderungen ausgelöst haben, die die Bronzezeit beendeten.

Streitwagenstaaten in China

In Ostasien sollte die Übernahme des Streitwagens zur Ausbildung der Klassengesellschaft beitragen. Chinas staatlicher Ursprung ist eng mit dem Kampfwagen verbunden. Dabei war die Ackerbaukultur in China sehr alt, nicht weniger traditionsreich als am Indus oder Euphrat, und doch begann die Klassengesellschaft in China fast 2000 Jahre später als in Vorderasien oder Indien. Die Produktivität der Landwirtschaft war dort offenbar geringer, und die Weite des Landes ließ ein Ausweichen in ferne Gebiete zu, die dem Zugriff sich bildender Zentralgewalten entzogen waren. Erst der Streitwagen gab einer Grundherrenschicht die Möglichkeit, eine stabile Staatsmacht aufzubauen.

Wir kennen bisher nur ein Zentrum dieses Übergangs, das Tal des Wei, der in den Hoangho mündet. Jedoch besteht durchaus die Möglichkeit weiterer früher Staaten auf heute chinesischem Boden. Die spätere Staatsdoktrin einer Einheit Chinas von Anbeginn an hat Traditionen anderer Staaten weitgehend verdrängt.

Die zur Zeit bekannte Geschichte der chinesischen Staaten begann zeitgleich mit der Übernahme der Bronzetechnik und danach des Kampfwagens von den Steppenvölkern Zentralasiens in den ersten Jahrhunderten des 2. Jahrtausends v. u. Z. Sie sollte jedoch bald ein eigenes Profil gewinnen. Selbst die Kampfwagen Chinas erhielten andere technische Grundzüge als die der anderen Welt. So wurde in erster Linie die Speichenzahl wesentlich vergrößert, wohl um die Stabilität des Rades zu erhöhen. Kampfwagen und Waffen sind an mehreren Orten dieses chinesischen Kernstaates ausgegraben worden.

Die spätere chinesische Geschichtsschreibung nennt als erste Dynastie eine Folge von Kulturheroen, die Xia-Dynastie. Vielleicht war sie nur die Erfindung späterer Historiker, möglicherweise stellen die Berichte über die Xia-Dynastie aber auch eine Reaktion mündlicher Traditionen über frühbronzezeitliche Herrschergestalten dar.

Sicheren Boden betreten wir erst im fortgeschrittenen 2. Jahrtausend v. u. Z. mit der Erh-li-kang-Phase der Bronzezeit. Die vorhergehende Erh-li-t'ou-Stufe wird zumeist bereits der zweiten Dynastie chinesischer Historiographen zugerechnet, der Zeit der Shang-Könige. Sie könnte aber auch die Xia-Zeit repräsentieren.

In Erh-li-kang haben wir es bereits mit befestigten Städten zu tun, so mit der nach den Schriftquellen zweiten Hauptstadt der Shang Ao (oder Xiao). Eine Stadtmauer aus Stampflehm umschloß die Stadt. Mit einer Länge von mehr als sieben Kilometern, einer Breite von 20 Metern und einer (noch heute erhaltenen) Höhe von neun Metern weist sie auf die kommenden Bauleistungen der Chinesen in der Befestigungskunst hin, wie sie den Einsatz großer Arbeiterkolonnen im Staatsbau belegt. Weniger wissen wir von gleichzeitigen Palästen oder Wohnbauten, da diese aus Holz errichtet wurden und auf erhöhten Terrassen standen. Nur Pfostenlöcher lassen die Formen rekonstruieren. Hingegen enthalten die Gräber der Herrscher und der Adligen zahlreiche Bronzen, darunter Waffen, so daß die Ausrüstung chinesischer Krieger jener Zeit gut belegt werden kann. Grabungen in Anyang, der dritten und letzten Hauptstadt der Shang-Könige Yin, haben im Palastbereich dieser Stadt auch die Beisetzungen bewaffneter Krieger als Totenbegleiter bzw. magische Wachen vor den Toren der Residenz freigelegt. Den Herrschern und Beamten gab man ebenfalls Waffen mit ins Grab. So barg das Grab der als Kriegerin bekannten Königin Fu-Hao neben prunkvollen Gefäßen zahlreiche Waffen des 13. Jahrhunderts v. u. Z., die Beziehungen zu den gleichzeitigen Kulturen Sibiriens aufweisen.

An die Kupferhelme von Ur erinnern kappenartige, aus Bronze gegossene Helme mit ausgespartem Gesichtsteil und mitunter aufgesetztem Maskenschmuck. Sie sind zu Dutzenden gefunden worden. Die Panzer waren aus Leder gefertigt, vorzugsweise aus Nashornhaut; zuerst aus großen Schalen zusammengesetzt, dann, um die Beweglichkeit des Kämpfers zu sichern, aus Plättchen oder Schuppen, die überlappend auf Stoff oder Leder genäht waren. die Lanzenspitzen tragen an den Tüllen zwei angegossene Ösen, wie sie aus der sibirisch-osteuropäischen Waldsteppe bekannt sind. Mehrmals tauchten Waffen auf, deren Spitzen aus dem sehr harten Jadegestein gearbeitet worden waren. Sehr variabel waren die Streitäxte und zum Teil gewaltige Beile, oft reich verziert. Möglicherweise sind letztere Zeremonialgeräte gewesen. Wahrscheinlich mit dem Aufkommen des Streitwagens verbunden war die Entwicklung des Ko, des Dolchstabes. Eine Dolchklinge wurde auf einen langen Stab gesetzt und konnte sowohl vom Streitwagen aus wie auch gegen den mit Axt und Dolch nicht erreichbaren Streitwagenfahrer eingesetzt werden. In China ist diese Waffe bis zum Prunkgerät mit reicher Verzierung ausgebildet worden. Es sind aber auch in der Waldsteppe Eurasiens, in Mittel-, West- und Südeuropa, ja selbst in Nordafrikas Bergen Funde geborgen worden, die erneut auf die Kontakte Chinas mit dem Westen hinweisen. Pfeilspitzen und bronzene Einsatzgriffe bezeugen eine vielfältige Verwendung von Bögen, offenbar Doppelreflexbögen hoher Duchschlagskraft.

Mit Bronzebeschlägen reich verziert waren die Kriegswagen der Shang-Dynastie, die in Abweichung vom westlichen Gebrauch nur mit zwei Pferden bespannt waren. Die Achsen waren etwa drei Meter lang, die Räder zählten bis zu 26 Speichen. Reich verziert waren desgleichen das Pferdegeschirr und die Griffe der Peitschen.

In den Ruinen von Yin fanden sich bisher über 60 000 beschriftete Fundstücke, hauptsächlich Knochen und Schildkrötenschalen. Häufig handelt es sich hierbei um Orakelanfragen, die Aussagen über die Rolle der Könige und der Armee erlauben. Der König, der »Wang«, hatte vorwiegend rituelle Funktionen. Die Armee bestand aus 3 000 bis 5 000 Mann, geteilt in Einheiten von Fußsoldaten und Streitwagengeschwader, deren Besatzungen den Adel des Landes darstellten. Sie wurden gegen Rebellen und benachbarte Stämme und Staaten eingesetzt, die ihrerseits ähnliche Kampfmittel entwickelten.

Im 1. Jahrhundert v. u. Z. gelang es den westlich des Shang-Staates lebenden Chou-Stämmen, die Shang-Gebiete zu okkupieren und den Staat auszudehnen, wiederum auf der Basis der Streitwagengeschwader.

Der Umbruch im späten 2. Jahrtausend v. u. Z.

Die Bauern- und Steppenvölker Eurasiens zeichneten ihre Streitwagenbilder in nahezu gleicher Weise auf die Felsen der Mongolei, des Altai und des Pamir, wie Kasachstans, Armeniens und Schwedens. Selbst in der Sahara zeigen Felsbilder die gleichen Wagen und Gespanne, die bis in das 1. Jahrtausend v. u. Z. die Hauptkampfwaffen bleiben sollten.

Doch bereits das späte 2. Jahrtausend v. u. Z. war von neuen Umweltverhältnisen bestimmt, jener trockenen Kaltzeit, die die Bauern Europas sowie die Hirten Nordafrikas und Arabiens in die Ferne trieb. Sie erfaßte die bisher von Bauern besiedelte Waldsteppe Asiens. Über Hochasien und dem Lenagebiet bildete sich eine nahezu stabile Hochdruckzone, die die vom Atlantik heranziehenden Regenwolken schon am Ob abfing und nach Nordosten ablenkte. Die Oststeppen trockneten aus, und der Ackerbau Sibiriens brach langsam zusammen. Die zuvor von West nach Ost gezogenen Völker der Andronovo-Kultur mußten sich wirtschaftlich und in ihrer sozialen Ordnung umstellen. Sie waren gezwungen, den Nomadismus mit Pferde- und Schafherden zu entwikkeln und hielten Kamele, die als Transportmittel unentbehrlich wurden.

Schon in der Mitte des 2. Jahrtausends v. u. Z. schlug die Wanderungsrichtung um. Von nun an zogen die Völker der Steppen nach Süden und Westen, gegen die Bauernvölker der gemäßigten und der subtropischen Zone. Dieser Gegensatz sollte die folgenden Jahrhunderte beherrschen.

Die Kaltzeit des späten 2. Jahrtausends v. u. Z. traf nicht nur Sibirien, sondern auch China, Vorderasien, Afrika und auch Europa. In China löste sie die Ostwanderung der Chou-Stämme aus, die die Shang-Dynastie Chinas stürzten. In Vorderasien versandeten viele Steppen der Arabischen Halbinsel, und Oasen trockneten aus. Ihre bisherigen Bewohner mußten das Land verlassen. Sie zogen nach Syrien und Palästina und fielen in den Irak ein. Jahrzehntelang kämpften die Assyrer gegen die Flut der Achlamu, der Aramäer, vergebens. Aus der Sahara flohen libysche Stämme, und aus Europa brachen die »Seevölker« auf, die Staatenwelt Kleinasiens und Syriens zu vernichten. Nur mühsam brachten die Ägypter die Angreifer zum Stehen und warfen sie zurück. Ein Zeitalter ging zu Ende. Jahrhunderte sollte es dauern, bis im 9. Jahrhundert orientalische Staaten erneut in Erscheinung traten.

Das eiserne Zeitalter der Reiterkrieger und Bauernsoldaten
(1200–300 v. u. Z.)

Eisen und Nomadismus

Die Völkerzüge des späten 2. Jahrtausends v. u. Z. sprengten ein Monopol, das in Vorderasien fast ein Jahrtausend bestanden hatte. Seit dem ausgehenden 3. Jahrtausend v. u. Z. lassen sich Eisengeräte als Teile prunkvoller Waffen nachweisen; Dolche mit eisernen Klingen und goldenem Griff in den Fürstengräbern von Alaça Hüyük und im Grabe Tutanch-Amuns bei Theben oder eine eiserne Axt in kostbarer Fassung mit Silber und Bronze aus Ugarit. Im Briefwechsel der Pharaonen mit den Mitannikönigen des 15. Jahrhunderts v. u. Z. wird der Tausch Gold gegen Eisen zu gleicher Menge verhandelt. Bereits die nach Kleinasien eindringenden Hethiter erzwangen als Tributlieferungen kleinasiatischer Fürsten Eisengerät, einen Thron und ein Szepter.

Die Schmiede jener Zeit bearbeiteten terrestrisches Eisen, kein zufällig gefundenes Meteoreisen. Bei der Kupferschmelze war es als Abfall seit Jahrhunderten in Kleinasien angefallen, und irgendwann im 3. Jahrtausend v. u. Z. hatte man gelernt, diesen Werkstoff zu schmieden. Das lang gewahrte Geheimnis ließ man sich teuer mit Gold bezahlen. Erst im ausgehenden 2. Jahrtausend v. u. Z. wurden Eisenhütten in Südosteuropa bis in die Ostalpen nachweisbar.

Die »Seevölker« scheinen dann das kleinasiatische Monopol endgültig gesprengt zu haben. Der neue Werkstoff trat seinen Siegeszug über die ganze Welt an, als Schmiedeeisen, geeignet für die Herstellung von Waffen und Gerät vieler anderer Art. Man hat es ein »demokratisches« Metall genannt, da Eisenerz vielerorts vorkam und bei einmal beherrschter Technologie relativ leicht herzustellen war. Es blieb jedoch lange Zeit von Geheimnissen umwittert, jene Kunst, aus unscheinbaren Steinen blitzende Waffen zu schmieden, und der Schmied galt als dem Schamanen verwandt. »Schmiede und Schamanen kriechen aus dem selben Nest«, heißt es in Nordasien, und auch bei den Germanen erzählte man sich Wundersames von Wieland, dem Schmied, oder den Unterirdischen als den Schmieden kostbarer Schwerter.

Die beherrschende Rolle der Kupfervorkommen schwand, da zumindest Raseneisenerz (eine vielerorts in Sumpfgebieten anstehende Form von Eisenerz) vorhanden war. Allerdings sollte es noch 500 bis 600 Jahre dauern, ehe dieser technische Umsturz die Randzonen der Ökumene erreichte, das westliche Afrika, Nordeuropa und Nordasien. Selbst Ägypten blieb noch Jahrhunderte in der »Bronzezeit«, obwohl es reiche Eisenerzlager besaß. Doch fehlten hier die Wälder für die Schmelzöfen, da man Steinkohle erst später als Brennmaterial zu nutzen verstand. Eigenartigerweise ist Gußeisen in wirtschaftlich nutzbarer Menge nur in China seit dem 6. Jahrhundert v. u. Z. gewonnen worden, in Europa sollte es sich erst über 2000 Jahre später durchsetzen.

Eine wesentliche Voraussetzung für den Siegeszug des Eisens hatten die ostanatolischen Schmiede um 1400 v. u. Z. mit der Stählung des Eisens geschaffen. Erst dadurch gelangte es zu jener Härte und Festigkeit, die es der Bronze überlegen werden ließ. Zentren der Technik und des Handwerks verschoben sich. Neue Regionen traten in den Bereich der sogenannten »Hochkulturen« der Ansässigen, die Handwerk und Handel auf der Basis des Ackerbaus entwickelten. Besonders im Austausch zwischen den zurückgebliebenen Regionen, den damaligen »Entwicklungsländern«, und den Zentren der technologischen und sozialen Entwicklung entstanden in den Grenzzonen zwischen beiden Regionen Handels- und Handwerkerstaaten, bis dann diese Staaten selbst zu Exportgebieten wurden und bisher zurückgebliebene Gebiete die Austauschfunktion übernahmen. So beherrschten zuerst die Phöniker das Mittelmeer. Ihnen folgten die Griechen, denen Karthager und Römer die Macht entrissen, und Roms Sieg gab letztlich den Randzonen des Imperiums die Vormachtstellung, so daß am Ende der Antike Rom verfiel und Byzanz, Alexandria und Karthago dessen Erbe antraten. Diese neuen Zentren befanden sich in den Randzonen der Bauernwelt und vermittelten den Austausch mit den angrenzenden Nomadengebieten.

Der Einsatz des Stahls als Waffe und Gerät prägte das neue Jahrtausend fast ebenso wie die Umstellung der Völker der eurasiatischen Steppen vom Baikalsee bis an die Donau auf die Wanderviehzucht, den Nomadismus. An die Aridisierung der Steppen paßten sich die Völker durch die weitgehende Aufgabe des Ackerbaus an und lebten von der Zucht großer Pferde- und Schafherden, sowie »baktrischer« (zweihöckriger) Kamele, deren Weidebedingungen von nun an den Lebensrhythmus der Steppe bestimmten. Die Größe der Herde entschied über die Macht der Familie, der Sippe und des Stammes, lieferte sie doch Reittiere, Transportmittel, Nahrung und Exportgüter, mit denen man von den Ansässigen Getreide oder Handwerksprodukte eintauschen konnte und bei wandernden Handwerkern und Händlern erwarb.

Doch Herdenbesitz war mobil. Ein einziger Überfall konnte ein reiches Lager völlig verarmen lassen oder arme Bettler in reiche Fürsten verwandeln. Jeder Waffenfähige mußte kämpfen, um überleben zu können, und schon Kleinkinder lernten, Bogen und Pfeile zu gebrauchen. Die nach Tausenden zählenden Pferdeherden ließen die rasche Überwindung weiter Entfernungen zu. Nahezu unablässig herrschte deshalb Krieg in der Steppe und zwischen den Bewohnern und den Bauernvölkern der Ackerbauzone von China bis nach Osteuropa hin. Waren die Bauernstaaten mächtig, so trieben ihre Armeen die Nomaden zu Paaren oder schützten befestigte und bewachte Langmauern die Bauerngebiete vor räuberischen Überfällen. Wankte jedoch die Staatsmacht der Bauernstaaten durch soziale Unruhen, Thronfolgestreitigkeiten oder Kriege, so brachen die Nomaden ein, sobald sie sich unter großen Organisatoren und begabten Reiterführern einigen konnten. Dann verließen ganze Völker die Steppen und rissen die Herrschaft über China, Mittelasien, ja auch Indien und Osteuropa an sich.

In die leeren Weidegebiete drangen Waldstämme des Nordens ein und wurden Viehzuchtnomaden. Sie sammelten Herden an und wandten sich ihrerseits gegen die Bauernstaaten des Südens oder Westens, die häufig unter Dynastien standen, die aus einstigen Nomadeneinfällen hervorgegangen waren.

Eigenartig ist, daß diese großen Nomadenwellen seit dem späten 2. Jahrtausend v. u. Z. bis in das Hochmittelalter, also nahezu drei Jahrtausende fast gänzlich aus dem Raum östlich des Altai hervorbrachen, nicht aus den Weiten Westsibiriens oder Südosteuropas. Das Ursprungsgebiet des Nomadentums waren die Steppen der Mongolei und seine Nachschubbasen die Waldzonen Ostsibiriens und des Fernen Ostens. Wahrscheinlich standen Klimaschwankungen hinter den welterschütternden Zügen der Skythen, Saken, Parther, Türken, Mongolen und Mandschuren, deren Dasein im Waldsteppenraum von den Niederschlägen abhing, so spärlich diese auch fielen.

Die Steppenvegetation bedarf eines Minimums an Regen. Bei stärkeren Niederschlägen würden viele Täler versumpfen, und es könnte wieder Ackerbau betrieben werden. In der Regel lebt der Nomade in jenem Über-

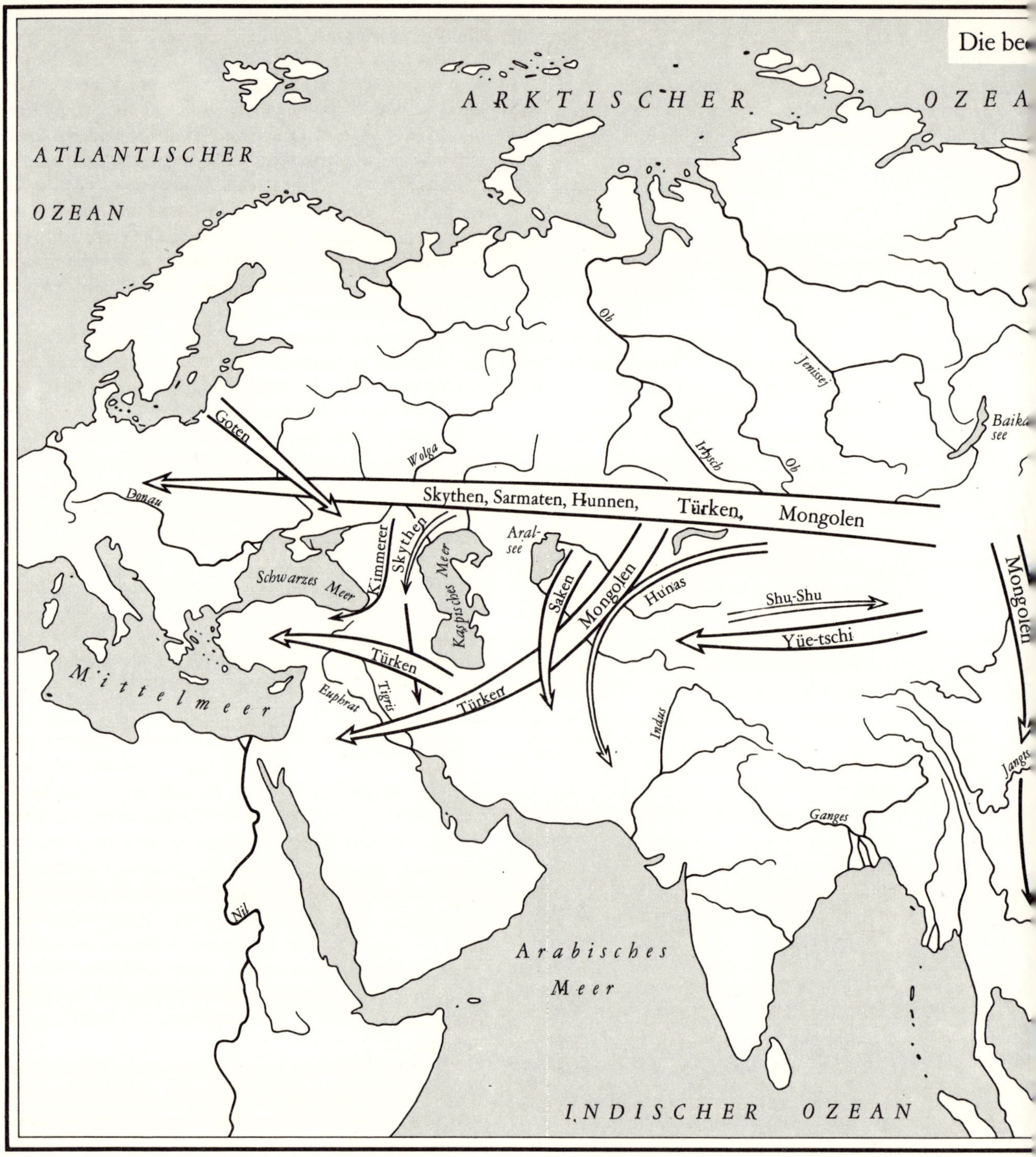
Die be
ARKTISCHER OZEA
ATLANTISCHER
OZEAN
Ob
Jenissej
Baika
see
Goten
Wolga
Irtysch
Ob
Donau
Skythen, Sarmaten, Hunnen, Türken, Mongolen
Kimmerer
Skythen
Aral-
see
Schwarzes Meer
Kaspisches Meer
Saken
Mongolen
Hunas
Shu-Shu
Yüe-tschi
Mongolen
Mittelmeer
Türken
Euphrat
Tigris
Türken
Indus
Jangts
Ganges
Nil
Arabisches
Meer
INDISCHER OZEAN

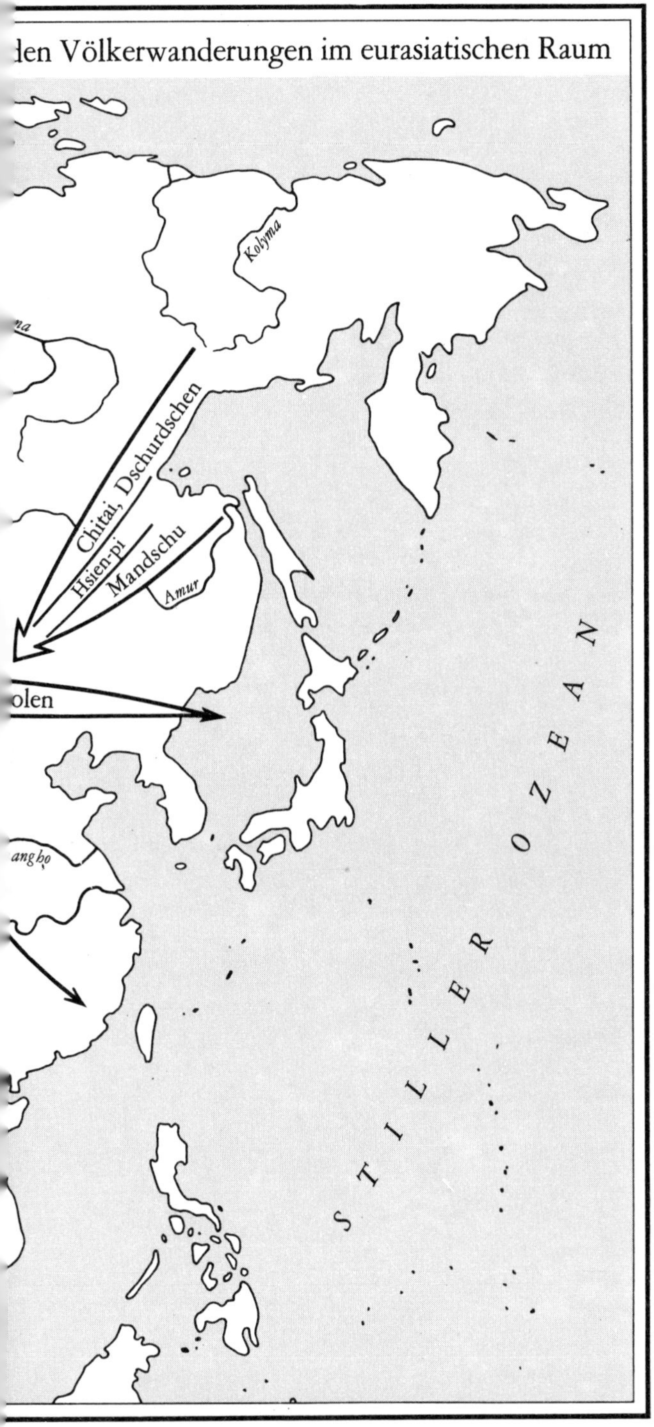

gangsfeld, das dürftigen Ackerbau ermöglicht, an dessen Grenzen aber die Wüste beginnt. Diese Grenzen schwanken bereits bei geringen Temperaturveränderungen, die in Nordasien nicht nur die regenbringenden Zyklone abdrängen, sondern im mongolischen Hügelland auch die Höhe des Dauerfrostbodens verändern. Wird es zu kalt, steht der Vegetation zu wenig Wasser zur Verfügung, da es einerseits an Regen mangelt und andererseits der Frostboden ihn nicht aufnimmt. Taut hingegen der Frostboden tiefer auf, so sinken die geringen Wassermengen unter die Oberfläche und werden von den Pflanzen nicht mehr erreicht. Die Hügelzonen versanden, während die Talauen versumpfen. Die Folge ist der Kampf um Wasserstellen und Weiden, vereinigen sich – meist gewaltsam – große Verbände, verdrängen die Schwächeren und überziehen die Umwelt mit Krieg um Äcker, Beute und Herden. Bis in das 17. Jahrhundert u. Z. stand Eurasien im Zeichen der Nomadenkriege. Erst die modernen Feuerwaffen, das Maschinengewehr und das Schnellfeuergeschütz, haben den Kavalleristen endgültig aus dem Sattel geworfen, der aus dem Reiterkriegertum der Nomaden hervorgegangen war.

Assyrer und Ägypter, Aramäer und Libyer

Als im frühen 1. Jahrtausend v. u. Z. die Staatenwelt Vorderasiens wieder aus dem Grau der »dunklen Jahrhunderte« auftauchte, fanden sich die Völker in völlig neuen Verhältnissen. Das Großreich der Hethiter war untergegangen. Syriens Städte deckten Schuttberge, und in Ägypten regierten die Nachkommen libyscher Söldner. Das westliche und nördliche Syrien war in den Händen aramäischer Stämme, die bis an den Tigris vordrangen und die Überreste der (in vielen Regionen ausgerotteten) Hethiter in Ostanatolien bedrängten. Die alten Bewohner Westsyriens waren unterworfen oder an die Küsten gedrängt, wo sie die Städtekoalition der Phöniker bildeten.

Im Süden Palästinas regierten die aus der Seevölkerbewegung hervorgegangenen Philister, und die einheimischen Kanaanäer mußten sich eingedrungenen Nomaden beugen.

König Assurnasirpal II. (883–858 v. u. Z.) belagert eine Stadt mit einem fahrbaren Belagerungsturm, in dem ein Rammbock schwingt

Im Süd- und Mittelirak herrschten seßhaft gewordene Aramäer.

Nur das relativ geschützt liegende Assur hatte sich behaupten können und begann im 9. Jahrhundert v. u. Z. seinen Siegeszug, der es aus einem vorwiegenden Handels- und Handwerkerstaat zu einem Imperium der Grundherren werden ließ, dessen Zentren die von Regen bewässerten Steppenzonen Nordsyriens und Nordmesopotamiens waren. Es stieg in zweihundertjährigen Kriegen zur Vormacht in Vorderasien auf und eroberte selbst Ägypten. Als Militärstaat par excellence, stellte es demonstrativ die Kunst in den Dienst der Kriegs- und Machtpropaganda. Auch Stahl wurde als Waffenmaterial bereits früh eingesetzt.

In den Depots eines einzigen Königs, Sargons II., in Dur-Scharruken, der »Burg des Sargon«, wie seine neuerrichtete Residenz charakteristischerweise hieß, sind ca. 140 Tonnen Eisenvorräte gefunden worden, die Reste der königlichen Reserven. Die durch den Tod des Königs nie vollendete Residenz war nach der Gestalt assyrischer Militärlager geplant worden. Eine fast acht Kilometer lange Mauer umgab eine recheckige Stadt. An der Südseite stand das Depot, in der auch jene Eisenmenge entdeckt wurde.

Vom Aufbau einer derartigen Residenz erzählt eine Bauurkunde, die von den Einweihungsfeiern der ersten neuassyrischen Hauptstadt im neueroberten Regenfeldbaugebiet, Nimrud-Kalach, berichtet. Fast 70 000 Gäste, in der Mehrheit verschleppte Kriegsgefangene aus den Aramäerstaaten, die die Stadt zu erbauen hatten und dann in ihr angesiedelt wurden, waren geladen und erhielten 10 000 Schläuche Wein, 2 000 Rinder und 18 000 Schafe zur Einweihungsfeier. Die von Mauern umgebene Stadt hatte eine Zitadelle mit befestigten Palästen, Tempeln und Kasernen. Auf der gegenüberliegenden Seite der Stadt ließ der König Salmanassar III. einen mit Depots, Truppenübungsplätzen und Wohnbereichen ausgestatteten befestigten Palast errichten, der als »Fort Salmanassar« bekannt geworden ist.

Die dritte Hauptstadt des neuassyrischen Reiches war das in der Bibel erwähnte Ninive. Seine 25 Meter hohe Doppelmauer ist etwa sieben Kilometer lang; ein rund

30 Meter (eine Bogenschußweite) breiter Graben umgab die Stadt. Mächtige Tore glichen festungsartigen Anlagen. Eine nahezu 30 Kilometer langer Kanal führte Frischwasser aus den Bergen heran. Die Stadt lehnte sich an den hier reißenden Tigris an. Auf der Gegenseite, den Bergen zu, legten die assyrischen Festungsbauingenieure zwischen Stadtmauer und einem Vorwerk einen Sumpf an, der in Friedenszeiten als Zoo diente.

Der neuassyrische Staat war militärisch organisiert. Der König fungierte als Oberherr der Armee und des Staates. Militärkommandeur war der Turtan, der zeitweise zu großer Macht gelangte. Im Verteidigungsfall hatten offenbar die Städter nach Berufsgruppen Teile der Mauern und Tore zu verteidigen. So hieß ein Tor in Assur das »Metallarbeitertor«. Die in der Bronzezeit beliebten »Poternen« waren vermauert und wurden nicht mehr gebaut. Die Armee war in eine ganze Reihe von Waffengattungen gegliedert. Vornehmste Waffengattung blieben die Streitwagenkämpfer, zu denen sich auch der König zählte. Die Zahl der Besatzungsmitglieder eines Wagens wurde auf drei und schließlich sogar auf vier erhöht, so daß stabile Wagen und Achsen erforderlich waren. Sie sind bisher nicht im Original gefunden worden. Es ist anzunehmen, daß für ihre Konstruktion Stahl eingesetzt wurde. Die Wagen fuhren mit sechs-, später auch achtspeichigen Rädern, die fast mannshoch dargestellt werden. Diese Bilder gehören zu den die assyrische Hofkunst beherrschenden Kriegsreliefs, die in den Fremden zugänglichen Prunkgemächern der Paläste die Gäste beeindrucken sollten. Viele Texte sprachen von barbarischen Kampfmethoden und Strafen, vom Ausrotten ganzer Stämme, dem Pfählen oder Köpfen von Gefangenen und der Verschleppung Hunderttausender Menschen. Rebellen wurden an Stricken fortgeschleppt, die durch die durchlöcherten Kiefer gezogen worden waren oder sie wurden wie Ochsen an einem Ring durch die Nase oder Lippen weggezerrt. Verurteilte oder für die Arbeit unbrauchbare Kriegsgefangene wurden geschunden, ihre Häute oder abgeschlagenen Köpfe vor den Städten zur Schau gestellt. Der Terror war Staatspolitik und beherrschte auch die Staatskunst.

Diese Bildwerke vermitteln uns aber auch ein recht getreues Bild von der assyrischen Armee und ihrer Ausrüstung. Hier fällt eine ganze Reihe von Neuerungen gegenüber der Bronzezeit auf. Dazu gehören vor allem Reiterverbände, die als gepanzerte Bogenschützen oder Lanzenreiter eingesetzt wurden, aber auch im Kampf als Infanterie verwandt werden konnten. Die Reiter saßen auf angegurteten Satteldecken und ritten ohne Steigbügel oder festes Sattelgestell. Sie trugen wie die Infanterie hohe spitze Metallhelme und halblange Panzerhemden und führten das nun vorherrschende Langschwert. Wahrscheinlich war die Aufstellung von Kavallerieeinheiten eine Reaktion auf das Vorkommen von Reiterkriegern in den östlich von Assyrien gelegenen Bergen.

Die Infanterie bildete das Gros der Armee, den Reitern gleich ausgerüstet und nur zum Teil mit knöchellangen Panzerhemden versehen, während andere Einheiten leichtere Waffenröcke hatten. Erstmals nachweisbar sind reguläre Pioniereinheiten, die Straßen zu bauen hatten, sowie Ponton- und Straßenbrücken anlegten und bei Belagerungen als Mineure arbeiteten. Zu ihren Aufgaben zählten ferner das Aufschlagen der Lager, die teilweise rund, teilweise rechtwinklig angelegt waren.

Assyrische Infanterie überwindet auf aufgeblasenen Tierhäuten einen Fluß, Relieffragment aus dem Palast des Sanherib von Ninive, 7. Jahrhundert v. u. Z.

Ein Relief aus der Zeit Assurnasirpals II. (884–859) aus Kalach stellt die Belagerung einer Stadt dar. Assyrische Pioniere stoßen im Vordergrund die Mauern mit Brechstangen ein. Stürmende Assyrer bergen sich hinter verschiedenartigen Schilden und benutzten Sturmleitern. Rechts ist ein Belagerungsturm aufgebaut, von dem aus ein an Ketten hängender Rammbaum gegen die Mauer geschwungen wird. Der Turm ist mit Panzerplatten beschlagen, offenbar um Brandwaffen abzuwehren, die in assyrischer Zeit von Belagerern eingesetzt wurden.

Einen fahrbaren, gepanzerten Belagerungsturm mit einer schützenden Kuppel über der Mannschaft des Rammbocks findet man auf einem zweiten Relief aus Kalach. Derartige auf Rädern laufende Belagerungstürme mit einem oder zwei Rammböcken wurden in der Zeit Tiglatpilesars wiederholt dargestellt. Dazu kamen mannshohe Aufsetzschilde, die von einem Träger zum Schutz je eines Bogenschützen geführt wurden. Eigenartige »Panzerwagen« mit Rammkopf sehen wir auf den Reliefs der mit Bronzeplatten beschlagenen Tempeltür aus Balawat, die die Chronik der Feldzüge Salmanassars III. schildert. Rätselhaft ist noch immer, wie diese mit Bogenschützen besetzten Wagen bewegt worden sind.

Transportkolonnen benutzten Boote, darunter die runden Quffas aus Leder und Korbgeflecht, Pferdewagen und Ochsenkarren, sowie Tragtier- und Trägerkarawanen. Aufgeblasene Tierhäute dienten der Infanterie als Schwimmhilfen bei dem Überwinden von Flüssen.

Die assyrische Kriegsmaschinerie zerschlug fast zwei Jahrhunderte hindurch jeden Feind. Waffenfähige Kriegsgefangene mußten dabei nicht selten die Kampfverbände wieder auffüllen. Des öfteren bildeten sie ganze Abteilungen. In der Regel wurden jedoch die Gefangenen deportiert, in fremdsprachiger Umgebung angesiedelt und so gezwungen, die assyrische Herrschaft zu unterstützen, um selbst zu überleben.

Die assyrischen Angriffe richteten sich hauptsächlich gegen die Aramäerstaaten. Es wurden schließlich so viele Aramäer in den assyrischen Staat integriert, daß Aramäisch die Volkssprache Assyriens war. Die Darstellungen aramäischer Palastreliefs zeigen die schrittweise Übernahme assyrischer Bewaffnungsformen und die Kopfjagd aramäischer Krieger. Die auf aramäischer Seite gegen die Assyrer kämpfenden Aribi wurden auf den Reliefs des Assurbanipal als Kamelreiter dargestellt. Sie waren die ersten, die nachweisbar diese Tiere im Krieg einsetzten.

In Ninive sind auf Reliefs die Eroberung von Mittelmeerstädten durch die Assyrer dargestellt, die neben Handelsschiffen auch phönizische Kriegsschiffe zeigen. Sie sind mit eisernem Rammsporn ausgerüstet, um feindlichen Schiffen unter Wasser die Wand aufzureißen. Sie wurden gerudert und gesegelt. An der Bordwand hingen die Schilde der mitfahrenden Krieger, die mit Bogen und Pfeilen sowie Speeren kämpften. Die Niederwerfung der phönizischen Küstenstädte erwies sich als eine komplizierte Aufgabe, da die Städte zum Teil auf kleinen, der Küste vorgelagerten Inseln angelegt waren. Erst als die Assyrer die erreichbaren phönizischen Städte bezwungen hatten und ihre Flotten einsetzen konnten, mußte Tyros, die phönizische Inselfestung, kapitulieren. Ein Teil der Bewohner entkam jedoch über See. Die phönizischen Hafenanlagen in Syrien sind weniger gut bekannt als die phönizisch-karthagischen Anlagen auf Sizilien und vor allem die beiden Häfen Karthagos, der kreisrunde Kriegshafen, der eine künstliche Insel mit dem Flottendepot umfaßte, und der rechteckige Handelshafen, der Kothon.

Die phönizische Flotte diente den Assyrern auch bei der Eroberung Zyperns und dem Angriff auf Ägypten, bei dem arabische Nomaden Nachschubdienste für die Assyrer leisteten. Die vom Sudan nach Ägypten vorgestoßenen Äthiopier wurden von den Assyrern geschlagen.

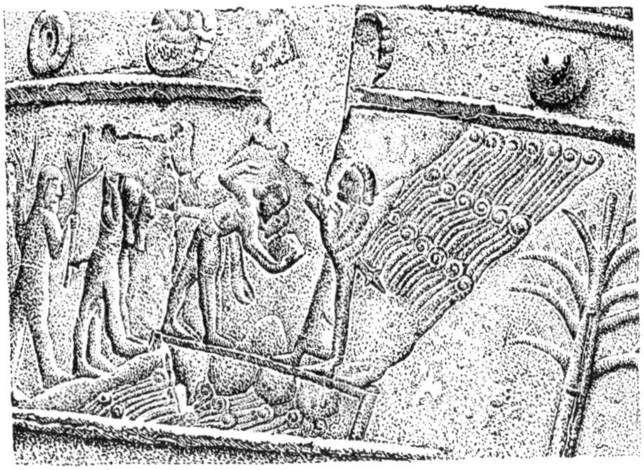

Assyrische Pioniere beim Brückenbau, Bronzerelief von den Toren aus dem Tempel von Balawat

Quffa-Transport, Relief aus Ninive, 7. Jahrhundert v. u. Z.

Schwer war hingegen der Kampf gegen Babylon und die Aramäer Südmesopotamiens, die von den Elamern unterstützt wurden. In Siegesberichten erwähnen die Assyrer, daß die elamischen Großen goldene Dolche geführt hätten. Besonders grausam und brutal war der Krieg im Süden des Irak. So ließ König Sanherib (699 v. u. Z.) die alte Großstadt Babylon zerstören, und Assurbanipal verwüstete Elam systematisch (647 v. u. Z.), so daß es für Jahrhunderte aus der Geschichte ausschied.

Jahrhundertelang zog sich der Kampf gegen einen Staat im armenischen Bergland hin, Urartu, dessen Festungen teilweise in den Felsen gemeißelt waren. Sie standen in der Regel auf steilen Felsriegeln hoch über den beherrschten Talauen und Hochebenen. Auf ihnen weideten große Pferdeherden, die neben den Eisen- und Goldbergwerken wesentlich die Kampfkraft des Staates bestimmten, der immerhin mehrere Invasionen der Assyrer überlebte.

Die Belastungen durch die Kriege in Asien zwangen die Assyrer, ihre Armee aus Ägypten abzuziehen. Ägypten errang unter Psammetich I., 655 v. u. Z., seine Unabhängigkeit. Er nahm griechische Söldner in Dienst, die neben libyschen Soldaten den Rückhalt der neuen Macht bildeten. Die Griechen trugen die für Ägypten bisher unbekannten Waffen der Eisenzeit: eiserne Schwerter, Stoßlanzen und Helme.

Ohne greifbare Ergebnisse blieben die assyrischen Angriffe auf die Stämme des östlichen Berglandes, unter denen zu Beginn des 1. Jahrtausends v. u. Z. iranische

Assyrisches Feldlager, Relieffragment aus dem Palast des Sanherib in Ninive, 7. Jahrhundert v. u. Z.

Völker genannt wurden, darunter die Meder und Perser, die zu Ende des 2. Jahrtausends v. u. Z. in die an Mesopotamien angrenzenden Bergländer eingezogen waren. Sie lebten in kleinen Stammesgruppen, die jeweils 2000 bis 3000 Krieger aufbieten konnten. Als Reiterkrieger mit großen Pferdeherden waren sie den einfallenden Assyrern lohnendes Ziel. Die angreifenden Assyrer bezwangen die iranischen Stämme, die ihnen entgegentraten, aber schon der nächste Stamm leistete unabhängig von dem eben niedergeworfenen Widerstand gegen die Eindringlinge oder floh in die unwegsame Bergwelt, um nach dem Abzug der Assyrer wieder hervorzubrechen. Die iranischen Bergstämme vereinigten sich schließlich unter medischer Führung um Ekbatana (heute Hamadan) und bezogen die nach Süden vordringenden Perser mit in ihren Staat ein. Letztere hatten auf der Hochebene die elamischen Städte erobert, besonders das alte Zentrum Anschan (heute Tepe Malyan), 675 v. u. Z., und besetzten weithin das Land mit ihren Nomadensippen. Seither ist diese Region als Persis (Fars) bekannt.

Die von Herodot bewahrte Tradition berichtet, daß der König »Kyaxares« der erste Meder war, »welcher die asiatischen Heere in Abteilungen einteilte und die verschiedenen Waffengattungen, Lanzenträger, Bogenschützen und Reiter, für sich stellte ...« (Herodot I, 103). Es fällt auf, daß er keine Streitwagen nennt, obwohl diese zu Herodots Zeit durchaus noch im persischen Heer gebräuchlich waren. Reiter traten hervor. Ihr Einsatz in großen Verbänden war zur Waffe des Adels und der Hirtennomaden geworden.

Die neue Großmacht verband sich mit den Stämmen des Südirak; Assur sah sich massiv bedroht. Da kam Hilfe von unerwarteter Seite: Aus den Nordsteppen brach eine neue Gruppe Reiternomaden ins Land, die die assyrischen Quellen Ischkuzai (Skythen) nannten. Herodot, der griechische Historiker des 5. Jahrhunderts v. u. Z., schreibt nach der Schilderung eines medischen Angriffs auf Assyrien, da »zog ein gewaltiges Skythenheer unter dem skythischen König Madyes, dem Sohn des Protothyes, gegen ihn (Kyaxares) heran. Denn die Skythen, welche die Kimmerier aus Europa vertrieben und nach Asien verfolgt hatten, kamen bis nach Medien ... Nun kam es zwischen den Skythen und den Medern zur Schlacht, in der die Meder besiegt wurden. Damit hatte ihre Herrschaft ein Ende, und die Skythen beherrschten darauf ganz Asien« (Herodot I, 103–104).

Den Assyrern waren die neuen Herren des Berglandes nicht ganz geheuer. Der König Asarhaddon suchte Rat beim Orakel des Sonnengottes Schamasch. Diese Texte sind erhalten geblieben und bestätigen im wesentlichen

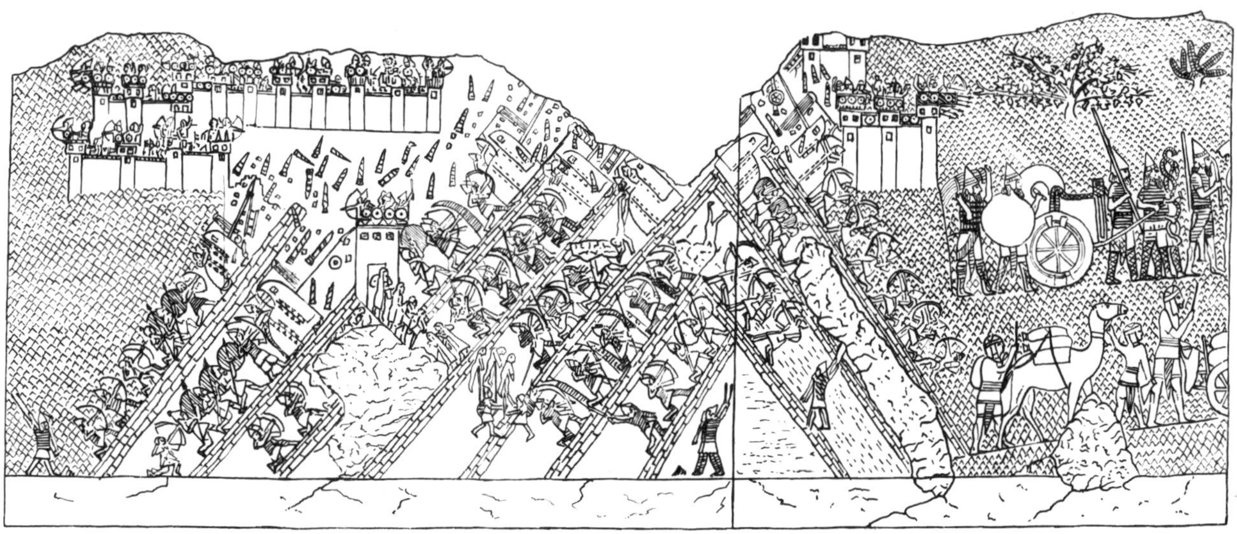

Einsatz von Brandwaffen bei der Belagerung von Lachisch, Relief aus Ninive, 7. Jahrhundert v. u. Z.

Phönizische Kriegsschiffe mit Rammsporn und bewaffnete Kauffahrer, assyrisches Relief aus Ninive, 7. Jahrhundert v. u. Z.

Herodots Angaben. Es kam zu einem durch eine dynastische Ehe besiegelten Bündnis, das auch jene Eroberung Ägyptens erlaubte, da Assyrien den Rücken frei zu haben glaubte. Der König ließ Babylon wieder aufbauen und suchte die Aramäer für sich zu gewinnen.

Für die Griechen waren diese Vorgänge für ihre kleinasiatischen Städte bedeutsam. Auch Herodot stammte aus einer griechischen Stadt Kleinasiens, aus Halikarnassos. Die Griechen hatten seit dem 9. Jahrhundert v. u. Z. in Kleinasien hauptsächlich mit dem Phrygerreich zu tun, einer indoeuropäischen Volksgruppe, die während der Völkerwanderung der großen Kaltzeit von Südosteuropa nach Kleinasien gekommen war. Im Südwesten Kleinasiens sammelten sich um die Stadt Sardes Reste der hethitischen Bevölkerung im Staat der Lyder, der eng mit den griechischen Städten der Küstenregion verbunden war.

Diese beiden Staaten traf nun der Einfall der Kimmerier (einer iranischen Nomadenbevölkerung, die bis in das 8. Jahrhundert v. u. Z. am Schwarzen Meer lebte) schwer, so daß auch die Griechen von dem eigenartigen Reitervolk berichteten, auf das ihre Seefahrer zuvor nur in Nordkaukasien bis zum Asowschen Meer getroffen waren. Die Kimmerier bildeten die westlichen Ausläufer einer großer Völkerbewegung von Ost nach West, zu der der Vorstoß jener Skythen nach Medien gehört, der Assyrien eine Atempause verschaffte. Ein medischer Aufstand vertrieb die Skythen, die sich zum Teil über den Kaukasus zurückzogen. Die Meder griffen erneut Assyrien an, unterstützt vom neuformierten Babylon, wo ein Aramäerfürst aus dem Süden die Königsherrschaft inne hatte. Die Meder erstürmten 614 v. u. Z. Assur und nahmen 612 v. u. Z. gemeinsam mit den Babyloniern Ninive und die anderen Städte Assyriens ein, die sie als öde Ruinenstädte zurückließen. Die Macht über Vorderasien wurde geteilt. Das Tiefland fiel an Babylon, das Bergland beherrschten die Meder und kontrollierten damit die Handelsstraßen nach Osten und Norden. Syrien und Palästina fielen nach erbitterten Kämpfen gegen die Einheimischen und ägyptische Hilfstruppen an die Babylonier, die u. a. die Oberschicht und die Handwerker Judäas nach Babylonien deportierten. Das »babylonische Exil« begann, das für die Ausbildung des Judentums so bedeutsam werden sollte.

Die Stadt Babylon lehnte sich an den Euphrat an. Eine langgezogene Außenmauer von 18 Kilometern Länge bestand aus drei Mauerzügen. Der Innenwall war aus Lehmziegeln gebaut und 7,12 Meter breit. Zwölf Meter davor erstreckte sich eine sieben Meter breite Backsteinmauer und vor ihr eine drei Meter breite Mauer aus gebrannten Ziegeln. Die Wohnstadt umgab eine Doppelmauer aus Lehmziegeln. Die Innenmauer war 6,5 Meter, die Außenmauer 3,7 Meter stark, der Gang zwischen beiden sieben Meter breit. Der davor liegende Wassergraben war 80 Meter, ein daran anschließender Erdwall 20 Meter breit.

Das neubabylonische Reich stellt sich in seiner Kunst als ein Land der Gottesverehrung dar. Es fehlt jene Verherrlichung des Krieges, die unter den Assyrern so aufschlußreiche Darstellungen des Heeres entstehen ließ. Ebensowenig kennen wir bisher Quellen zur Heeresgeschichte aus medischer Zeit.

Das friedliche Nebeneinander von Berg- und Tiefland sollte schon wenige Jahrzehnte später jäh enden. Unter Kyros II. stürzten die Perser die medische Dynastie (550 v. u. Z.) und begannen mit der Eroberung des Vorderen Orients. Babylonien fiel ihnen 539 v. u. Z. zu; eine Eroberung, die durch tiefgehende Konflikte in Babylonien erleichtert wurde. Babylons Oberschicht, insbesondere die Priesterschaft der Hauptstadt, verdiente am Fernhandel, doch die Perser schnitten diese Handelverbindungen nach Osten ab.

Der letzte König von Babylon, Nabonid, stammte anscheinend aus einer assyrischen Adelsfamilie Nordmesopotamiens und war den Priestern Babylons feindlich gesonnen. Er suchte durch die Besetzung der Oasen Zentral- und Westarabiens Anschluß an die Handelsstraße von Palästina nach Südarabien zu gewinnen, um so der persischen Blockade zu entgehen, scheiterte aber. Die einfallenden Perser schlugen die königliche Armee, und Babylon öffnete kampflos die Tore. Mesopotamien verlor für zwei Jahrtausende seine Unabhängigkeit. Es wurde zum Bestandteil großer Territorialreiche, deren erstes, das Imperium der Achämeniden, von Libyen bis in die Steppen nördlich des Syr-Darja reichte.

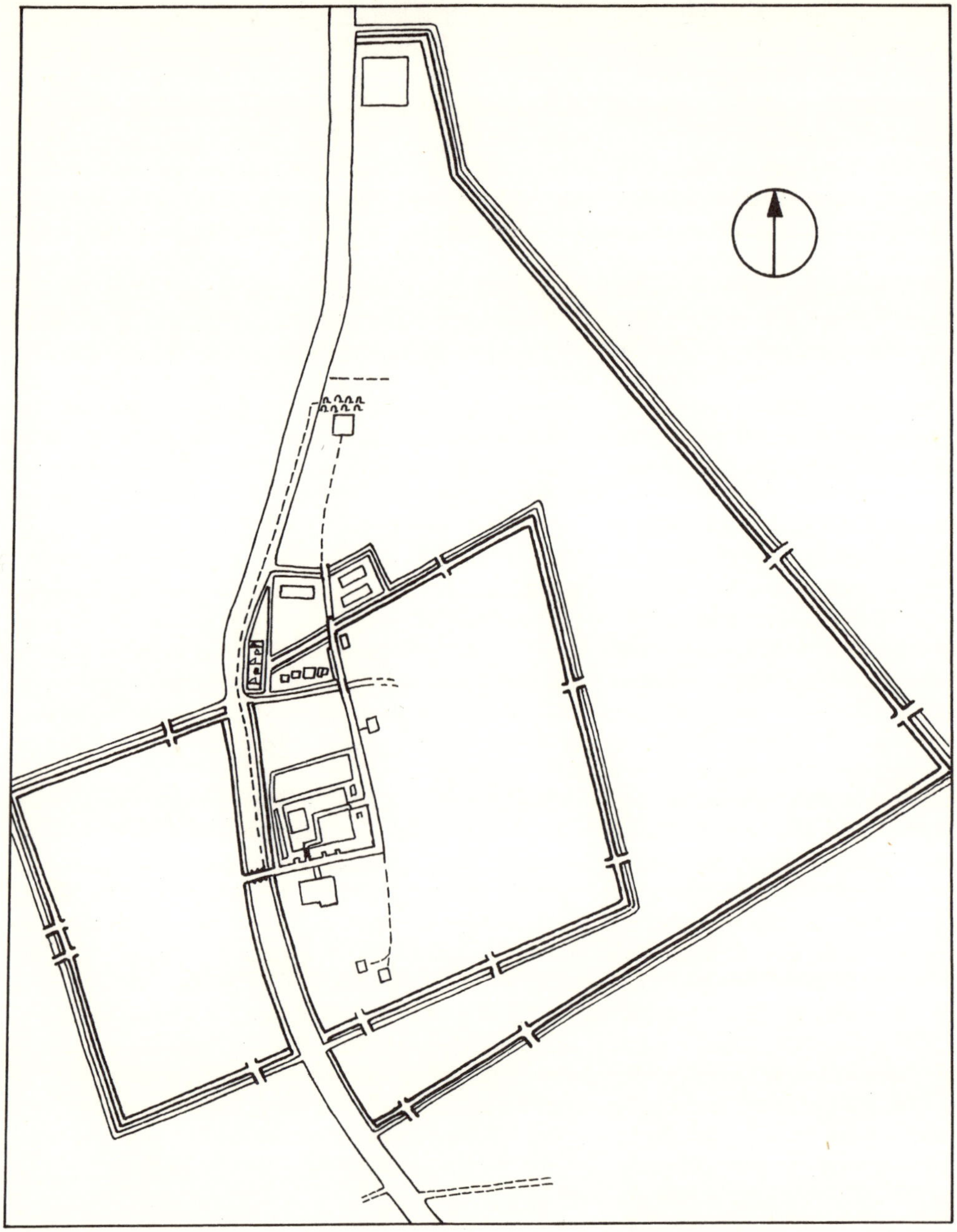

Babylon, die Festungsmauern der babylonischen Stadt und die Hauptbauten, oben: Sommerpalast Nebukadeuzars II. darunter: Neujahrsfesthaus an der Nordmauer der Stadt: außen zwei Burgen innen: Residenzpalast im Zentrum: der »Turm von Babylon« in einem rechteckigen Kultkomplex südlich: der Marduktempel

Reitpferd mit Sattel, Elfenbeinplättchen, Kul-Oba-Kurgan

Nomadenkriege der Frühzeit

Die klassische Schilderung nomadischer Kriegführung verdanken wir wiederum Herodot (IV, 83–144). Er schildert einen Kriegsrat der vom Einfall der Perser des Darius über die untere Donau bedrohten Skythen der Steppenzone Südosteuropas. Die Skythen »beschlossen ..., sich auf keine offene Schlacht einzulassen, sondern sich langsam immer weiter zurückzuziehen, unterwegs die Brunnen und die Quellen zu verschütten und das Gras vom Erdboden zu vertilgen. Sie selbst wollten zwei Heere bilden, und dem ersten unter König Skopasis sollten sich die Sauromaten anschließen. Dieses Heer sollte sich, wenn die Perser es angriffen, am Maiotissee (Asowsches Meer – B. B.) entlang auf den Tanais (Don? – B.B.) zurückziehen und, wenn die Perser kehrt machten, ihnen beständig auf den Fersen bleiben. Dies Heer war aus dem ersten der drei Königreiche und so also die ihm nach dem Kriegsplan gestellte Aufgabe. Die beiden anderen Königreiche, das große, wo Idanthyrsos, und das dritte, wo Taxakis König war, sollten mit den Geloner und den Budinern zusammen das zweite Heer bilden, und auch dieses sollte sich in Abständen von einem Tagesmarsch im Sinne des gefaßten Kriegsplanes vor den Persern zurückziehen ... Nachdem die Skythen das beschlossen hatten, setzten sie sich gegen das Heer des Darius in Bewegung und sandten ihre besten Reiter als Vorhut voraus. Die Wagen, auf denen sich ihre Weiber und Kinder befanden und ihr Vieh, soweit sie es nicht bei sich behielten, weil sie es zur Nahrung brauchten, schickten sie weg mit der Weisung, immer nach Norden zu ziehen ... « (IV, 120–121)

Dem sich anschließenden Bericht zufolge, der nur wenige Jahrzehnte nach dem Krieg niedergeschrieben wurde, folgten die Perser den sich ständig zurückziehenden Reiterarmeen bis in das (heute russische) Waldland zwischen Wolga und Don, ohne die Feinde stellen zu können. Auf dem Rückmarsch hätten skythische Reiter immer wieder, bei Tag und bei Nacht, die Perser angegriffen, ohne sich zum Kampf zu stellen. Die Skythen wichen zurück, sobald die Perser ihrerseits anzugreifen versuchten. Der Rückzug wurde zur Flucht, und nur der Treue der griechischen Brückenwache an der Donau verdankten die Perser schließlich ihre Rettung.

Skythischer Panzerreiter, Rekonstruktion von M. Gorelik nach dem Grabfund von Nowaja Rozanovka (Ukraine), 5. Jahrhundert v. u. Z.

Dem Angriff des Kyros begegneten zuvor die Massageten der Steppen nördlich des Syr-Darja in ähnlicher Weise. In scheinbarer Flucht lockten sie den Feind in die Tiefe der Steppe und fielen dann über ihn her. Die Nomaden hatten gelernt, ihre Landschaft und die Zahl ihrer Reiter zu nutzen, sowie die Weite des Landes und die Schnelligkeit ihrer Kavallerie, in der alle Männer Dienst taten. Bei den Stämmen der Sauromaten, die zu Herodots Zeit noch östlich der Wolga nomadisierten, beteiligten sich auch Frauen am Kampf. Herodot behauptet sogar, daß bei den Sauromaten ein Mädchen erst dann hätte heiraten dürfen, wenn es einen Feind im Kampf erschlagen hatte. Ausgrabungen haben mehrfach

Frauengräber mit voller Waffenausrüstung freigelegt, Stoßlanze, Langschwert, Stahlhelm und Panzerung umfassend, so daß hinter den griechischen Berichten über die Amazonen schon reale Verhältnisse gestanden haben können.

Die frühen Nomaden bildeten eigenartige Sozialverbände mit begrenzter Sklaverei, einer Einbindung der Freien in Familien- und Stammesverbände, dazu eine reiche Oberschicht. Aus ihren Gräbern vom Jenissei bis hin zur Oder sind wahre Schätze aus Silber und Gold geborgen worden. Sie hielten nicht selten Ackerbaustämme in Abhängigkeit, erpreßten Tribute von schwächeren Verbänden und waren stets auf Handel und Tausch mit den Handwerkern der Städte angewiesen.

Herodot beschrieb die im heutigen Kasachstan nomadisierenden Massageten: »Kleidung und Lebenweise der Massageten sind wie bei den Skythen. Sie kämpfen zu Roß und zu Fuß, mit Lanzen und Bogen, aber auch mit der Streitaxt. Bei ihnen ist alles von Gold und Erz; Lanzen, Pfeilspitzen und Streitäxte sind von Erz, Kopfbedeckung, Gürtel und Wehrgehänge reich mit Gold verziert. Ebenso legen sie auch den Pferden Panzer aus Erz an, aber goldene Zügel, Gebisse und goldenen Kopfputz« (I,215).

Bis auf die Pferdepanzer sind alle von ihm genannten Waffen und Schmucksachen gefunden worden bzw. sind sie auf Darstellungen wiedergegeben. Hinzu kamen Langschwerter, Dolche, Bronzehelme und Schuppenpanzer, über die anscheinend nur wenige Reiterfürsten verfügten. Die Hauptwaffe war der Kompositbogen, zusammengestellt aus mehreren Schichten Holz, Horn und Sehnen. Die asiatischen Nomaden führten Streitpickel, eine Art Streitaxt mit pickenförmiger Spitze.

Die Bögen wurden in großen Taschen (= Goryt) am Gürtel getragen, an dem auch der Dolch oder das Kurzschwert, der Pfeilköcher und Taschen für kleinere Gegenstände hingen. Lasso und Fangstab dienten auch bei der Herdenhaltung den Nomaden als Waffen. Das Relief auf einer Silbervase aus einem Fürstengrab bei Čertomlyk (Ukraine) zeigt am Sattel eines Pferdes hängende Schlaufen, vielleicht die ersten Steigbügel, die dem Reiter eines festeren Sitz gaben.

Der Sattel mit Holzeinsätzen und Polstern war eine wesentliche Voraussetzung für einen sicheren Sitz im Kampf. Er läßt sich auf spätskythischen Bildwerken aus Kul Oba in Südosteuropa nachweisen. Originale Sättel lagen in den berühmten Pazyryk-Kurganen im Altai (Grabhügel im Hochtal Pazyryk) aus dem 5. bis 3. Jahrhundert v. u. Z. Sie haben nur flache Holzeinsätze, sind aber bereits voll mit Gurten versehen.

Als Schutzwaffen dienten runde wie auch breite Schilde sowie Panzer verschiedener Art. In einem Grab bei Nowaja Rozanovka in der Ukraine aus dem 5. Jahrhundert v. u. Z. ist eine vollständige Rüstung mit Schuppenpanzer gefunden worden. Selbst die skythische Kappe war mit Platten besetzt, desgleichen der Nackenschutz, der Panzer des Oberkörpers, ein gesonderter Bauchpanzer und zwei Panzerdecken. Letztere waren an den Beinen festgebunden und schützten die Außenseiten. Ein Panzer aus dem Kurgan 2 von Aksjustinzy aus der gleichen Zeit ist in der Publikation dieses Fundes sehr schematisch gezeichnet und hätte, falls die Abbildung korrekt ist, den gesamten Körper wie eine Haut umschlossen, ausgenommen Kopf und Füße. Derartige Panzer trugen tibetische Krieger. In mehreren Fürstengräbern sind schwere goldene Schildzeichen gefunden worden, die Panther oder Hirsche darstellen, so in Kelermes und Kostromskaja. Aus dem Kelermes-Kurgan (skythischer Grabhügel im Nordkaukasus) stammt auch eine mit Gold beschlagene Eisenaxt, auf deren Stiel ein ganzer Tierpark wiedergegeben ist. Diese Waffe, wie auch ein Prunkakinakes (ein prunkvoll gestaltetes Kurzschwert) aus dem gleichen Grab, sind anscheinend in Vorderasien für skythische Auftraggeber gefertigt worden. Mit Gold verzierte Kurzschwerter waren als Prunkwaffen bei den Skythen beliebt und sind mehrfach gefunden worden. Sie sind wie viele andere Schmuckstücke der Skythen mit Tierfiguren verziert, im »Tierstil« der Skythen. Seine Vorstufen lassen sich bis in die baktrische Bronzezeit verfolgen. Eine westiranische Gruppe dieser vom Tierbild beherrschten Kunst ist aus der westiranischen Bergregion Luristan bekannt. Tausende Bronzen sind aus diesem Gebiet von Grabräubern auf den Kunstmarkt gebracht worden, und einige Grabungen konnten die Echtheit der zum Teil phantastischen Arbeiten bestätigen. Sie stammen wahrscheinlich von Hirtenvölkern, die auf den Bergalmen Pferde- und Schafzucht betrieben haben. Sie gaben ihren Toten prachtvolle Waffen, Schmuckstücke und Idole (Kultgegenstände) aus Bronze und Eisen mit ins Grab, beispielsweise reich geschmückte Streitäxte, Hellebardäxte, Dolche und Schwerter.

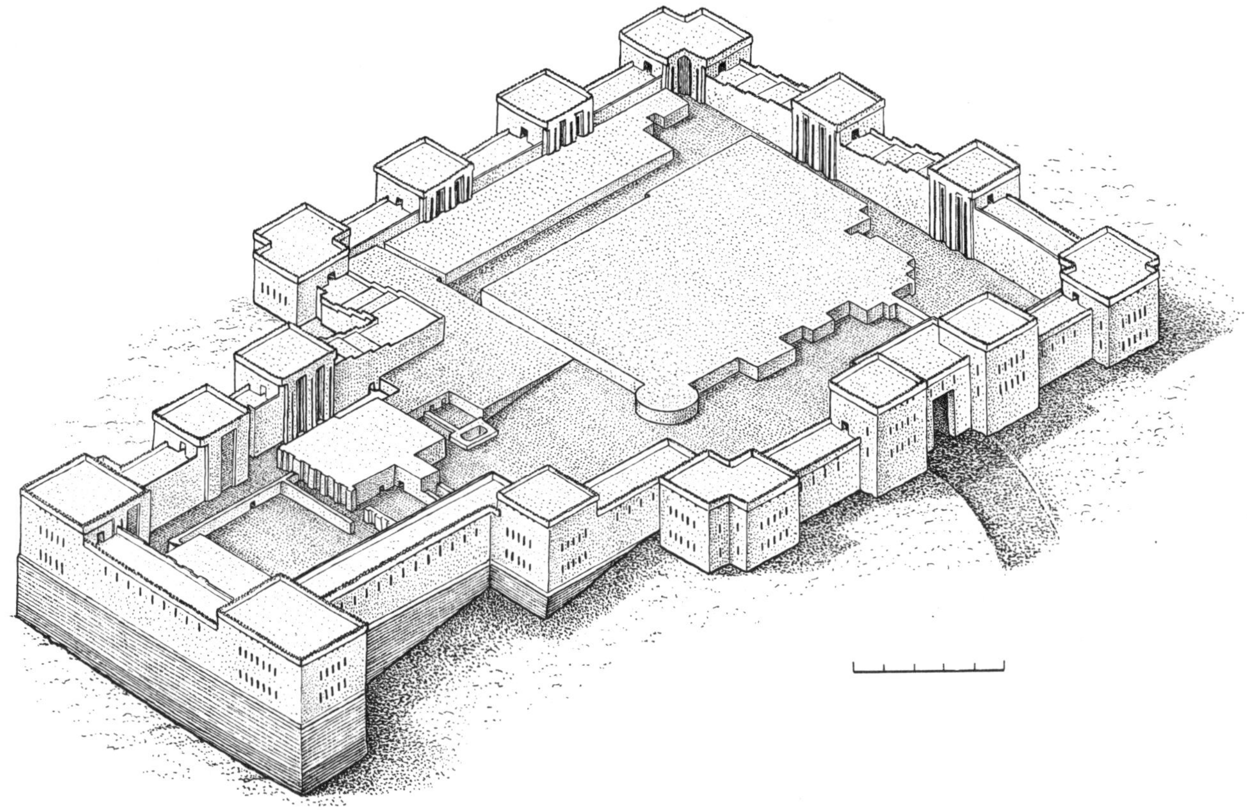

Die persische Festung Tall-i -Takht in Pasargadae, Plan und Rekonstruktion, 6. bis 3. Jahrhundert v. u. Z.

Ähnliche Funde stammen aus dem Tal des Koban im Nordkaukasus, vorwiegend Streitäxte mit nach vorn gezogener Spitze und rückwärts geschwungener Schneide. Reich ausgestaltet sind auch Keulenköpfe und Dolche dieser Kulturen. Darstellungen auf einer Goldschale aus Hasanlu und Originalfunde lassen mit Metallbeschlägen versehene Kampfhandschuhe erkennen. Eine bleibende Folge des Übergangs zum Reiternomadentum mit Pferden war die Entwicklung der Hose und dazu passender Oberbekleidung.

Anders war dies bei den Kamelnomaden, die in der gleichen Zeit den Steppenraum Arabiens besetzten. Ihre Kamele waren mit der alten Rocktracht zu reiten. Sie sind im ersten Jahrtausend v. u. Z. noch nicht zu einer militärischen Bedrohung der Staatenwelt des Orients geworden. Die Staaten Südarabiens benutzten das Kamel zumeist nur als Transportmittel.

Die Rindernomaden Afrikas sind nur in Westafrika in neuerer Zeit zur Staatsbildung gekommen, und ihre Wirkung läßt sich nicht mit der Rolle der Pferdehirten Eurasiens vergleichen. Die Mehrheit der im Achämenidenreich zusammengefaßten iranischen Völker trug die Reitertracht mit weiten Hosen, pludrigen Hemden, Kaftanen und den hohen Kapuzen, den Baschlyks.

Die an die elamische Tradition anschließende persische Hoftracht blieb beim Rock der alten Form. Die Achämeniden waren in der Bewaffnung der Nomadentradition verpflichtet; dem Bogen, Goryt und Akinakes. Fragmente von Originalwaffen und die Reliefs von Persepolis zeigen Prunkakinakes, wie sie aus skythischen Kurganen ausgegraben worden sind.

Das erste Großreich der Perser und seine Armee

Im Jahre 550 v. u. Z. berichtete der anonyme Verfasser der »babylonischen Chronik«: »Ischtuwegu bot seine Truppen auf und zog gegen Kurasch, den König von Anschan, um ihn zu besiegen. Gegen Ischtuwegu empörte sich sein Heer und lieferte ihn gefangen dem Kurasch aus. Kurasch zog nach Agamtu, der Königsstadt« (Greßmann, 1936, S. 366).

Die griechische Tradition, von Herodot überliefert, nannte Ischtuwegu Astyages und Agamtu Ekbatana. Kurasch ist Kyros II., der seine Perser zu den Herren Vorderasiens machen sollte. Der medische Adel sah offenbar in dem Perser einen fähigeren Vertreter seiner Interessen und schloß sich seinen Scharen an.

In Pasargadae entstand eine Residenz neuer Prägung; keine Stadt, sondern eine feste Burg auf einer Bergkuppe und eine Reihe von Palästen und Pavillons in einem Park in dem davor gelegenen Tal. Offene Terrassen und Felsaltäre dienten als Tempel zur Verehrung der Elemente, die als Götter angesehen wurden. Hier trafen sich die persischen und medischen Adelsstämme zu Jahresfeiern und Ratstagungen. In der Burg wurde der Staatsschatz aufbewahrt.

Gemeinsam eroberten die Reiter- und Infanterieverbände der Meder und Perser Mesopotamien, Syrien, Kleinasien, den Iran und drangen unter Kyros II. nach Mittelasien vor.

Die Stämme der Meder und Perser waren nicht groß genug, das Land allein zu beherrschen. Sie bezogen die Aufgebote der Unterworfenen in ihre Armee ein, so daß jenes Heer zustandekam, das Herodot auf seinem Zug gegen Griechenland beschrieb. Die Meder und Perser wurden zu einer Adelskaste von Reiterkriegern, deren Führung als Offiziers- und Beamtenschicht das Reich leitete.

Kriegswagen hatten an Bedeutung verloren, blieben aber als Zeichen der Macht vor allem Vorrecht der Könige. Doch auch einige der abhängigen Völker benutzten noch immer Streitwagen im Kampf. Die Mehrheit der Iraner hingegen kämpfte als Reiter oder als Fußtruppen. Ihre bevorzugten Waffen waren die zusammengesetzten Bögen der Nomaden und das Kurzschwert, der Akinakes. Die Infanterie benutzte die Stoßlanze. Die leichte Kavallerie der Nomaden hatte wenig Mühe, die Armeen der Ansässigen zu schlagen. Erst ein Zusammenstoß mit den Nomaden der Nordsteppen sollte ihnen gleichwertige Gegner entgegenstellen. Der Vorstoß der Armeen des Kyros scheiterte; der Herrscher selbst fiel im Kampf.

Sein Sohn, Kambyses, hatte unterdessen die Armee nach Ägypten geführt und die Truppen des Niltals zersprengt. Ein Vorstoß in den Sudan scheiterte, und eine gegen die Oasen Libyens ausgesandte Truppe verschwand spurlos im Sandmeer der Sahara. Auf die Nachricht vom Untergang der Königsarmee im Nordosten

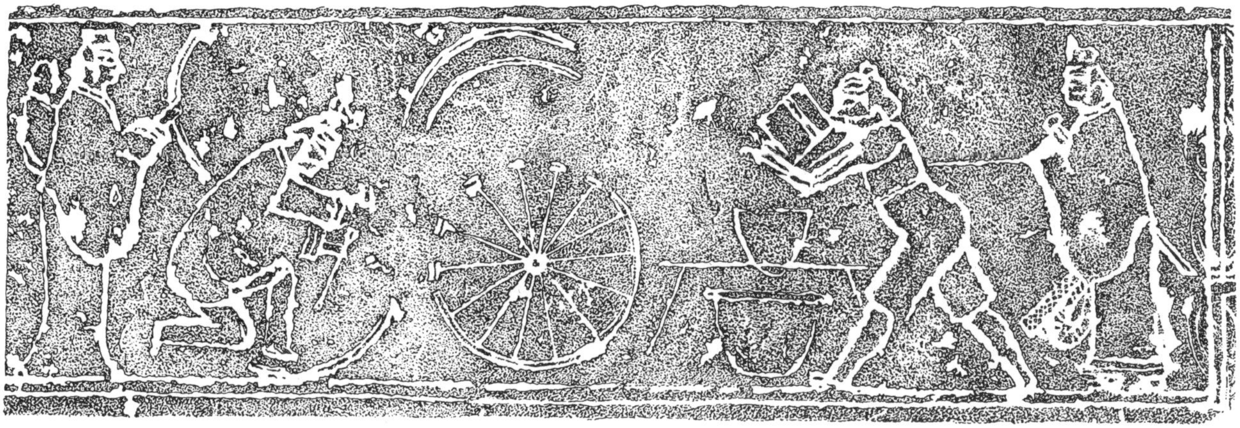

Wagenbau in der Han-Zeit, Steinrelief aus Chia-hsiang bei Yen-chou, Shantung

Chinesische Panzerreiter und Fußsoldaten bringen dem Kaiser Gefangene; die Bewaffnung besteht aus Bogen, Speeren, Lanzen und Langschwertern. Die Fußsoldaten tragen Bogentaschen (Goryt). Der erste Reiter übt den persischen Schuß. Grabstein der späteren Han-Zeit aus Chinan, Shantung, 25 bis 221

führte Kambyses die Armee nach Vorderasien zurück, starb jedoch unterwegs eines gewaltsamen Todes. Ein Militärputsch brachte kurze Zeit später einen anderen Zweig der Achämeniden an die Macht – eine Dynastie, die Darius begründete.

Er mußte das Perserreich erneut erobern, da nahezu alle unterworfenen Völker abgefallen waren und sich dem Usurpator zu widersetzen suchten. Aber die Perser hielten offenbar zu ihm, wodurch ihm die Wiederherstellung des Imperiums gelang. Vergeblich aber waren Vorstöße nach Griechenland und in die europäischen Steppen nordwärts der Donau. Die Skythen lockten die

Baktrischer Kampfelefant, Silberphalera,
3. bis 2. Jahrhundert v. u. Z.

Perser in die Tiefe der Steppen, und fast hätte sich die Niederlage Kyros' in Südeuropa wiederholt. Die persische Armee entkam nur mit Mühe der Vernichtung. Die Griechen schlugen ebenfalls das Heer des Darius und die große Armee des Xerxes (vgl. Einleitung).

Rituelles und staatliches Zentrum der Darius-Dynastie wurde Persepolis, bestehend aus Palästen, Ratshallen, Depots und Kasernen, doch ohne Wohnstadt. Als Winterresidenz diente die alte elamische Hauptstadt Susa, später zeitweise Babylon. Zentren der Macht waren indessen die iranischen Nomadengebiete der Hochebene.

Das Imperium hatte die Grenzen seiner Macht erreicht und erlebte einen langsamen Niedergang, der mit dem Siegeszug Alexanders III. von Makedonien seinen Abschluß fand. Alexander setzte den traditionell bewaffneten Scharen der Perser und ihrer Verbündeten eine neue Kampfweise und neue Ausrüstungen entgegen, eine festgefügte und trainierte Phalanx (makedonische Armeeformation in Kampfaufstellung) gepanzerter Fußsoldaten mit langen Stoßlanzen und Schwertern, deren Mitglieder im Verband geschlossen operierten und sich nicht auf Einzelkämpfe einließen. Sie war auch in der Lage, in einer schiefen Schlachtordnung zu kämpfen, die den schwächeren Flügel zurückhängen ließ, um mit den Elitetruppen die Entscheidung zu erzwingen, wie bei Arbela gegen die Perser. Die Makedonen waren Bauernsoldaten, die im Verwandschaftsverband fochten. Die Kavallerie war von untergeordneter Bedeutung, und so schlug Alexander alle ihm entgegentretenden Heere, gleich, ob es griechische Söldner, persische Garden oder Hilfstruppen aus einer der Provinzen Irans waren. Er eroberte zwischen 334 und 327 v. u. Z. das Achämenidenreich und wäre beinahe an der Nordostgrenze von Nomaden getötet worden, als er in die Steppen vorstieß. Nur ein rechtzeitiger Rückzug rettete den Eroberer, der nach der Unterwerfung des Industals nach Babylon zurückkehrte und dort überraschend jung mit 33 Jahren starb (323). Sein Reich zerfiel bald in den Kämpfen zwischen Alexanders Generälen um sein Erbe. Es bildeten sich Staaten heraus, die den alten Machtgebilden und Kulturzonen entsprachen: Ägypten, Syrien, Mesopotamien und Westiran, sowie Baktrien, Kleinasien und Griechenland. Der Versuch einer Wiedervereinigung des Vorderen Orients, diesmal unter griechischer Herrschaft, war gescheitert.

Das Reich der Kampfelefanten

Der Vorstoß Alexanders in das Industal konfrontierte die Makedonen erneut mit einer indischen Waffe. Der Herr des östlichen Pandschab Puru (Poros) stellte den Angreifern neben den traditionellen Waffengattungen der Bogenschützen, Lanzenträger, Reiter und Wagen auch Kampfelefanten entgegen, die als schwere Waffe dienten. Nach den Berichten der Griechen verfügte Puru über 4000 Reiter, 300 Streitwagen und 3000 Mann Infanterie. Die Makedonen bezahlten ihren Sieg mit schweren Verlusten.

In Indien hatten sich im 7. bis 6. Jahrhundert v. u. Z. Klassengesellschaft und Staat neu entwickelt. Eigenartig war die Herausbildung des Kastenwesens, das auch die Kriegführung und die Herrschaft der erblichen Kaste der Kschatrija zuwies. Die Zentren indoarischer Staatsbildungen lagen im Gangestal, und Alexander traf nur auf die westlichen Randstaaten.

Von Magadha aus einigte ein begabter Heerführer, Chandragupta, Nordindien gewaltsam. Seine Armee benutzte zahlreiche Elefanten als Kampf- und Transportmittel. Aber die Kavallerie des Adels blieb die bestimmende Macht der Maurya-Dynastie, vor der sich die Könige durch eine bewaffnete Leibgarde weiblicher Krieger zu schützen suchten. Ein griechischer Botschafter am Hofe Chandraguptas beschrieb die Befestigung der Hauptstadt der Maurya-Dynastie Pataliputra als eine Holzpalisade mit 570 Türmen und 64 Toren. Die Stadt war 14 Kilometer lang und etwa zwei Kilometer breit. Die Maurya-Armee unterwarf fast ganz Indien und drang bis nach Afghanistan vor. Doch bereits mit dem Tode des dritten Mauryakaisers, Aschoka, begann der Verfall, und im Jahr 185/184 v. u. Z. ersetzte die Schunga-Dynastie das alte Herrscherhaus.

In den Pandschab fielen die baktrischen Griechen ein und setzten ihrerseits Kampfelefanten ein. So zeigt eine Silberphalera (hohle Schmuckplatte) in der Leningrader Ermitage einen baktrischen Kampfelefanten mit griechischer Besatzung und einer Satteldecke, auf der ein chinesischer Drache eingestickt ist.

Antiochos III. hatte bei der Belagerung Baktras die Auslieferung von 300 Kampfelefanten erzwungen. Schon Chandragupta soll Seleukos I. 500 Tiere gegen die Abtretung Ostafghanistans gegeben haben. Die baktrischen Elefanten führte Antiochos III. 217 v. u. Z. gegen die Armee Ptolemaios IV. von Ägypten, der abgerichtete afrikanische Elefanten in den Kampf schickte und siegte. Die Karthager verwandten gleichfalls Kriegselefanten gegen die Römer, wie Pyrrhos von Epirus indische Kriegselefanten gegen die Legionäre eingesetzt hatte. Aber die geschulten Legionäre fanden nach ersten Schockerlebnissen die Mittel, mit den recht nervösen Tieren fertig zu werden. Sie haben die Elefanten nicht selbst im Krieg verwandt, sondern schlachteten sie in Kampfspielen in der Arena ab.

Der römische Historiker Plinius d. Ä. berichtete, daß die Andaras (die Andhras) in Südindien 1000 Kampfelefanten, 10000 Infanteristen und 2000 Reiter aufbieten konnten. Späteren indischen Angaben zufolge gab man den Kampfelefanten Branntwein, bis sie rasend gegen den Feind anstürmten. Noch die Briten setzten in ihrer Indienarmee im 19. Jahrhundert Elefanten ein, zumeist jedoch als Reittier oder Transportmittel.

Die Konzentration des Kriegshandwerks in der Hand einer Adelskaste ließ die Waffe häufig zum Prunkgerät eines Reiteradels werden. Auch die Krieger der ihre Unabhängigkeit verteidigenden Stämme trieben mit ihren Waffen Luxus, ja geradezu einen Kult, so daß bis in die Berge Afghanistans und die Hochtäler des Himalaya prunkvolle Waffen entstanden und getragen wurden.

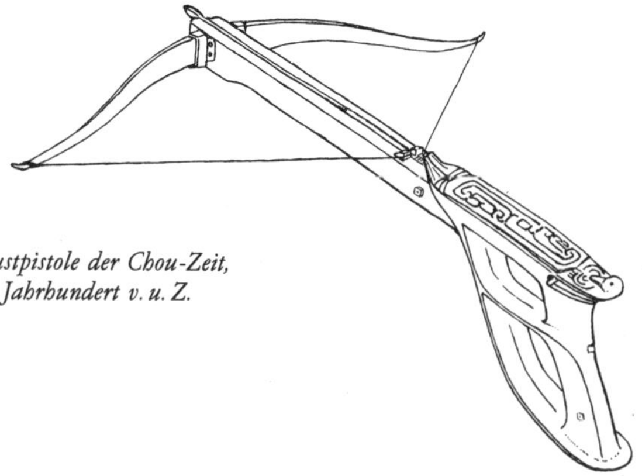

Armbrustpistole der Chou-Zeit, 6. bis 5. Jahrhundert v. u. Z.

Die Staatenwelt Chinas und ihre Armeen

Das zu Ende des 2. Jahrtausends v. u. Z. entstandene Großreich der Chou-Dynastie war der bevölkerungsreichste Staat seiner Zeit. Nach der Eroberung des früheren Shang-Staates erhielt der Staat eine Militärstruktur. Die Offziere und Beamten der Sieger erhielten für ihre Dienste Grundbesitz als Militärlehen. Der Adel hatte mit Kampfwagen anzutreten und je Wagen 125 Fußsoldaten zu stellen. Die Soldaten wurden aus den Bauernfamilien rekrutiert, je Familie ein Mann. Die Kampfwagen wurden mit zwei oder vier Pferden bespannt. Mitunter wurden sie in ganzen Kolonnen den Gräbern chinesischer Fürsten beigegeben. Ihre Metallteile bestanden aus Bronze. Die Wagen blieben in China viel länger in Gebrauch als in Vorderasien, verloren jedoch seit dem 6. Jahrhundert v. u. Z. mehr und mehr an Bedeutung.

Schriftliche Berichte geben Aufschluß übcr dic Lcitung der Truppen im Kampf. Waren es bei den Streitwagenabteilungen des Westens Metalltrompeten, die die

Signale vermittelten, so waren die Signalmittel in China nach den Abteilungen unterschieden. Zugführer gaben Befehle mit dem Cymbal (einem Schlagbrett), Kompaniekommandeure benutzten die Glocke, und Armeebefehle wurden durch Trommeln übermittelt, die auf Wagen montiert waren oder als Kesselpauken an Pferden hingen.

Von den Grenzbefestigungen zur Residenz und von dort zu den Adelssitzen diente die Feuertelegraphie zur raschen Nachrichtenübermittlung, besonders im Kriegsfall. Ketten von Wachtürmen in Sichtweite beförderten die Signale in großer Schnelligkeit. Daneben gab es auch Reiterstafetten und Läufer.

Kniender Bogenschütze, gepanzert, Grab des Shi-huang-ti, Xian, 221 bis 207 v. u. Z.

Die Schuppenpanzer und Helme der Offiziere waren aus Nashornhaut gefertigt. Die Mannschaften trugen Lederpanzer oder Koller aus gelackter Seide über dem Kaftan. Die Lanzenträger benutzten einen Schild. Die bronzezeitlichen Waffentypen blieben in Gebrauch; so Axt, Dolchstab, Dolch und Schwert, das es durch die Härtung der Schneide durchaus mit Eisenwaffen aufnehmen konnte. Lanze, Speer und Bogen erhielten einen gefährlichen Konkurrenten in der Armbrust, die in mehreren Größen gearbeitet wurde. Mit ihr konnten schwere Bronzebolzen verschossen werden. Große Mannschaftsarmbrustbogen hatten eine Leistung von etwa 90 Kilogramm. Daneben gab es Armbrustpistolen von rund 40 Kilogramm Leistung, die wahrscheinlich den Offizieren vorbehalten waren. Bögen und Armbrüste konnten ebenso Kugeln wie Bolzen verschießen.

Das Chou-Reich war den gleichen Gesetzmäßigkeiten unterworfen wie die Bauernstaaten des Westens. Die Aufteilung des Landes an die Offiziere und deren Formierung als Grundherrenadel löste den Zusammenhalt des Staates auf. Der Versuch des Königs Li (ab 878 v. u. Z.), durch Terror den Hochadel zur Unterordnung zu bringen, führte schließlich (841 v. u. Z.) zum Aufstand und zur Vertreibung des Königs. Ein Interregnum (841–828) ist das erste sicher belegte Datum chinesischer Geschichte. Es wurde durch politische Kompromisse beendet, aber schon knapp sechzig Jahre später wurde der König Yu mit Hilfe von Truppen aus den Jungstämmen im Norden vertrieben. Mühsam konnte sich das Reich behaupten. Der Druck der Nomaden bewirkte eine Verlegung der Hauptstadt nach Osten, nach Lo-Yang. Damit endete die »Westliche« und begann die »Östliche Chou-Dynastie«. Ihre Regierungszeit wird in zwei Phasen gegliedert, die »Frühlings- und Herbstperiode« (722–481) und die »Zeit der kämpfenden Reiche« (453–221). In letzterer zerfiel der Staat erneut in einander befehdende Reiche.

Schon in der »Frühlings- und Herbstperiode« sank das Königtum auf eine rituelle Form ab, angesichts der Herausbildung faktisch unabhängiger Staaten, zu denen neben Chinesen viele Angehörige anderer Völker zählten. Es begann jener für China charakteristische Prozeß der

Assimilation in eine ethnische Einheit, die die Chinesen schon zur damaligen Zeit zur größten Volkseinheit des Planeten werden ließ. Unablässige Konflikte untereinander führten zu wechselnden Führungspositionen, wobei die Berichte konkrete Zahlen über die beteiligten Heere wiedergeben. So beruhte die Vormachtstellung des Chin-Staates (in Schansi, 636–628) auf das in mehrere, selbständig operierende Schlachtreihen gegliederte Heer von ca. 30 000 Mann und 800 Streitwagen. Vorübergehend behaupteten auch Staaten des Südens mit nichtchinesischer Bevölkerung die Vorherrschaft.

In Westchina bildete sich im 5. Jahrhundert v. u. Z. mit tibetischen und anderen Fremdstämmen der Staat Ch'in, in dem der Streitwagenadel keine große Rolle spielte.

Die Übernahme der Kavallerie von den Nomaden und ihrer zusammengesetzten Bögen wie auch die anwachsenden Bevölkerungszahlen änderten die Kriegführung wesentlich. Im 5. und 4. Jahrhundert v. u. Z. wurden erstmals Armeen von 300 000, 500 000, ja sogar einer Million Mann aufgestellt. Der verwendete Bogen wurde aus wechselnden Schichten (Horn, Holz und Sehnen) hergestellt und soll bis 500 Schritt wirksam gewesen sein. Schon im Jahre 540 v. u. Z. waren in der Schlacht von Ta-lu die Streitwagenkämpfer abgestiegen und hatten zu Fuß gefochten. Zu Ende des 4. Jahrhunderts v. u. Z. wurde die Reitertracht der Nordnomaden für die Kavallerie übernommen, die nun in Geschwadern von 5 000 bis 6 000 Mann operierte. Zusammengesetzte Truppeneinheiten wurden aufgestellt, die je Kampfwagen zwölf Reiter und 75 Fußsoldaten umfaßten. Abteilungen von zehn bis fünfzehn Kriegswagen mit je zwölf bis fünfzehn Soldaten bildeten mechanisierte Einheiten mit einer auf einen Wagen montierten großen Armbrust, der ›Truppenartillerie‹.

Den erweiterten Einsatz des Pferdegespanns ermöglichte die Erfindung eines neuen Geschirrs für Pferde, der Sielen, das den biologischen Gegebenheiten der Pferde angepaßt war. In den letzten Jahrhunderten v. u. Z. entwickelten die Chinesen den Brustgurt für Pferde, entlasteten damit die bisher beanspruchte Kehle und ermöglichten einen effektiveren Einsatz der Tiere im Kampf und beim Transport. Die Trosse der Hunderttausende umfassenden Armeen bestanden zum Teil aus Pferdewagen. Heerstraßen von fünfzig Schritt Breite wurden angelegt, und es begann der Bau großer Schutzmauern an der Nordgrenze gegen die Nomaden. Metallhelme setzten sich durch. Signalsysteme mit Flaggen kamen auf, daneben der Gong und die Pauke bei den Reitertruppen und der Infanterie.

Das Elend des Krieges ließ erste Stimmen gegen ihn laut werden. Vor allem der Philosoph Mo Ti (zwischen 479 und 381 v. u. Z.) verurteilte den Angriffskrieg, unterstützte jedoch die Entwicklung von Verteidigungssystemen. Er verwarf den Luxus und verlangte die Ausdehnung der »Familienliebe« auf das ganze Volk, um einen allgemeinen Friedenszustand herbeizuführen. Vorherrschend waren jedoch Meinungen, die eine rationale Staatsordnung anstrebten, die »Legalisten«, die das Staatsgesetz als primär betrachteten, und die Anhänger des Konfuzius, die eine Staatsethik kaiserlicher Herrschaft eines rational geordneten Absolutismus predigten. Je mehr die tradionellen Gesellschaftsstrukturen im Kampf der Staaten und Klassen untergingen, desto mehr wurde eine Staatsdoktrin erforderlich.

Deutlich wurde dies, als im Jahre 256 v. u. Z. der König von Ch'in, Chao-hsiang, den Kampf um die Herstellung eines Großreiches begann. Der Kampf endete 221 v. u. Z. mit der Eroberung des letzten Teilstaates Ch'i. China war unter dem König, der den Titel »des Anfangs erhabener Kaiser« (Shih-huang-ti) annahm, geeinigt worden. Ein Großstaat von 30 bis 40 Millionen Menschen war entstanden. Shih-huang-ti betrieb eine systematische Politik der staatlichen Vereinigung Chinas. Gewichte und Preise, Münzen und Spurbreiten der Wagen, Verwaltungsformen und selbst Traditionen wurden auf kaiserlichen Befehl hin vereinheitlicht. Die Mauern an der Nordgrenze wurden miteinander verbunden, ausgebaut und zur ersten »Großen Mauer« von über 2 400 Kilometer Länge erweitert. Die Armee wurde straff organisiert, dazu entsprechend uniformiert und gut bewaffnet.

Beweise dafür fanden sich nicht zuletzt erst vor wenigen Jahren, als im Jahre 1974 Bauern zufällig beim Brunnenbau auf eine begrabene Armee von lebensgroßen Terrakottasoldaten stießen. Die Bauern arbeiteten in Sichtweite des Grabhügels, der für den Kaiser Shi-huang-ti nahe der damaligen Kaiserstadt Xian errichtet worden war. 1225 Meter östlich des quadratischen Grabmals stießen die Bauern auf eine über 7 000 Mann zählende Truppe in Marschformation. Die Terrakottakrieger waren mit Originalwaffen ausgerüstet: mit Schwertern, Äxten, Bögen und Pfeilen, Speeren und Lanzen sowie

Armbrüsten. Auch Streitwagen mit in Terrakotta gearbeiteten Pferden sind gefunden worden. Die Tiere trugen echtes Zaumzeug.

Die Infanterie war in elf parallelen Korridoren von über 300 Meter Seitenlänge und ca. drei Metern Breite aufgestellt. Im Osten wie im Westen verbanden Galerien die Korridore. Hier war in je drei Reihen die Vor- und Nachhut gruppiert. Ein Holzdach schützte die Armee, die magische Angriffe (Angriffe mit Zaubermitteln oder Geistern, vor denen sich der Kaiser Zeit seines Lebens gefürchtet hatte) auf das Grab des Fürsten abwehren sollte. Weitere Gruben enthielten Kampfwagengeschwader, eine andere die in Bronze nachgebildete Reisekutsche des Kaisers. In den neun Hauptgängen standen jeweils vier Krieger Schulter an Schulter und in den Seitenfluren je zwei Reihen kampfbereiter Bogenschützen als Flankenschutz. Hinter der Vorhut befand sich in sechs Gängen je ein Kampfwagen.

In einer zweiten Militärhalle waren 561 Infanteristen, 116 Kavalleristen mit ihren Tieren, 89 Viergespanne und 89 hölzerne Streitwagen mit 261 Kriegern aufgestellt worden. Eine dritte Grube enthielt eine Quadriga und 68 Figuren von Offizieren, eine Kommandozentrale. Die einst lebhaft bemalten Soldatenfiguren lassen unterschiedliche Uniformen der Waffengattungen erkennen. Soldaten ohne Panzer trugen gelbe Waffenröcke. Eine Truppe war mit schwarzen Rüstungen mit weißen Nieten, goldenen Knöpfen und purpurnen Kordeln ausgestattet. Darunter sind ein grüner Rock mit lavendelblauen Mustern an Kragen und Manschetten, eine dunkelblaue Hose und schwarze Schuhe mit roten Schnürbändern zu erkennen. Eine zweite Gruppe war mit roten Wämsern bekleidet, die mit blaßblauen Kragen und Ärmelstulpen verziert waren. Darüber saßen dunkelbraune Rüstungen mit roten oder hellgrünen Nieten und orangefarbenen Kordeln. Die Pferde der Kavallerie hatte flache bunte Sättel und reiches Riemenwerk. Acht Ränge sind zu unterscheiden:

1. Generäle aus der Zentrale;
2. höhere Offiziere mit schürzenartigen Rüstungen;
3. Kavalleristen;
4. Streitwagenlenker;
5. Reiter mit Helmen;
6. gepanzerte und nichtgepanzerte Fußsoldaten;
7. kniende, einer Spezialeinheit angehörende Bogenschützen;
8. unbewaffnete Kämpfer in Posen des Faustkampfes.

Es lassen sich mehrere Panzertypen auseinanderhalten, die belegen, daß die Originale aus vernieteten Panzerplatten (vermutlich auf Lederkollern) bestanden haben.

Der ungeheure Aufwand zur Herstellung von über 7000 Statuen war nur ein Bruchteil der Arbeit, die für die Anlage des Kaisergrabes geleistet werden mußte. Der in der frühen Han-Zeit schreibende Historiograph Sema-tsien (145–86) berichtet von 700 000 Zwangsarbeitern, die das Grab errichten mußten. Es sei mit ungeheuren Schätzen ausgerüstet worden; Modellen von Palästen, Türmen und Residenzen, Gefäßen und Landschaften.

Armbrüste mit mechanischen Selbstauslösern sollten Grabräuber töten. Vergleichbare Ausmaße dieses Grabmals sollen in der Hauptstadt errichtete Paläste gehabt haben.

Der Kaiser starb trotz aller Bemühungen, Unsterblichkeit zu erlangen. Gegen seinen Nachfolger brach ein Aufstand aus, der in wenigen Jahren die Ch'in-Dynastie hinwegfegte. Die Residenz wurde verwüstet und das Grabmal geplündert. Nur wenige Originalwaffen blieben der »Geisterarmee«. Noch ist unbekannt, wie es im Hauptgrab aussieht. Die Klärung dieser Frage bleibt zukünftigen Grabungen vorbehalten.

Für die Militärgeschichte interessant ist eine weitere Nachricht der Historiker. Shih-huang-ti habe nach seinem Endsieg über die anderen Könige die Bronzewaffen der Gegner einschmelzen und daraus zwölf Statuen von je 120 Kilogramm Gewicht gießen lassen, die als Türhüter vor seinem Palast in Xian aufgestellt worden seien.

Schwerter der Chou-Zeit sind wiederholt gefunden worden, so im Grab des Herrn von Yue Gou Jian, das eine prunkvolle Waffe mit gehärteten Schneiden und verzierter Klinge barg. Die Klingen wurden bis zu einer Länge von mehr als einem Meter gefertigt. Andere Schwerter sind kürzer (ca. 50–60 Zentimeter lang). Für Prunkschwerter wurden mitunter gewaltige Summen bezahlt, ganze Städte sollen für ein einziges Schwert geboten worden sein. Schwertschmiede gehörten zu den am höchsten geachteten Kunsthandwerkern Altchinas.

Großreiche der Antike und die Nomaden der Steppe *(300 v. u. Z.–5. Jahrhundert u. Z.)*

Bauernzonen und Steppenraum

Die Jahrhunderte um die Zeitenwende waren von tiefgehenden Gegensätzen bestimmt. Zwei Kulturzonen dehnten sich von Ost nach West; der Steppenraum am Südrand des Waldlandes und die Zone der Großstaaten in der gemäßigten und subtropischen Region. Die kleinen Jäger- und Fischervölker des Waldlandes und der Tundra lebten abseits des Laufes der Weltkonflikte. Eher griffen schon die Steppenbewohner und Bergvölker Nordafrikas, des Nahen Ostens und Südasiens in die Geschichte ein.

Zwei große Imperien nahmen die östliche und westliche Randzone des Agrargürtels ein; das mächtige Rom den Raum um das Mittelmeer und China das Gebiet zwischen Stillem Ozean und Mittelasien. In den Zwischenraum stießen, von den mittelasiatischen Steppen kommend, Nomadenvölker nach Vorderasien und Indien vor. Die Sauromaten (eine iranische Nomadenföderation) überschritten die Wolga, ersetzten die Skythen als Herren des westlichen Steppenraumes und bedrohten schließlich Rom. China stand in endlosen Grenzkämpfen gegen die Hiung-nu (eine Koalition vieler Nomadenstämme) der Nordsteppen. Beide Großreiche schützten sich durch mächtige Grenzbefestigungen. Die Armeen beherrschten das politische und soziale Leben in den Imperien, wie der soziale Zustand der Staaten die Kampfkraft der Imperien bestimmte.

Wesentliche Unterschiede gab es jedoch in der Sozialstruktur und der Stellung der Soldaten in der jeweiligen Gesellschaft. Waren sie in Roms Kaiserzeit der bevorzugte Stand, so hieß es in China: ›Aus gutem Eisen macht man keinen Nagel – aus guten Menschen macht man keine Soldaten!‹ Dort stand stets der Zivildienst in höherem Range, weil er Zugang zu Steuergeldern und Einfluß bei Hof ermöglichte.

Im Steppenraum vollzogen sich zwischen dem 3. Jahrhundert v. u. Z. und dem 4. Jahrhundert u. Z. sowohl soziale Vorgänge wie militärtechnische Veränderungen, die den Nomadenkrieg beeinflussen sollten. Mehrere Wellen nomadischer Vorstöße erreichten China und zogen nach Westen. Zur leichten Kavallerie der Hirtenreiterei kamen schwergepanzerte Kavallerieverbände der Nomadenfürsten. Im Zusammenwirken beider Waffengattungen entstanden neue Formen der Taktik und schließlich auch der Strategie des Nomadenkrieges.

Gesattelte Pferde. Am Baum hängt der Goryt mit dem Bogen, vor dem Baum zwei Skythen und eine Frau, sibirische Goldplatte

Die Han-Dynastie – Kavalleriemacht und Weltreich

Aus dem blutigen Bürgerkrieg zwischen Adelsfraktionen, Bauernrebellen und Soldtruppen ging in siebenjährigem Kampf (209–202) ein Bauernführer als Sieger hervor, Liu-Pang (202–194), der in Shih-huang-ti sein Vorbild sah. Er hatte die Führer der Aristokratie durch Zugeständnisse gewonnen, und so schien mit der neuen Dynastie, die den Namen Han annahm, die Zeit der alten Adelsfamilien neu zu beginnen. Die ersten Jahrzehnte waren von inneren Spannungen bestimmt, die Chinas Kräfte im Landesinneren banden und den Nordvölkern Gelegenheit zum Aufbau einer großen Nomadenföderation boten. Ein Aufstand der Lehnsfürsten gegen die Zentralmacht 154 v. u. Z. scheiterte. Seine Niederschlagung besiegelte die fortschreitende Ausschaltung des Adels, an dessen Stelle eine Grundbesitzerklasse trat, die den Staatsapparat bildete. Der Kaiser Wu-ti formierte auf den Trümmern der Adelsmonarchie eine Herrschaft absolutistischen Anspruchs, die den Konfuzianismus als Staatsideologie aufnahm. Angestrebt wurde eine rationale Staatsordnung im Dienst der herrschenden Klassen.

Die drohende Macht der Hiung-nu-Nomaden zwang schon den ersten Han-Kaiser zum Aufbau einer Kavallerie. Aber Pferde waren selten, denn sie waren entweder in den Bürgerkriegen umgekommen oder von Nomaden geraubt worden. Noch dem dritten Han-Herrscher Wen Di (179–156) fehlten Pferde so sehr, daß die Steuerbefreiung gegen Stellung eines Pferdes mit Wagen in Aussicht gestellt wurde. Auch wollte man auf die Einberufung dreier Soldaten verzichten, wenn dafür ein Pferd für die Armee gestellt wurde.

Im Jahre 177 v. u. Z. konnten den angreifenden Hiung-nu bereits 85000 Reiter entgegengeschickt werden. Als im Jahre 166 v. u. Z. der Schan-yü (Herrscher) der Hiung-nu auf die Hauptstadt Chang-an vorstieß, mobilisierte der Kaiser Wen Di eine Armee von 100000 Kavalleristen und 1000 Streitwagen. Der Kaiser Jing Di (156–140) ließ staatliche Gestüte einrichten, in denen 300000 Pferde gezüchtet wurden, die hauptsächlich der Armee zur Verfügung standen. Die Berichte der Historiker jener Zeit enthalten unter anderem Musterungsvorschriften für die Kavallerie. Die Rekruten sollten beim Eintritt in die Armee mindestens 22, aber nicht älter als 40 Jahre sein. Sie mußten kräftig gebaut und über 173 Zentimeter groß sein, eine damals schwer zu erfüllende Bedingung. Sie hatten nachzuweisen, daß sie mit Pfeil und Bogen umgehen konnten. Außerdem wurde verlangt, daß sie das Bergsteigen beherrschten. Ihre Rekrutenzeit in der Garnison dauerte ein Jahr, ein weiteres dienten sie in der Truppe. Im Herbst fanden stets große Manöver statt, an denen auch die aus den ›Nordvölkern‹ angeworbenen Söldner teilnahmen.

Beim Grab eines führenden Generals der frühen Han-Zeit nordöstlich von Xian stieß man auf eine in Ton modellierte Armee in Kampfformation, bestehend aus 883 Reitern, 1965 Soldaten, Beamten und Musikern, 410 Kampfschilden im Modell und 1110 vergoldeten Pferdezeugbeschlägen aus Bronze sowie dem Modell eines Streitwagens. Sie lagen in elf Nebengruben des Grabens Nr. 4 inmitten eines Gräberfeldes um die Gräber der Kaiser Kao Su (Ehrentitel für Liu Pang) und Jing Di. Münzen datierten dieses Grab wie das nahegelegene Grab Nr. 5 in die Zeit des Jing Di (156–140). Vermutlich handelt es sich um die Grabstätten des Heerführers Chou Po (gestorben 169 v. u. Z.) und seines Adoptivsoh-

Sakischer Reiter mit Goryt und Köcher. Das Pferd ist gesattelt, Filzteppich (Ausschnitt) aus dem 5. Kurgan von Pazyryk, Altai, 5.–4. Jahrhundert v. u. Z.

Mahmud von Ghazna und der Ilek-Chan von Buchara in den Rüstungen der Mongolenzeit, Miniatur aus der »Weltchronik« des Raschid ad-Din, Täbriz, 1306

Der Angriff auf Arg mit einem Wurfgeschütz, Waffen und Rüstungen aus der Mongolenzeit, Miniatur aus der »Weltchronik« des Raschid ad-Din, Täbriz, 1306

Persischer Gardesoldat, Farbiges Glasurrelief aus Susa, aus dem Palast Darius I.

nes Chou Yafu (gestorben 143 v. u. Z.), der gleichfalls ein berühmter General war.

Die Figuren in den elf Gruben bilden jeweils eine Abteilung. Je fünf Abteilungen waren eine gestaffelte Kolonne. Die vordere Gruppe besteht aus vier Infantericabteilungen, jeweils nebeneinander- und hintereinanderstehend. Jeder Kolonne folgt eine Kavallerieabteilung. Die elfte Grube zwischen den Gruppen der Fußsoldaten enthielt den Streitwagen des Kommandeurs. Den zweiten Verband bildeten vier Abteilungen Reiter. Durch diesen Fund kennen wir den Aufbau eines sehr beweglichen kombinierten Verbandes der chinesischen Armee jener Zeit.

Die Kommandeure und ein Teil der Infanteristen sowie die Kavallerie trugen Panzer, zumeist aus rechteckigen oder auch aus abgerundeten Schuppen gefertigt. Die gepanzerten Fußsoldaten bildeten die erste Linie der Schlachtordnung. Die Infanteristen trugen Hosen und rote Röcke.

Allgemein durchgesetzt hatte sich die Armbrust und das Tragen zweier Schwerter. Die Kavallerie benutzte Streitkolben und Schwerter. Eisenwaffen kamen in China schon in der Chou-Zeit auf, setzten sich aber erst in der Han-Zeit voll durch. So ließ der Erste Minister des Kaisers Kao Su im Jahre 199 v. u. Z. in Chang-an ein Waffendepot anlegen. Ausgrabungen legten sieben ummauerte Depots und Garnisongebäude frei, unter deren Trümmern noch viele eiserne Hellebarden, Lanzen, Schwerter, Dolche, Pfeilspitzen und Panzerplättchen gefunden wurden.

Aus der späteren Han-Zeit stammt beispielsweise ein im Jahre 77 v. u. Z. gearbeitetes Stahlschwert, das aus über 30 übereinander geschmiedeten Stahlschichten bestand. Schutzwaffen waren neben dem Lederpanzer mit Metallplattenbesatz Helm und Schild. An der Grenze im Norden wurden Siedlungen von Militärbauern, die selbst für ihren Unterhalt zu sorgen hatten, angelegt. Ihre Garnisonen von rund 150 Fußsoldaten und zehn Reitern hatten etwa 15 Kilometer Grenzmauer zu besetzen und die Wachtürme zu bemannen. Feuersignale sicherten die Verbindungen mit den rückwärtigen großen Garnisonen. Gut ausgebaute Straßen verbanden die Grenzgarnisonen mit dem Hinterland.

Der ungeheure Aufwand für die Bauten und die immer wiederkehrenden Kriege wurden durch eine erbarmungslose Ausbeutung der Bauern und Handwerker des Landes finanziert. Am Geschäft mit dem Krieg verdienten in erster Linie Grundherren, Handelsleute und Manufakturunternehmer, während viele Bauern in die Schuldsklaverei gerieten. Gewaltige Flutkatastrophen hatten Unruhen und schließlich im Jahre 9 u. Z. den Sturz der Dynastie zur Folge.

Ein Diktator namens Wang Mang versuchte durch den Rückgriff auf ein idealisiertes Altertum eine Agrarreform zu verwirklichen, traf dabei aber nicht nur auf den Widerstand der Grundherren. Erneute Überschwemmungen veränderten sogar das Flußbett des Hoangho und lösten Hungersnöte aus. Die Aristokratie nützte einen Volksaufstand zur Wiederherstellung der Han-Dynastie. Erneut wiederholte sich der Zyklus der traditionellen Sozialgeschichte. Einer Aufstiegsphase folgte die Usurpation der Macht durch die reich gewordenen Grundherren. Die Unterdrückung der Arbeitenden wuchs ins Unerträgliche, und im Jahre 180 u. Z. brach der als »Aufstand der Gelben Turbane« berühmt gewordene Bauernaufstand aus, gegen den sich die Herrschenden mit brutalster Gewalt und Unterdrückung wandten. Nach wenigen Jahren lag die reale Macht bei den Kommandeuren einander befehdender Armeen. Hiung-nu-Stämme und Tibeter fielen ein und besetzten Teile des Landes. Das Han-Reich, im 1. Jahrhundert u. Z. noch über 60 Millionen Einwohner zählend, zerfiel in drei Staaten mit insgesamt etwa zwölf Millionen Einwohner. Im Norden bildeten Nomadenführer die Wei-Dynastie, im Westen entstand der die Nachfolge der Han beanspruchende Staat Shu-Han und im Südosten der Staat Wu. Das alte China war untergegangen.

Im Westen der Hemisphäre hatte Rom im gleichen Zeitraum seinen Aufstieg zur Weltmacht erlebt, aber auch den Zusammenbruch der Republik, da die Kriege und die Ausbeutung die Bauernschaft ruiniert und die alte Basis der Armee zerstört hatten. Den Übergang zur Monarchie begleitete die Eroberung der Küstenregionen Nordafrikas und Syriens sowie Ägyptens und der Vorstoß nach Germanien. Aber der Angriff auf die freien Völker des Nordens scheiterte, und bereits im 1. Jahrhundert schloß der Limes, eine Grenzbefestigung mit gleichen Aufgaben wie die »Große Mauer« in China, Roms Nordgrenze. Als die Han-Dynastie zugrunde ging, gelang in Rom die Herauszögerung der Krise um ein weiteres Jahrhundert durch die Errichtung einer Militärdiktatur.

Iran unter den Nomaden

Im Zentralen Teil der Ackerbauzone zwischen dem Mittelmeerraum und den wiederholt nach Westen vorstoßenden Chinesen fiel die Macht an die Nomaden.

Im Jahre 338 v. u. Z. brachen die Sauromaten aus den Steppen des Urals über die Wolga in das Skythengebiet ein. Offenbar hatten sie von der schweren Niederlage erfahren, die das Skythenheer ein Jahr zuvor im Kampf gegen die Makedonen erlitten hatten. Sie stießen kaum auf Widerstand und verdrängten die Skythen auf die Krim und in die Dobrudscha. Als Sarmaten beherrschten sie von nun an die Steppen Südeuropas. Sie bildeten mehrere Föderationen, deren Kulturen viele Züge des asiatischen Erbes trugen.

Am Don und hinüber bis zur Wolga weideten die Herden der Aorsen, die bis 100 000 Bogenschützen gezählt haben sollen. Um 150 v. u. Z. mußten sie sich den gleichfalls zu den Sarmaten zählenden Alanen beugen, die in den Osseten des Kaukasus nachleben. Die Alanen besetzten den Raum zwischen Don und Ural bis in den Nordkaukasus hinein. Sie unterwarfen die griechischen Städte des östlichen Schwarzen Meeres und verschmolzen mit der östlichen Oberschicht. Grabmalereien aus der Nekropole von Kertsch zeigen die großen Filzzelte der Nomaden und als neue Truppengattung der Steppe schwerbewaffnete Panzerreiter mit langen Stoßlanzen und langen Hiebschwertern.

Die am Kuban lebenden Siraker aus den Sarmatenverband brachten aus Ostasien die chinesische Armbrust nach Europa; erkennbar an den Bolzen und den Metallteilen ihrer Verschlüsse, wie sie in Sirakengräbern gefunden wurden.

Ein Großteil unseres Wissens über die Steppenvölker stammt von den Römern, die sich immer wieder mit neu heranziehenden Stammesverbänden an der Donaugrenze auseinandersetzen mußten. Sie erkundeten auch aus Handelsinteresse die Verhältnisse in den Steppen und hinterließen ein farbiges Bild der Namen, Waffen und Gebräuche jener Völker.

Im 1. Jahrhundert v. u. Z. trafen sie an der Donau auf die sarmatischen Jazygen, mit denen sie zwei Jahrhunderte in Krieg und Frieden zu tun hatten. Östlich der Jazygen nomadisierten die Roxolanen, die ihrerseits mit den Jazygen im ständigen Streit um Weiden und Wasserstellen lebten. Daher drängten sie auch nach Westen, als die Römer in einem sechsjährigen Krieg die Jazygen geschlagen und durch die erzwungene Stellung von 8 000 Reitern für die römische Armee noch weiter geschwächt hatten (179 u. Z.).

Die Roxolanen erschienen an der Donau, und bis in das 4. Jahrhundert erwähnten römische Quellen diese Stammesgruppe in der jetzigen Westukraine.

Auf der als Siegesdenkmal in Rom errichteten Trajanssäule werden sie als Panzerreiter im Schuppenpanzer, bewaffnet mit Pfeil und Bogen, Lasso, Schwert und Lanze dargestellt.

Die Roxolanen wurden vom Osten her durch die nach Westen ziehenden Siraken und Aorsen angegriffen, die ihrerseits vor den Alanen flohen.

Nur kurzfristig lockerte sich der Druck der Nomaden auf die Donaugrenze, als im 3. Jahrhundert von Nordwesten her die Goten in die südosteuropäischen Steppen einfielen und Teile der iranischen Stämme zum Anschluß an ihre Stammesverbände zwangen. Sie trafen hauptsächlich auf alanische Stämme, die gleichfalls wie die Jazygen, Roxolanen und Aorsen zu den Iranern zählten.

Die Alanen waren die Herren Mittelasiens, denn nur Teile ihres Verbandes waren über die Wolga nach Westen gezogen und hatten sich mit den Goten in die Donsteppen geteilt. Nach dem römischen Historiker Ammian trieben sie Kopf- und Skalpjagd. Sie sollen wie einst die Hethiter ein in den Boden gestecktes Schwert als Kriegsgott verehrt haben.

Als die Sarmaten die Ukraine beherrschten, eroberten die aus dem Skythenverband stammenden Daher die Ackerbauzone Südturkmeniens, die in der Achämenidenzeit die Provinz Parthava gebildet hatte (um 250 v. u. Z.). Sie wurde von den Seleukiden beansprucht, die nach dem Tode Alexanders Syrien, Mesopotamien und den Iran beherrschten.

Dem Zerfall des Seleukiden-Reiches suchte der König Antiochos III. durch einen großangelegten Ostfeldzug entgegenzuwirken. Er vertrieb im Jahre 208 v. u. Z. die nun Parther genannten Nomaden aus Turkmenien und stieß nach Afghanistan vor, das unter einer griechischen Dynastie unter dem alten Namen Baktrien selbständig geworden war. Um die Festungsstadt Baktra, das heutige Balch, hatten sie einen kampfkräftigen Staat geschaffen, der die ständig drohenden Nomaden fernhielt. Unter Hinweis auf diese Gefahr gelang es den baktrischen Königen, auch Antiochos zum Abzug zu bewegen. Ausgeplündert blieb Baktrien zurück.

Das Seleukidenreich verfiel mehr und mehr. Die parthischen Nomaden kehrten zurück und formierten um Nisa einen von den Nomaden beherrschten Staat mit agrarischer Grundlage, der sich rasch ausweitete. Als erste parthische Residenz entstand neben einer altparthischen Stadt eine prunkvolle und massiv befestigte Burg. Sie erhob sich auf einer Lehmziegelterrasse und war von massiven Mauern umgeben. Außer Tempeln und einem Palast standen auf der Terrasse Wirtschaftsbauten und eine Kaserne.

Die Kombination von Panzerreitergeschwadern und leichter Kavallerie ermöglichte den Parthern die Eroberung des Nord- und Westirans sowie Mesopotamiens (bis 140 v. u. Z.). Neben der ehemaligen Seleukidenhauptstadt Seleukeia entstand die neue Residenz Ktesiphon, von der aus die Reiterarmeen der Parther ausgesandt wurden. Sie hatten schon bald gegen andere Nomadenscharen zu kämpfen. Die Saken eroberten 140 v. u. Z. den Ostiran, und nur vorübergehend vermochten die Reiter Mithradates II. (132–88) das Reich bis an den Hindukusch wiederherzustellen. Dann aber wurde Baktrien zerschlagen, und der Ostiran fiel in die Hand der Saken.

Ein Zufallsfund bei Grabungen im Tillja Tepe, dem »Goldhügel« in Nordafghanistan, legte eine überaus reich mit Gold und Silber ausgestattete Gräbergruppe frei; fünf Frauengräber und ein Fürstengrab. Zehntausende Goldarbeiten schmückten die Bestatteten. Der Fürst trug zwei Dolche und ein Langschwert.

Parthische Quellen über die Kriegführung sind nicht erhalten. Aber der römische Historiker Plutarch hinterließ in seiner Biographie über den römischen Politiker und Militär Crassus die Schilderung eines großen Zusammenstoßes der römischen Armee mit der parthischen Reichsarmee. Crassus zog im Jahre 64 v. u. Z. mit sieben Legionen von Nordsyrien ostwärts. Bei der Aufteilung des Reiches unter die Führer des ersten Triumvirats, das neben ihm noch Caesar und Antonius umfaßte, hatte er Kleinasien und Syrien zugewiesen erhalten. Er glaubte, leichtes Spiel mit den Parthern zu haben und zog mit nur geringen Reiterkontingenten sowie mit sieben Legionen Fußtruppen ostwärts. Die parthische Reiterarmee zog sich in alter Nomadentaktik vor den zahlenmäßig überlegenen Legionen zurück. Erst im unübersichtlichen Hügelgelände von Karrhai überfielen parthische Reiter die römische Vorhut und vernichteten sie. Crassus stellte sich zur Schlacht und stand hier einem der begabtesten Reiterführer des Altertums gegenüber, Surenas, der mit Nomadenreitern aus Turkmenien gekommen war. Letzterer verfügte über etwa 40 000 Kavalleristen, darunter etwa 10 000 Panzerreiter. Plutarch schilderte bewundernd die Panzer und Stahlhelme, die aus den Werkstätten von Merw stammten. Die Reiter waren Saken, Tocharer und andere Iraner. Sie beherrschten die alte Reitertaktik mit ihrer Vielfalt an Angriffsformen und Verfolgungsjagden sowie die Verbindung von leichter Kavallerie und Panzerreitern.

Die Parther traten den Römern mit verdeckten Panzern und Feldzeichen entgegen, um ihre Zahl und Ausrüstung zu tarnen. Erst angesichts der feindlichen Schlachtordnung gab er seine Befehle, die Kesselpauken der Kommandeure krachten wie das Geheul wilder Dämonen. Waffen und Panzer blitzten in der Sonne, und von allen Seiten stießen Reiterverbände auf die Legionäre vor, wichen aber vor jedem Angriff der Römer zurück. Ihr ununterbrochener Pfeilregen war den Römern unerklärlich. Surenas hatte den Pfeilnachschub gut organisiert. Für je fünf Reiter stand eine Kamelladung Pfeile zur Verfügung. Die weittragenden, zusammengesetzten Reflexbögen schickten die tödlichen Pfeile bis tief in die römischen Reihen. Die Schlachtordnung der Römer wurde aufgerissen, dem folgte der Angriff der schweren Panzerreitergeschwader. Am Abend lagen 20 000 Römer auf dem Schlachtfeld, 10 000 waren gefangen, und der Rest floh nach Westen. Die parthischen Reiter folgten den fliehenden Römern, scheiterten aber an den Mauern der befestigten Städte, gegen die sie keine Sturmmittel besaßen.

Noch mehrfach kreuzten Parther und Römer die Klingen, und nur vorübergehend herrschte Frieden. Die Parther schützten sich gegen die nördlich ihrer Grenzen lebenden Nomaden Turkmeniens durch den Bau einer mit Festungen verstärkten Mauer, die das Flachland am Südostufer des Kaspischen Meeres verteidigen sollte. Die für den Fernhandel nach Osten und die Verteidigung des Ostiran wichtige Merw-Oase wurde mit massiven Festungen, wie z. B. Durnali, versehen. Zumeist rechteckig, weisen sie in der Mauer einen Wehrgang auf, von dem aus in gedeckter Stellung mit Pfeil und Bogen die Angreifer beschossen werden konnten.

Die Parther führten in Vorderasien die Reitertracht, verschiedene Waffen und die Kriegstechnik ein. Darstellungen aus Dura Europos zeigen Panzerreiter, bekleidet mit zusammengesetzten Panzern und spitzen Helmen, auf ebenfalls gepanzerten Pferden. Bei den Ausgrabungen der Stadt Dura Europos fanden sich Reste von Schuppenpanzern für Menschen und Pferde. Eine persische Mine hatte einen voll ausgerüsteten Turm einsinken und zusammenbrechen lassen, und in den Trümmern lagen Panzer, Schilde und andere Waffen. Ein Pferdepanzer maß 122 mal 169 Zentimeter, dazu ein 26 Zentimeter langes Schwanzstück. Die 3,5 mal 2,5 Zentimeter großen Bronzeplättchen waren auf eine Leinendecke genäht. Der Platz für den Sattel blieb ausgespart.

Ein zweiter Panzer (140 mal 110 Zentimeter) war mit Stahlplatten besetzt, die jeweils sechs Zentimeter lang, 4,5 Zentimeter breit und vier Millimeter stark waren. Sie sind mit Bronzedraht auf die Grunddecke genäht worden.

Teile einer Panzerhose für einen Kavalleristen bestanden aus Leder. Sie ist der erste sichere Beleg für einen neuen Typ, den »Lamellenpanzer«, bei dem die Plättchen nicht auf einen Trägerstoff aufgenäht, sondern untereinander mit Lederriemen verbunden wurden. Vermutlich zwangen die hohen Temperaturen zu einer solch luftdurchlässigen Panzerung. Die dreikantige Pfeilspitze setzte sich im 1. Jahrhundert v. u. Z. durch, wahrscheinlich zusammen mit dem Kompositbogen, dessen Geschosse eine sichere Führung benötigten.

Eingestürzte persische Minen enthielten noch die Reste der dabei umgekommenen persischen Soldaten mit Waffen und Werkzeugen. Bei einer dieser Minen konnte nachvollzogen werden, daß die Belagerten durch eine Gegenmine in den Stollen der Angreifer von hinten her eingebrochen waren, durch Feuerlegen an den Holzstükken den Stollen in Brand gesetzt und zum Einsturz gebracht hatten.

In römische Dienste tretende parthische Reitertruppen brachten ihre Ausrüstungen mit an die Donaugrenze, wo sie im Kampf gegen die Reiter der europäischen Nomaden eingesetzt wurden. Dazu gehörten der Sattel und die am Helm befestigte Maske, die das Gesicht vor Pfeilschüssen schützen sollte. Solche Helme mit Gesichtsmasken wurden ebenfalls bei Paraden getragen oder dienten als Prunkgerät. Reich geschmückte Helme hatten auch die Kuschanen, eine Nomadengruppierung, die östlich der Parther im späten 2. Jahrhundert v. u. Z. zur Staatsbildung kamen.

Die Annalen der Han-Dynastie berichteten: »Die Yüe-tschi wurden ehemals von den Hiung-nu unterworfen. Sie verlegten ihre Wohnsitze nach Baktrien und teilten das Reich unter fünf Fürsten auf, und zwar unter die Hiu-mi, Schuang-mi, Gui-schang, Hi-dun und Du-mi. Mehr als 100 Jahre später griff der Fürst der Gui-schang, Kiu-dsiu-kio, die anderen vier Fürsten an. Er nannte sich selbst König. Der Name seines Königreiches war Gui-schuan. Er fiel in Parthien ein und eroberte das Gebiet von Kabul« (Hambly, 1966, S. 80).

Vermutlich war dieser Staatsgründer der Kuschanen-König Kudschula Kadphises, wie er auf seinen Münzen genannt wird. Vorausgegangen waren unter anderem jene Sakenfürsten, deren Gräber V. Sarianidi im Tillja-Tepe gefunden hat und die bis in das 1. Jahrhundert u. Z. Nordafghanistan regiert hatten.

Der römische Historiker Pompejus Trogus berichtete: »Die Asianer (Alanen) wurden Könige der Tocharer und die Sakarauken wurden vernichtet.« Zu letzteren könnten die Tillja-Tepe-Gräber gehört haben. Die Sakarauken hatten zuvor östlich des Aralsees gesessen und waren von den Yüe-tschi der chinesischen Annalen mitgerissen worden, als jene, aus Gan-su vertrieben, nach Westen zogen und sich dann südwärts wandten. Vielleicht verbirgt sich hinter dem chinesischen Namen Yüe-tschi der Begriff »Skythen«. Eine vorgeschobene Akkerbaukultur blühte seit der frühen Eisenzeit in Choresmien, der Stromoase des Amu-Darja, südlich des Aralsees. Die bedeutendsten Anlagen entstanden im 2. bis 4. Jahrhundert, so die Hauptstadt in Toprak-Kala, daneben andere Städte und befestigte Gutshöfe. Die Befestigungen waren rechteckig geplant und bestanden aus Ziegelmauerwerk. Eine bevorzugte Befestigungsform waren Türme, in die man sich bei feindlichen Angriffen zurückziehen konnte.

Die Kuschanen eroberten die letzten Griechenstaaten sowie die Sakenstaaten in Nordindien. Sie drangen bis zum Ganges vor und beherrschten bis in das 4. Jahrhundert hinein ein Imperium vom Aralsee bis in das Gangestal. Sie hinterließen Hunderte Münzen und zahlreiche Kunstwerke, leider aber kaum Inschriften oder

Parthischer Panzerreiter, Graffiti in Dura Europos, Syrien, 2. bis 3. Jahrhundert

Texte. Ihre Waffen waren die der Nomaden Eurasiens: Bogen und Pfeil, Lanze und Langschwert, dazu eine lange, schwere Keule. Die Münzbilder stellen mehrere ihrer Könige im schweren Reiterpanzer, gefertigt aus langen Metallstreifen und Schuppen, und mit hohem, spitzem Helm dar.

Stuckreliefs aus einem Ahnentempel der Kuschanen in Chalčajan zeigen leichte Kavallerie, bewaffnet mit Pfeil und Bogen sowie mit Stoßlanzen versehene Panzerreiter. Die Panzer mit großen Halsbergen sind am Körper mit breiten Platten besetzt, während die Ärmel aus überlappenden Ringplatten gearbeitet sind. Büsten auf einigen Kuschanengemmen weisen auf den Helmen plastische Aufsätze, Gänse, Drachen oder Tierköpfe, vielleicht Stammes- oder Familienwappen auf.

Soldtruppen und die »Mode« scheinen die Reitertracht über Südindien bis nach Südostasien gebracht zu haben. Sie ist auf Darstellungen bis nach Thailand zu belegen und scheint die Bewaffnung der Inder weitgehend beeinflußt zu haben.

Die »bogenspannenden Völker«

Das Ausgangsgebiet der großen Nomadenbewegung lag weit im Nordosten, im Gebiet zwischen Gobi und Kerulen. Die Macht des Shih-huang-ti reichte bis tief in die Steppe, und von Gan-su aus beherrschten die von den Chinesen als »Yüe-tschi« bezeichneten Nomadenstämme Nordasiens Steppen. Sie scheinen im 4. Jahrhundert aus Zentralasien in ihre neuen Wohngebiete vorgedrungen zu sein und waren anscheinend die ersten, die in der Steppe Krieg mit schwerer Kavallerie zu führen begannen. Vielleicht hatten sie bei den Ch'in die Panzer kennengelernt und sie möglicherweise auch aus chinesischen Werkstätten bezogen. Mit ihren Reitergeschwadern rissen sie wahrscheinlich im Bündnis mit den Ch'in die Herrschaft über den östlichen Steppenraum an sich. Der Zusammenbruch des Ch'in-Reiches änderte die Herrschaftsverhältnisse in der Steppe. Am Orchon sammelte die Sippe der Hiung-nu die Nomadenstämme um sich und organisierte nach chinesischem Vorbild ihre Nomaden in straff disziplinierten Kavallerieeinheiten. Zur traditionellen leichten Kavallerie gesellten sich schwerbewaffnete Panzerreiter. Den Organisator der neuen Macht nannten die chinesischen Quellen Tuman und gaben ihm den Titel Schan-yü. An der Spitze seiner Truppen schlug er die Aufgebote der Yüe-tschi, die nach Westen zurückwichen.

Die neuentstehende Han-Dynastie versuchte, die sich herausbildende Steppenmacht zurückzudrängen. Die gut geführten Annalen der Han-Zeit haben einen Brief des zweiten Schan-yü Mao-Dun (289–174) an den Himmelssohn aus dem Jahre 176 v. u. Z. erhalten. Darin heißt es: »Der Große Schan-yü von Hiung-nu, den der Himmel auf den Thron erhoben hat, erkundigt sich ehrerbietig beim Kaiser, ob er frei von Kummer sei. Früher hat der Kaiser mit mir über friedliche und freundschaftliche Beziehungen verhandelt. Ich erwog die Gedanken seines Schreibens, fühlte mich damit einverstanden und freute mich. Dann aber benahmen sich die Behörden von Han in den Grenzländern dem rechten Hien-König gegenüber anmaßend und beleidigend. Dieser hat darauf ohne mein Gutachten zu fragen, Ho-gi-lo-lan-si und anderen gestattet, sich den Behörden von Han berechnenderweise zu widersetzen. Somit ging der Vertrag zwischen uns beiden Herrschern in die Brüche; in ihrem brüderlichen Verhältnis entstand eine Spaltung. Wiederholt erreichte mich ein Schreiben vom Kaiser, in dem er Einspruch erhob. Ich sandte Boten zu ihm mit schriftlicher Antwort, aber diese sind nicht zurückgekehrt, und ebensowenig sind von Han Botschafter hier angekommen.

Aus den hier angeführten Gründen ist Han mir nicht friedlich gesinnt; der Nachbarstaat ist nicht mehr mit mir verbunden. Darum habe ich den rechten Hien-König, der auf Grund des Verfahrens niederer Behörden unseren Vertrag nichtig gemacht hat, deswegen mit dem Auftrag bestraft, im Westen die Yüe-tschi aufzusuchen und zu bekriegen. Durch den Segen des Himmels, die Streitfertigkeit der Offiziere und Mannschaften und die Kraft meiner vortrefflichen Pferde hat er die Yüe-tschi vertilgt, dort alles enthauptet, niedergemacht oder unterworfen. Dann hat er Lo-lan, U-sun und Ho-K'ut mit 25 naheliegenden Reichen niedergeworfen; diese sind somit alle zu Hiung-nu gemacht, und die Völker, welche Bogen spannen, sind nunmehr zu einer einzigen Familie vereint. Da die Länder des Nordens jetzt fest in meiner Macht sind, verlange ich, die Waffen zu strecken, meinen Offizieren und Truppen Ruhe zu gewähren und meine Pferde zu pflegen, deshalb unsere Streitigkeiten zu beseitigen und das damals getroffene Abkommen wieder zu erneuern, auf daß der Bevölkerung der Grenzlande die Ruhe zuteil werde, welche dem Anfang des Altertums entspricht. Wird der Jugend die Gelegenheit geboten aufzuwachsen und können die Erwachsenen und Alten auf der heimischen Scholle bleiben, dann wird Geschlecht auf Geschlecht in Frieden und Freude leben. Ich habe noch keine Willensäußerung des Kaisers hierüber empfangen und entsende deshalb Ho-i-tsien, einen Intendanten des inneren Hofs, dir dieses Schreiben ehrerbietig aufzubieten. Ich ersuche, dir ein Kamel, zwei Reitpferde und zwei Viergespanne für deine Wagen anbieten zu dürfen. Sollte der Kaiser es nicht wünschen, daß meine Hiung-nu an die befestigte Grenze herankommen, so geruhe er, seinen Behörden und Leuten aus

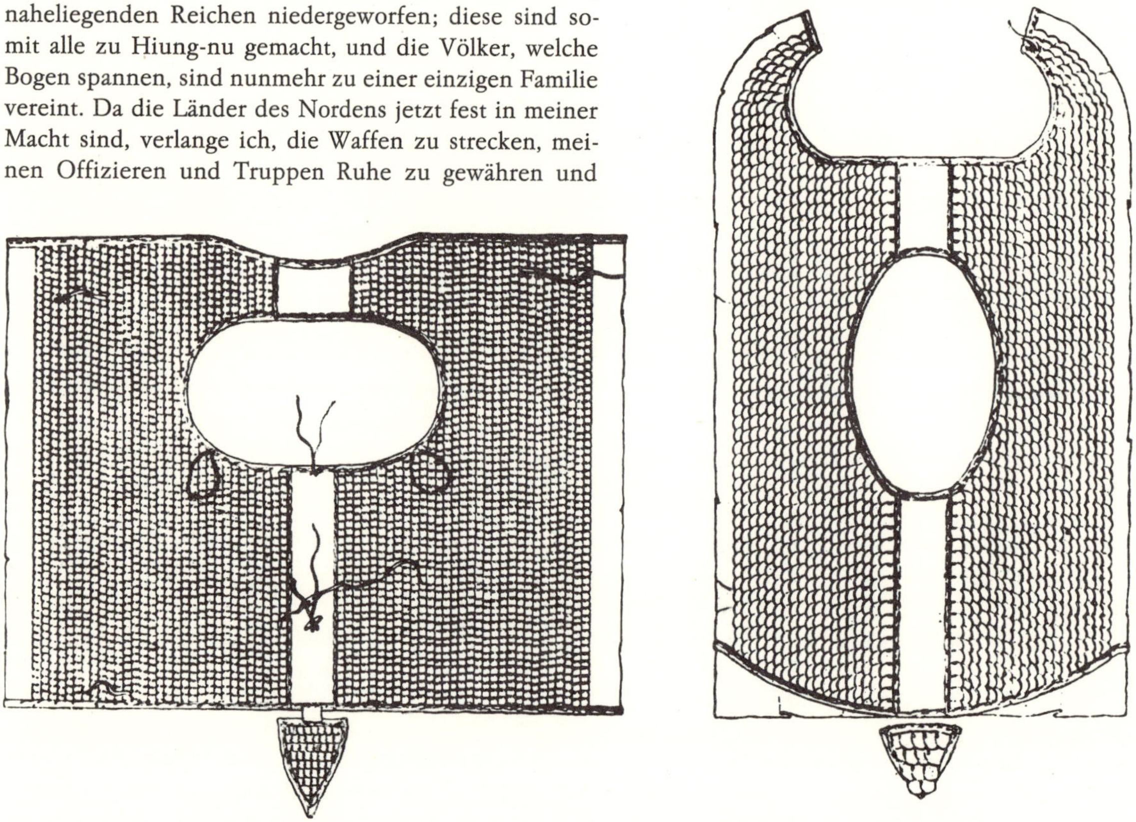

Pferdepanzer aus Dura-Europos, Stahlplättchen, im 3. Jahrhundert verschüttet

Brustgeschirr für ein Pferd vor dem Wagen, aus der Zeit der Han-Dynastie, 1. Jahrhundert v. u. Z.

dem Volk, die am weitesten entfernt wohnen, zu befehlen, meine Gesandtschaft, sobald sie dort ankommt, wieder wegzusenden. Im Laufe des 6. Monats wird sie im Lande von Sin-bong sein« (Groot, 1921, S. 76f).

Bezeichnend ist die Auffassung des Schan-yü, daß mit der Unterordnung der anderen Stämme sie alle zu ›Hiung-nu‹ geworden seien und somit alle bogenspannenden Völker vereinigt wären. Der Bogen galt also als die charakteristische Waffe der Steppenvölker, und der Name der Führungssippe ging auf alle Stämme des Verbandes über.

Die Eroberungen der Hiung-nu trieben die Yüe-tschi nach Westen, nach Mittelasien, und lösten Völkerbewegungen aus, die zum Untergang des Griechenreiches in Baktrien und zur Bildung des Kuschanenstaates führten. Die Hiung-nu beherrschten den Steppenraum bis an den Balchaschsee im Westen und bis nach Korea im Osten hinüber. Sie kontrollierten damit die nördliche Seidenstraße, die das Schwarzmeergebiet mit China verband.

Erst als der Kaiser Wu-ti (148–87) die Macht der Han auf den Höhepunkt brachte, wurden die Hiung-nu geschlagen. Der Historiker Sema-tsien schrieb für das Jahr 138 v. u. Z.: »Zu diesem Zeitpunkt erfuhr der Himmelssohn, als er die Hiung-nu befragte, die sich unterworfen hatten, daß die Hiung-nu die Yüe-tschi besiegt und aus dem Schädel ihres Herrschers einen Becher gemacht hätten, auch, daß die Yüe-tschi sich entfernt hätten, erbittert gegen die Hiung-nu, mit denen sie keinen Frieden schließen wollten« (Franke, 1926, S. 9).

Wu-ti, dem sich nur die in der südlichen Gobi nomadisierenden Hiung-nu unterworfen hatten, sandte Botschafter zu den Yüe-tschi, um sie als Verbündete gegen die Hiung-nu der Nordsteppen zu gewinnen. Dieser Versuch schlug zwar fehl, aber die Chinesen unterwarfen die Völker der östlichen Steppen, und erneut zogen Stämme nach Westen ab.

Der Zusammenbruch der älteren Han-Dynastie bewirkte eine Restauration der Hiung-nu-Macht. Gräber der Schan-yü des zweiten Hiung-nu-Reiches sind bei Noin-Ula gefunden worden. Im Altai sind aus den Jahren des frühen Hiung-nu-Reiches Gräberfelder freigelegt worden, die Streitäxte, Dolche, Pfeilspitzen, Speere

Panzerreiter und leichte Reiter,
Terrakottareliefs aus dem Kuschanenpalast
von Chalčajan in Usbekistan (Rekonstruktion),
2. (?) Jahrhundert

und anderes mehr enthielten. Gräber in der Mongolei bargen Signalpfeile, die Köpfe mit eingeschnittenen Pfeifen aufweisen. Sie dienten in der Reiterschlacht, in der die menschliche Stimme nicht mehr zu vernehmen war, zur Übermittlung der Befehle der Kommandeure, die die Pfeile über die kämpfenden Abteilungen abschossen.

Die nach Westen abziehenden Nomaden brachten den Hiung-nu-Namen nach Westen. Als »Hunnen« sind seine Träger in Europa und als »Huna« bis nach Indien hin bekannt geworden. Ihre Trachten mit weiten Pluderhosen und Hemden, Stiefeln und hohen Mützen erscheinen auf Darstellungen in Indien (selbst Hinterindien), Vorderasien und Europa. »Hunnische« Kupferkessel lassen ihren Weg von Nordchina bis an die Loire verfolgen, sie sind bei Bestattungen mit ins Grab gelegt oder auch bei anderen Kulthandlungen in Flüssen versenkt worden. Je ferner die hunnischen Eroberer der Heimat waren, desto mehr vermischten sie sich mit den Unterworfenen. Dies war eine der Hauptursachen für den Sturz der hunnischen Macht in Europa.

Die Hunnen und der Untergang der Alten Welt
(5.–10. Jahrhundert)

Der Scheiterhaufen des Attila

Im Jahre 451 trafen im heutigen Südfrankreich die Reiterarmeen der Hunnen, Goten, Römer und Burgunder zu einer der berühmtesten Schlachten des ausgehenden Altertums zusammen, ohne eine Entscheidung herbeizuführen. Gleichartige Kampfweisen und erfahrene Reiterführer stießen aufeinander und führten einen Kampf auf Leben und Tod. Der hunnische Großchan Attila soll im Lager bereits einen Scheiterhaufen aus Sätteln errichtet haben lassen, um sich im Falle einer Niederlage selbst in die Flammen zu stürzen. Seine nach Europa vorgestoßenen Hunnen waren ihren überlieferten Namen nach Türken. Die nach Mittelasien, den Ostiran und Indien ziehenden Huna benutzten zumindest auf ihren Münzen ostiranische Sprachen, und die ursprünglichen Hiung-nu scheinen Paläoasiaten gewesen zu sein, Verwandte der Tschuktschen.

Die große Zeit der Hunnen war das vierte Jahrhundert. Im Jahre 317 besetzten Hunnen die alte Hauptstadt Lo-lang und verwüsteten sie. Nordchina wurde von Nomaden erobert, und es entstand eine Reihe nur kurz existierender Staaten, die sich um 370 einem Tibetaner namens Fu Chien beugen mußten. Er versuchte, mit einem für das damalige Europa unvorstellbar großen Heer von 600 000 Infanteristen und 270 000 Reitern Südchina zu erobern, erlag aber im Sumpfgelände der Reisbauern am Feifluß der Armee der »Östlichen Chin-Dynastie«. Sein Staat zerbrach, und die Macht fiel an die Toba-Sippe. Diese hatte eine Föderation der Nomaden aufgebaut, unter denen die paläoasiatischen Hsien-pi die Hauptrolle spielten. Diese »Nord-Wei«-Dynastie regierte ein Reich mit einer Nomadenarmee und einem chinesischen Staatsapparat. Sie übernahm aus Indien den Buddhismus. Auch in Südchina, das unter der wechselnden Herrschaft mehrerer Dynastien stand, dominierte diese Religion immer mehr.

Im Staat der »Wei« setzten sich mehr und mehr Chinesen auch in den führenden Ämtern durch. Die Nomaden wurden assimiliert. Sie verloren ihre Vorrechte, und schließlich kam es zur Teilung des Landes (556–580).

Der Gegenspieler der Toba-Kaiser im Norden war eine Nomadenföderation, die sich »Große Shu-Shu« oder »Qurt-ogur« (Wolfsstamm) nannte, vermutlich eine türkisch geführte Gruppierung. Sie beherrschte die nördliche Steppenzone vom Baikalsee bis zum Balchaschsee. Ihre Staatenbildung schob die Steppenvölker Westsibiriens und Kasachstans nach Westen und Süden.

Die Sasaniden und die Steppenvölker

Um 350 erschienen hunnische Streifscharen als Alchon oder Chioniten an den Grenzen Irans, konnten aber abgedrängt oder zur Heeresfolge verpflichtet werden.

Bei Kurgan-Tepe (Gebiet Samarkand) wurden Ritzbilder auf Knochenplatten eines Pferdegeschirrs gefunden, die die Bewaffnung der Nordvölker zeigen. Zwei Gruppen Panzerreiter stehen sich im Kampf gegenüber. Sie sind gleichermaßen in gepanzerte Kaftane mit hohen Halsbergen (gepanzerten Halsschutz) gekleidet und tragen dazu kappenartige Helme, lange Stoßschwerter und Stoßlanzen. Sie benutzen Bogen und Pfeil sowie den traditionellen Streitpickel skythischen Gepräges. Die Platten sind schwer zu datieren, dürften aber die Kampftechnik der Jahrhunderte widerspiegeln, die die Hiungnu-Bewegung erlebten. Auf der großen Kampfplatte dieses Fundes hält einer der Reiter die erste nachweisbare Drachenstandarte. Diese Standarten hängen wahrscheinlich mit der Bezeichnung einer Tausend Mann umfassenden Einheit als »Drachen« zusammen. Diese Bezeichnung könnte auf die chinesische Symbolisierung der Macht und Kraft der Natur durch den Drachen zurückgehen.

Die Truppen der Alchon trafen nicht mehr auf die der Parther, sondern auf die von Persern kommandierten Armeen der Sasaniden-Dynastie, die 224 bis 226 als Erben der Achämeniden im Namen der ansässigen Perser des Südwestiran die Partherkönige gestürzt hatten. Die Sasanidenkönige ließen sich auf ihren offiziellen, repräsentativen Kunstwerken in der Tracht der Nomadenreiter darstellen, zumeist zu Pferde, das Langschwert an der Seite, den Bogen oder die Lanze in der Hand. Ihre Pferde sind viel schwerer als die Ponys oder die Rennpferde der Steppe. Gezüchtet wurden sie, um Reiter in schweren Rüstungen zu tragen.

Die sasanidischen Reiter sind auf den Felsreliefs von Firuzabad mit Kettenhemden und Kappenhelmen dargestellt und sitzen auf gepanzerten Pferden. Den parthischen König Artaban schützt auf dem Siegesrelief des Ardeschir in Firuzabad noch ein traditioneller Schuppenpanzer mit Armbergen aus Metallstreifen, wie sie die Kuschanen trugen.

Das bekannteste Standbild eines persischen Panzerreiters steht in der Felsgrotte von Taq-i Bustan. Es ist vermutlich eine Statue des Schahinschah Peroz. Der Reiter trägt einen flachen Helm, an dem ein Kettenschutz hängt, sowie einen Kettenpanzer. Das Pferd ist anscheinend mit einem Plättchenpanzer versehen. Zu den Waffen des Reiters gehören ein Rundschild, eine lange Stoßlanze und ein Langschwert. Den Schuppenpanzer der Parther sieht man hauptsächlich auf den Bildwerken Palmyras, sowie an Götterstatuen und auf Totenbildern.

Eine der ältesten Nachrichten über die Taubenpost im Dienst der Kriegführung und der Spionage stammt aus dem 3. Jahrhundert. Bei der Belagerung der nordirakischen Stadt Hatra durch die Perser habe eine hatrenische Prinzessin ihre Heimatstadt mit Hilfe von Brieftauben an den Schahinschah Schapur, den Führer der Belagerer, verraten.

Für die Befestigungsbauten der Sasaniden ist als Beispiel die Königsburg Qal'a-i Duchtar bei Firuzabad aus der Frühzeit der Sasaniden-Dynastie zu nennen. Sie wurde auf einem steilen Felskamm errichtet und bestand aus einer Unterburg mit Tortürmen und einer Oberburg mit einem massiven Donjon (befestigten Wohnturm) als letzte Zuflucht.

Die schwere Panzerreiterei der Sasaniden rekrutierte sich aus der Aristokratie, deren führende Familien häufig parthischer Herkunft waren. Ihre ökonomische und soziale Stellung ähnelte der der Ritter des europäischen Mittelalters, für deren Bewaffnung sie auch vorbildlich gewesen sein dürfte. Sie bildete große Armeen, über deren Zahl eine Rede des römischen Kaisers Severus Alexander im Jahre 233 im römischen Senat Auskunft gibt. Der Kaiser bezifferte die Armee seines Gegners Ardeschir auf 120 000 Panzerreiter, 700 Kampfelefanten und 1 000 Kampfwagen.

Auch in Europa waren zur Zeit des hunnischen Angriffs die Zeiten der kriegsentscheidenden Infanterielegionen längst Vergangenheit. Als im Jahre 375 ein größerer Verband hunnischer Wanderscharen die Wolga überschritt, traf er in den Donsteppen auf das vereinigte Aufgebot der Ostgoten und Alanen, das nach Nomadenart kämpfte. Es wurde geschlagen und nach Westen abgedrängt, soweit sich die Geschlagenen nicht dem Hunnenheer anschlossen. Dieser Vorstoß sollte die weitere Geschichte Europas stark beeinflussen: Er löste die »Völkerwanderung« aus, den Westzug der Ostgermanen,

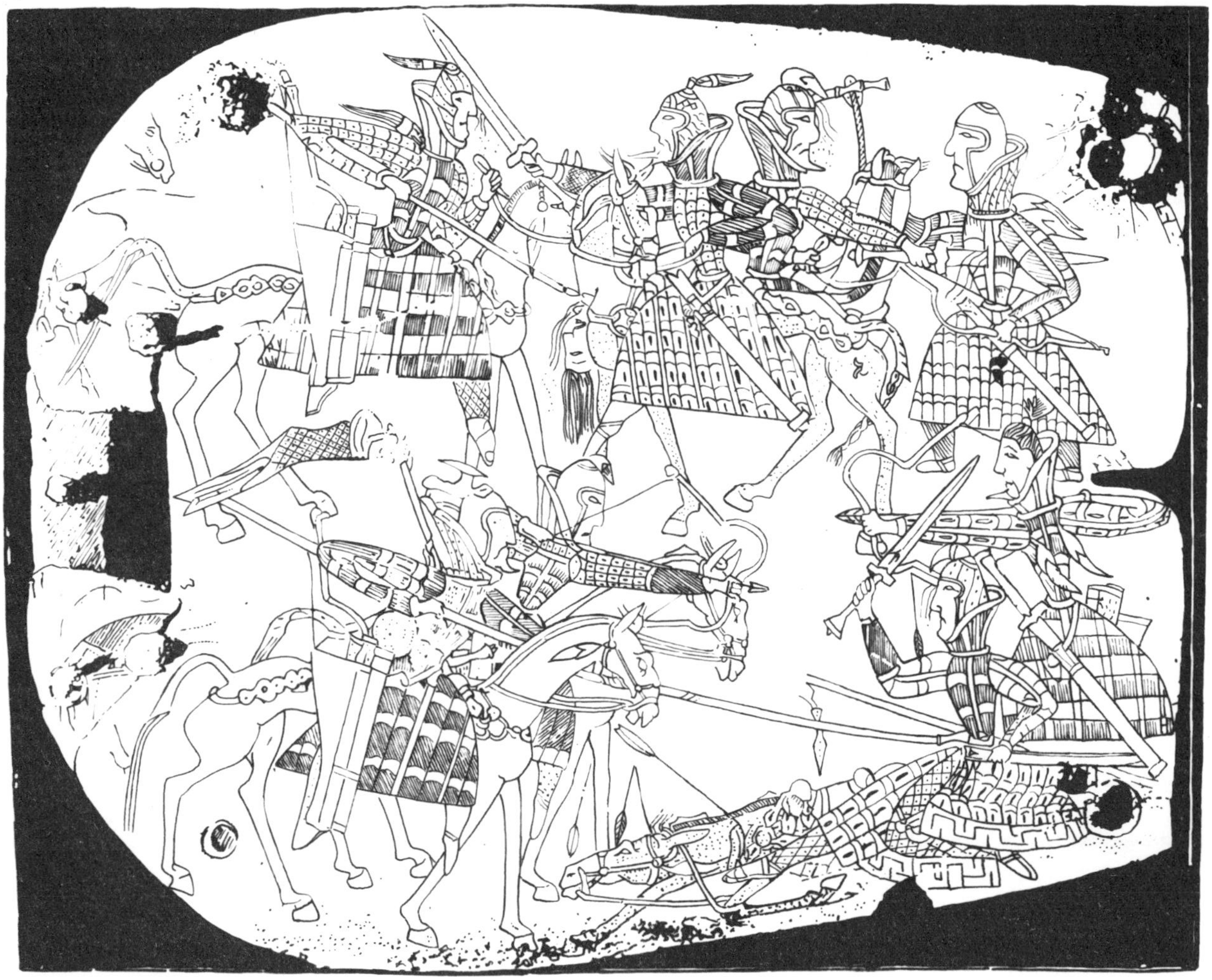

Panzerreiter im Kampf, Beschlagplatte von Pferdegeschirr, aus einem Grab bei Kurgan-Tepe bei Samarkand, Ritzzeichnung auf Knochen, 2. bis 3. Jahrhundert

Alanen und einiger westgermanischer Verbände. Sie versetzten dem schon wankenden römischen Imperium des Westens schließlich den Todestoß. Die Grenzbefestigungen wurden überrannt, und vor Adrianopel ging die römische Reichsarmee des Kaisers Valens im Kampf gegen Goten, Hunnen und Alanen im Jahre 370 unter. Auch die Grenzfestungen am Rhein fielen. Zwar traten wiederholt germanische, hunnische und alanische Verbände in römischen Dienst, doch bald regierten gotische Fürsten selbst in Italien, und die Burgunder bildeten ein Königreich am Rhein.

Die Goten schoben auf ihrem Weg nach Südfrankreich und Spanien die Wandalen und mit ihnen ziehende Alanen nach Nordafrika hinüber. Dadurch gingen die meisten der westlichen Provinzen Roms verloren. Ostrom hatte nach der Teilung des Römischen Reiches

Zweikampf Gepanzerter mit Stahlhelm, Halsbergen, Panzermänteln, Panzerhosen, Bogen, Lanzen, Schwert, Dolch, Axt, Streitkolben und Rundschild, sogdische Silberschale, 6. bis 7. Jahrhundert

(395) in Konstantinopel in dem noch immer blühenden Kleinasien ein neues Machtzentrum gebildet, das mit seinen entwickelten Städten und der produktiven Landwirtschaft genügend Militärverbände aufstellen konnte, um sich zu behaupten.

Unterdessen hatte sich unter den Nomaden Osteuropas jener große Reiterführer durchgesetzt, der in der europäischen Tradition sehr gegensätzlich bewertet wird – Attila, das »Väterchen«, des einen »Geißel Gottes« und des anderen weiser Herrscher Etzel, der die Vertriebenen und Verbannten aufnahm. Er wurde durch Mord an seinen Verwandten Alleinherrscher seines Stammesverbandes und zwang die Völker zwischen Schwarzem Meer und Ostsee in schnellen Kriegszügen, sich seinem Staat anzuschließen, dessen Zentrum eine hölzerne Burg in der ungarischen Steppe war. Sein Reich bildete eine lose Föderation und hatte nur kurzen Bestand. Nach dem Tode Attilas im Jahre 453 rebellierten die Germanen und schlugen die Hunnen in Ungarn vernichtend. Die Hunnen zogen nach Osten ab und lösten sich in mehrere Verbände auf. Als Wolgabulgaren, Donaubulgaren und Baschkiren bestimmten sie in den nächsten Jahrhunderten die Geschicke der osteuropäischen Steppen.

Von den Hunnen nach Europa gebrachte Kampfweisen, Waffen und Feldzeichen wurden zu Vorbildern für die frühmittelalterlichen Heere des Westens, einschließlich der altiranischen Drachenstandarte, die noch auf dem Teppich von Bayeux von den Normannen geführt wird.

Die Huna hatten unter den Großchanen der Hephthaliten (um 400) Mittelasien einschließlich des Tarimbekkens erobert und um Qunduz in Afghanistan ein ausgedehntes Imperium errichtet, das selbst der Panzerreiterarmee der Sasaniden Paroli bot. Als im Jahre 484 der Schahinschah Peroz an der Spitze seiner Adelsreiter die Hephthaliten in einer geballten Attacke vernichten wollte, sollen getarnte Wolfsgruben mit eingesetzten Spießen die heranstürmende Kavallerie aufgehalten und vernichtet haben. Nur mühsam erholte sich der Iran von dieser Niederlage, die die Schwächen schwerer Panzerreiter hatte offenbar werden lassen.

Der Hauptfeind Persiens blieb Byzanz, das zum westlichen Endpunkt des transeurasischen Welthandels aufgestiegen war. Seine Werkstätten in der Hauptstadt entwickelten große Kampfschiffe, die Dromonen, die Ruder- und Segelantrieb miteinander verbanden. Ihre Waffenproduktion war ebenfalls hoch entwickelt und schloß sich an die Reiterausrüstung Asiens an.

Die Kriegführung zur See erforderte den Schutz der Häfen. Die Byzantiner scheinen die Sperre der Hafeneinfahrten durch riesenhafte Ketten erfunden zu haben, die, im Notfall bis zur Wasseroberfläche hochgezogen, die Einfahrt verschlossen. In Konstantinopel funktionierte dies noch bis in das Jahr seines Untergangs 1453.

Auch die Araber übernahmen dieses System. So war die Nileinfahrt bei Damiette seit 854 durch eine Kette verschließbar, die zwischen zwei Türmen aufgespannt war.

Teile der »Weißen Hunnen«, aus denen die Hephthaliten hervorgegangen waren, erschienen im 5. Jahrhundert in den Steppen am Schwarzen Meer zusammen mit anderen Stämmen. Der byzantinische Historiker Priscos schrieb (461/465): »Um jene Zeit schickten die Saraguren, Oguren und Onoguren Gesandte zu den östlichen Römern. Diese Völker waren nach einem Kampf mit den Sabiren aus ihrem Heimatland vertrieben worden; sie

Tschilburdsch, Merw-Oase, sasanidische Festung

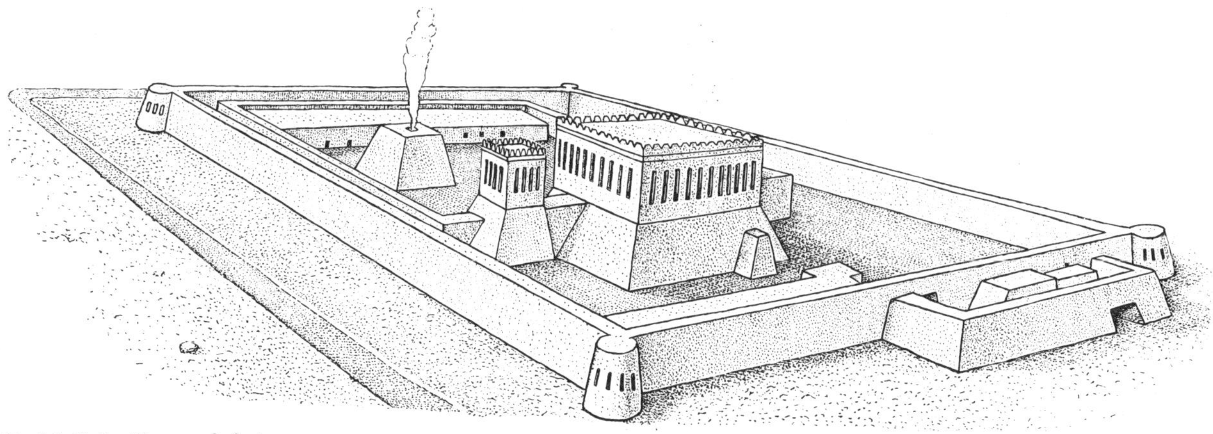

Teschik-Kala, Choresm, befestigter Herrensitz auf dem Lande, mit Donjon, 6. bis 7. Jahrhundert

wiederum waren von den Awaren verdrängt worden. Die Awaren waren landflüchtig geworden durch Völker, die ihren Wohnsitz am Gestade des Ozeans hatten ...« (Kollantz-Miyakawa 1970, S. 486).

Von den Sabiren blieb wahrscheinlich der Name Sibirien, und die »Awaren« gehörten wohl zum Verband der »Shu-Shu«, der im 6. Jahrhundert zerschlagen wurde. Sie zogen zur Donau und nannten sich selbst War und Huni; Namen, die sie als Flüchtlinge aus Mittelasien erkennen lassen. Ihr Chanat an der Donau war jahrzehntelang der Schrecken Mittel- und Westeuropas, und selbst an der Loire siedelten Awaren.

Türken und Chinesen

Die Flucht der Awaren nach Westen war die Folge eines Aufstandes östlich des Altai, der das Reich der »Shu-Shu« zusammenbrechen ließ. Der Führer einer Nomadenviehzucht und Eisenbergbau betreibenden Volksgruppe am oberen Jenissei, Bumyn, hatte seine Reiter gegen die »Shu-Shu«, ihre Oberherren, geführt und gesiegt. Die Chinesen nannten ihn in ihren Berichten T'umen, seine Sippe A-schina. Wahrscheinlich lebte hierin noch der alte Alanenname fort. Sein Volk nannte sich T-u-küe, Türken; eine Bezeichnung, die offenbar während des Aufstandes oder als Zeichen des Sieges aufgenommen wurde und »stark« oder »kräftig« bedeuten soll.

Das neue Steppenimperium beanspruchte bald die Herrschaft von Korea bis an die Donau. Türkische Truppen bedrohten die byzantinischen Handelshäfen am Schwarzen Meer, weil die Byzantiner die Awaren, die doch Sklaven der Kachane wären, aufgenommen hätten. Es kam aber zur Einigung mit den Griechen, da die Türken die Steppenstraßen nach Osten beherrschten, auf denen Byzanz Seide aus China bezog. Türken und Griechen wandten sich damit gemeinsam gegen die Perser, die die durch ihr Gebiet verlaufende südliche »Seidenstraße« zu behaupten suchten. Die Hephthaliten wurden in das Gebiet südlich des Hindukusch verdrängt.

Mit den Toba-Kaisern Nordchinas waren die Türken schon von Anfang an verbunden. Den chinesischen Verfassern der Hofannalen der Toba verdanken wir ausführliche Schilderungen über die neuen Herren der Steppe.

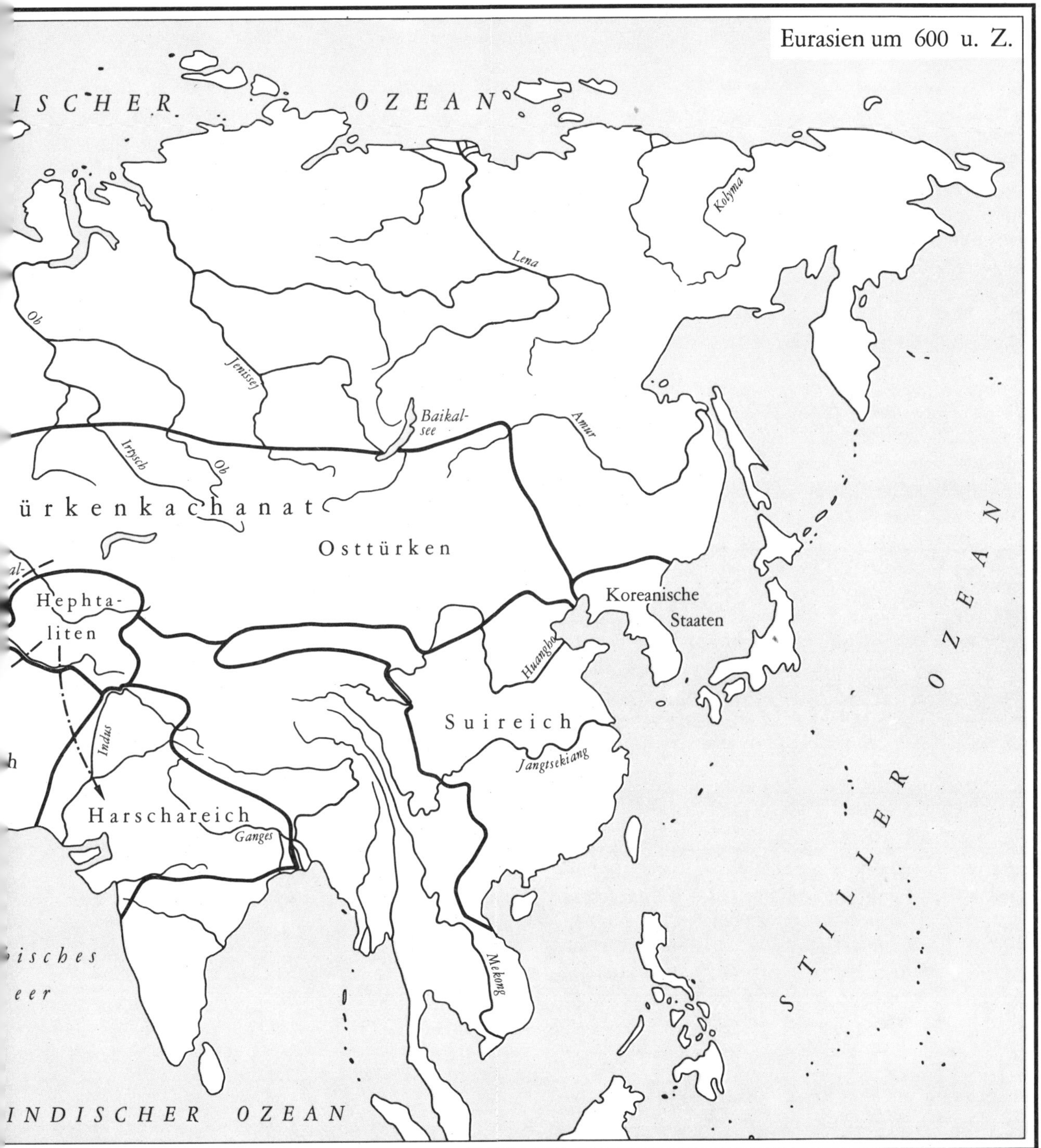
Eurasien um 600 u. Z.
ISCHER OZEAN
Kolyma
Lena
Ob
Jenissej
Baikal-
see
Amur
Irtysch
Ob
ürkenkachanat
Osttürken
Hephta-
liten
Koreanische
Staaten
Huangho
Suireich
Jangtsekiang
Indus
Harschareich
Ganges
Mekong
STILLER OZEAN
isches
eer
INDISCHER OZEAN

Byzantinische Gesandte erreichten ebenfalls die Lager der Chane im Gebiet von Talas und im Tarimbecken, und ihre Berichte geben weitere Aufschlüsse über die Staatsverfassung und die Geschichte der Türken jener Zeit.

Nach den übereinstimmenden Angaben war das Großchanat in vier Teilstaaten – den Himmelsrichtungen nach – gegliedert. Diese Aufteilung hatte in der Steppe Tradition. Schon die Hiung-nu hatten Reich und Armee in vier Gruppen gegliedert und ihnen nach der vorherrschenden Lehre über die Bedeutung von Farben entsprechend gefärbte Banner und Uniformen gegeben. Die Chinesen berichteten schon für die Hiung-nu, daß auch die Farben der von den Truppen benutzten Pferde entsprechend ausgesucht worden waren. Die Farben gaben zugleich den Rang der entsprechend Gekleideten bzw. der durch Banner kenntlichen Beamten und Offiziere an. Die Nordchina beherrschenden Nomadenvölker haben wahrscheinlich nach dem Untergang der Han-Dynastie diese Sitte der farblich einheitlichen Uniformierung in China eingeführt.

Über die Ausrüstung der T'u-küe berichten die Chinesen folgendes: »Als Waffen besaßen sie Bogen, Pfeile, heulende Pfeile (Signalpfeile – B.B.), Panzerjacken, lange Reiterspieße und Schwerter; als Gürtelschmuck tragen sie auch Dolche. Auf die Spitze ihrer Fahnenstange setzen sie einen goldenen Wolfskopf. Auch die Gardeoffiziere werden Fu-li genannt, ein Wort, das im Türkischen ›Wolf‹ bedeutet. Die T'u-küe stammten ja von einer Wölfin ab und wollten ihre Herkunft nicht vergessen.« Die letzte Angabe spielt auf eine Stammessage an, die sich vielleicht aus der Gleichsetzung der Krieger mit dem Wolfsrudel erklärt.

Die Türken benutzten einen wesentlich verbesserten Sattel mit zusammenhängendem Holzgestell, das dem Reiter auch ohne Steigbügel einen festen Sitz ermöglichte. Den gleichen Sattel verwendeten wohl auch die schweren Panzerreiter der Sasaniden, die ihn wahrscheinlich von den Nomaden übernommen hatten. Im Laufe der Jahre zerfiel das Türken-Reich in seine Bestandteile, ein von der chinesischen Diplomatie nach dem Sturz der Toba geförderter Prozeß, um dem Feind zu schaden.

Die Byzantiner kooperierten weiterhin mit dem Westchanat, dessen Armeen Byzanz 626 vor den Persern retteten. Die Sasanidenarmee stand bereits vor Byzanz, als türkische Hilfstruppen die von den Persern herbeigerufenen Awaren schlugen und die Stadt verteidigen halfen. Der die Hilfstruppen kommandierende türkische Chan hat zum Dank dafür offenbar den Titel »Caesar von Rom« erhalten, ein Titel, den er und wohl auch seine Nachfolger noch längere Zeit als »Ghesar von Phrom« auf ihre in Afghanistan geschlagenen Münzen setzen ließen. Diese türkische Waffenhilfe war die Voraussetzung für den Siegeszug der Griechen unter Heraklios, der mit seiner Flotte die Kleinasien beherrschenden Perser umging, in Georgien landete und sich in Tiflis mit dem Großchan traf. Von dort fiel er südwärts in das Zentrum des Sasanidenreiches ein, eroberte dessen Hauptstadt und brachte den Staat zum Zusammenbruch. Der Schahinschah Chosrau wurde 628 von Meuterern erschlagen. Nun schienen die Türken die Herren Zentralasiens zu sein, als der Großchan bei einem Putsch ermordet wurde und das Reich 630 zerfiel. Im gleichen Jahr ging auch das Ostchanat zugrunde.

Die Sui- und die T'angarmeen

Der von alten Nomadengeschlechtern beherrschte Staat der Nordchou-Dynastie wurde zur Basis eines neuen Einheitsstaates. Der General Yang Chien riß 581 die Macht an sich und begründete die Sui-Dynastie. Sein Nachfolger, Sui Wen-ti (590–604) einigte China unter der Herrschaft der Aristokraten aus dem Norden. Die Dynastie sützte sich auf die territoriale Militärorganisation der Hsien-pi, einer paläoasiatischen Volksgruppe wie die Mandschuren und Tungusen. Die Nomadenkrieger waren als Grundherren angesiedelt worden und mußten von den Bauern erhalten werden. In die Grundbesitzerschicht stiegen mehr und mehr Chinesen auf. Die Armee bestand aus »Fu-ping« (Bezirkssoldaten)-Verbänden, deren Angehörige auf Staatslisten geführt und in Militärbezirken organisiert waren. Ursprünglich gab es deren 24 unter zwölf Generälen, die wiederum unter sechs kommandierenden Offizieren des Hofes standen. In der Sui-Zeit wuchs die Zahl der Bezirke auf über 600 an, die jeweils 800–1200 Soldaten zählten. Die Soldaten waren vom Arbeitsdienst und der Steuerzahlung befreit, mußten sich aber mit Waffen, Pferden und Proviant selbst ausstatten. Sie konnten zum Wachdienst in der Hauptstadt, zum Felddienst oder an der Grenze eingesetzt werden. Die Kriege zur Einigung Chinas wurden mit Fu-ping-Armeen von rund 680 000 Mann geführt.

Die Bevölkerung des chinesischen Reiches hatte wieder die fünfzig Millionen überschritten, und die großartig ausgebaute Hauptstadt Ch'ang-an zählte im frühen 7. Jahrhundert über eine Million Einwohner. Die Versorgung der Städte und der Armeen wurde durch den Ausbau des Verkehrssystems gesichert. Ein großer Kanal von ca. 750 Kilometer Länge verband die Flußsysteme von Hoangho und Yangtse-kiang. Am Ausgang dieses »Kaiserkanals« in den Yangtse wurden in der Stadt Yangchou große Werften für den Fluß- und Seeschiffbau gebaut, die aus den Wäldern Südchinas und den staatlich geförderten Bergwerken ihre Rohstoffe erhielten. Das chinesische Transportwesen stützte sich besonders auf Flußbarken und die weiterentwickelten Pferdekarren. Die Produktivität der verschiedenen Transportmittel wurde folgendermaßen berechnet:

1. Träger: 1 750 Tonnen
2. Leichte Tragtiere: 1 590 Tonnen
3. Schwere Tragtiere: 3 600 Tonnen
4. Rinderkarren: 8 640 Tonnen
5. Pferdekarren: 1 500 Tonnen

(Usher, 1954, S. 7)

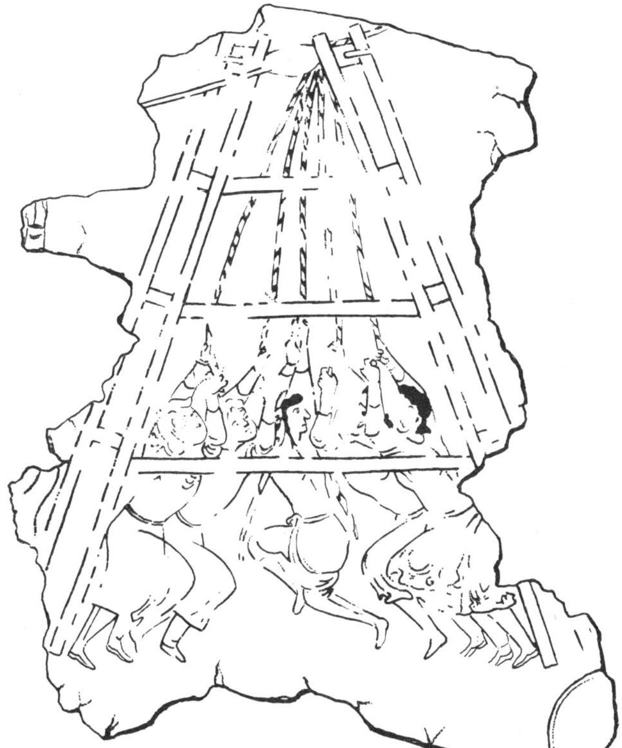

Wurfgeschütz, Fragment einer Wandmalerei aus dem Palast von Pandshikent, 8. Jahrhundert

Pferde als Zugtiere für Flußbarken bewegten etwa 30 Tonnen, an Kanälen sogar 50 Tonnen.

Zum Schutz gegen die sich erneut sammelnden Nordvölker ließen die Sui-Kaiser die Mauern an der Grenze verlängern und ausbauen. Aber Kriege, Bauvorhaben und der Prunk der Oberschicht laugten das Volk aus. Als ein Feldzug gegen das neuentstandene (zweite) Kachanat der Türken scheiterte, brach ein Aufstand aus und die Macht fiel an die T'ang-Kaiser, unter denen China seine größte Ausdehnung erreichen sollte. Die Türken wurden vernichtend geschlagen. Ein Bündnis mit dem jungen Militärstaat der Tibeter öffnete den Weg zur Eroberung des Tarimbeckens. Gegen die Türkenchane wurden die (gleichfalls türkischen) Uighuren unterstützt. Unter dem zweiten Kaiser, Kao-tsung (650–683), wurde Nordkorea unterworfen, und die von der neuen Großmacht Westasiens, den Arabern, geschlagenen Sasaniden suchten chinesische Waffenhilfe. Schon galt das Land bis zum Indischen Ozean als Provinz Po-sse (Persien), und bis zum Aralsee geboten chinesische Gouverneure. Aus dieser Zeit stammt die erste zentralasiatische Darstellung eines Wurfgeschützes. Sie fand sich auf Wandmalereifragmenten aus dem Palast von Pandshikent (bei Samarkand). Das Wurfgeschütz war später in China weit verbreitet.

Aber der Traum von der Weltherrschaft verging rasch. Die Araber vertrieben die Chinesen aus Mittelasien (671). Die Koreaner schlugen die T'angtruppen, und im Nordosten sammelten sich die Tungusen im Staat Pohai. Die Tibetaner verjagten die Chinesen aus dem Tarimbecken; Unruhen im Lande selbst erschütterten China zusätzlich.

Die Zerrüttung des Landes zersetzte auch die Territorialarmee der Fu-ping. Die Berufsgarde, die »Nordarmee«, übernahm den Schutz der Hauptstadt, und 749 trat an die Stelle der Fu-ping eine »Ständige Garde« von Soldtruppen, häufig aus Nomadenkriegern bestehend. Ihre Loyalität galt entweder dem Geldgeber oder Offizieren

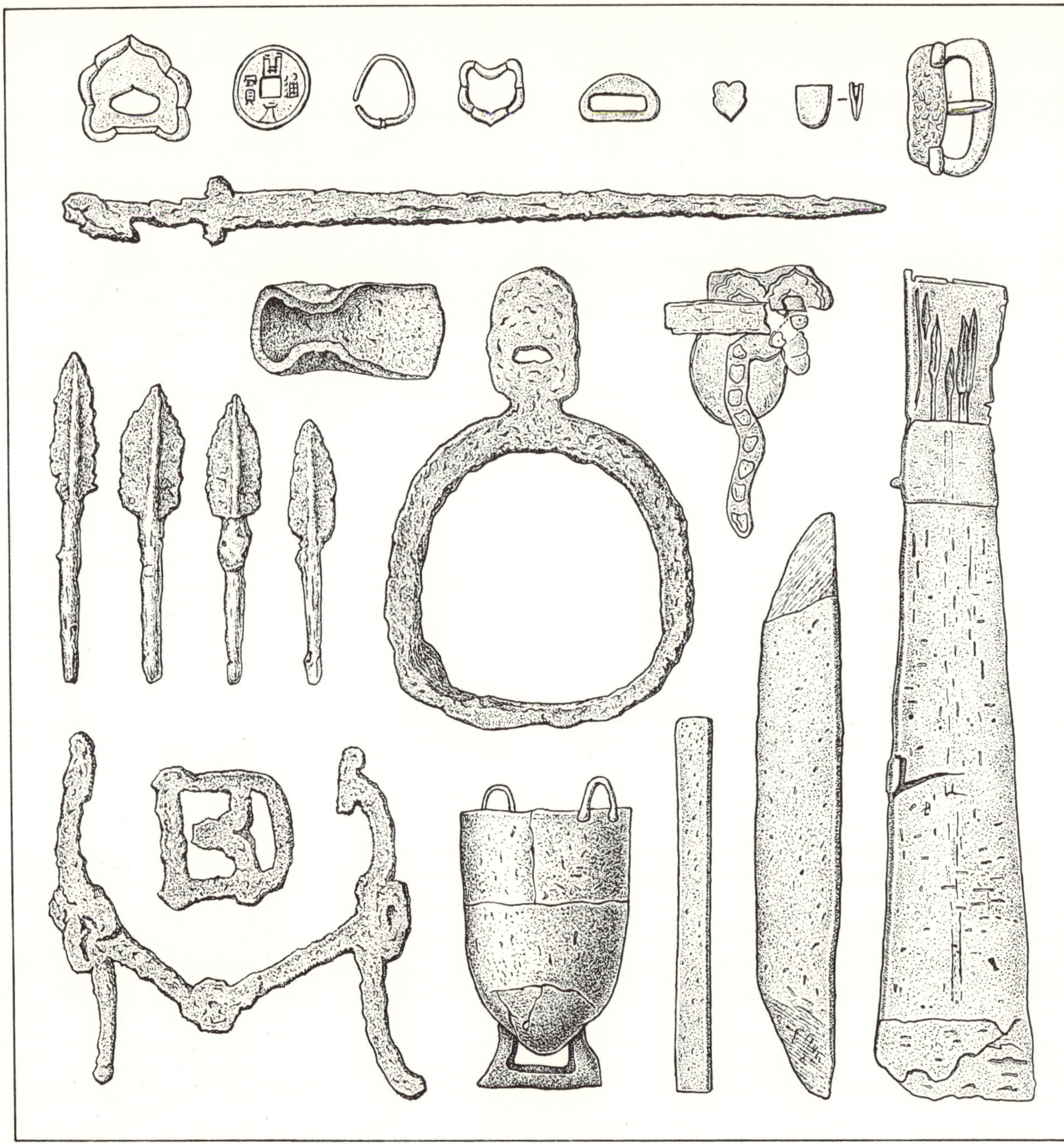

Grabausstattung eines osttürkischen Reiters mit Pfeilspitzen, Langschwert, Steigbügel, Köcher, Axt, Trense, Gürtelbesatz sowie einer chinesischen Münze

aus den eigenen Reihen. Für jene Zeit werden dreizehn verschiedene Panzerarten genannt. Sechs davon bestanden aus Eisen, desgleichen die Helme. Ein entwickeltes Postsystem berittener Kuriere war entstanden. Durch raschen Pferdewechsel konnte ein Postreiter am Tage bis zu 16 Stationen passieren. Sie lagen jeweils in 15 Kilometern Entfernung, so daß etwa 240 Kilometer in einem Tagesritt zurückgelegt werden konnten.

Eine Neuerfindung setzte sich in China seit dem 3. bis 4. Jahrhundert durch und erreichte über die Steppen auch Europa. Es war der eiserne Steigbügel, die letzte Verbesserung des Pferdegeschirrs. Die türkischen Reiter führten den leicht gebogenen Säbel mit nur einer Schneide.

Aber der Versuch einer Wiederherstellung der chinesischen Macht über Mittelasien scheiterte 751 am Talas, als die türkischen Hilftruppen der Chinesen während der Schlacht zu den Arabern übergingen.

Innerhalb der Armee ausbrechende Aufstände wurden durch die ins Land gerufenen Uighuren niedergeschlagen. Doch immer wieder kam es zu Unruhen und Aufständen, in deren Folge 881 zum Beispiel die Einwohner Ch'ang-ans niedergemetzelt wurden. Zu Beginn des 10. Jahrhunderts zerfiel China wieder in mehrere kurzlebige Staaten, die sich in endlosen Kriegen zerfleischten. Erneut drangen die Nordvölker vor.

Der Pferdearzt schneidet einen Pfeil heraus, Wandmalerei aus Kalaj-Kachkacha, Tadshikistan, 8. Jahrhundert

Chinesische (oder osttürkische) Reiter mit Lanze, Bogen, Goryt und Köcher, Wandmalerei aus sogdischer Zeit (ergänzt), Afrasiab, 7. bis 8. Jahrhundert

Die Expansion der Araber bis vor die Mauern Konstantinopels

Die Bewohner der arabischen Halbinsel waren schon in die Konflikte der Assyrer und Babylonier des 3. und 2. Jahrtausends v. u. Z. einbezogen worden. Spätestens im frühen 1. Jahrtausend v. u. Z. waren vor allem in Südarabien erste Staaten entstanden, deren Geschichte nur in Umrissen bekannt ist. Danach waren der Fern- und Transithandel sowie die Nachbarschaft der Nomaden stets von bestimmenden Einfluß für den Verlauf ihrer Geschichte. Die Staaten Mesopotamiens und des Irans, gelegentlich auch Ägyptens, beeinflußten die Kulturen der arabischen Halbinsel. In der Kriegführung dominierten seit dem 1. Jahrtausend v. u. Z. die Reiterabteilungen der Nomaden, die vorwiegend mit Dromedaren, seltener mit Pferden ausgerüstet waren. Sie führten die lange Stoßlanze, Bogen und Pfeile, einen leichten Rundschild und das lange Stoßschwert. Seit der Sasanidenzeit kamen Kettenhemden und Kappenhelme auf, jedoch blieb die leichte Kavallerie vorherrschend. Die Grenzstämme wurden sowohl von den Persern wie auch von den Byzantinern in den Staatsverband als Hilfstruppen einbezogen, aber zumeist mißtrauisch kontrolliert. Wiederholte Einfälle in die Ackerbauzonen blieben Episoden, da die Armeen der Großmächte Westasiens übermächtig waren. Jedoch änderte sich dies im frühen 7. Jahrhundert u. Z.

Die Jahrzehnte gnadenlosen Kampfes zwischen Byzanz und Iran hatten die Wirtschaft der Länder zerrüttet, die alten geschulten Armeen aufgerieben und das Vertrauen in die Zentralmacht schwinden lassen. Iran befand sich in einer tiefen Krise. Nach der Niederlage gegen die Griechen (628) erschütterten Fraktionskämpfe und Aufstände den iranischen Staat. Auch die durch die Jahrzehnte des Perserkrieges verarmten und erschöpften nichtgriechischen Völker des byzantinischen Reiches stöhnten unter dem Druck des byzantinischen Staates, der griechisch-orthodoxen Kirche und der Söldnerarmeen, die sich wie im Feindesland aufführten.

Seit 622 sammelte ein Nomadenführer, Mohammed b. Abdallah, die Stämme Zentralasiens in einem locker gefügten Staat um die alte Oase Yathrib. Er stammte aus der südöstlich gelegenen Handelsstadt Mekka, und war nach Karawanenreisen, die ihn nach Palästina und Südarabien führten, mit religiösen Reformideen, die stark von jüdischen und christlichen Lehren beeinflußt waren, hervorgetreten. Er hatte bei den Mekka beherrschenden Familien wenig Unterstützung gefunden und mußte schließlich 622 nach Yathrib ausweichen. Die fünf Stämme dieser Oase waren untereinander verfeindet und nahmen den Ortsfremden als neutralen Richter auf, der sich auf eine kleine Schar mit ihm aus Mekka Geflohener stützen konnte. Diese kleine Gefolgschaft war die Keimzelle seines (späteren) Staates, dessen Basis bald nur noch als Medina, »die Stadt« (das Propheten), bekannt war. Mekka fiel 632 in seine Hand, und er plante bereits die Expansion nach Norden, als er 634 überraschend starb. Dem einsetzenden Zerfall des jungen Staates steuerten seine Nachfolger, Kalifen, indem sie den Stämmen Eroberungen und Beute versprachen.

Die demoralisierte Perserarmee wurde bei Qadisiyah (Irak) 636 zersprengt, und die Byzantiner kapitulierten. Die nichtgriechischen Gemeinden sahen keinen Grund, für die Griechen zu kämpfen. Die Kopfsteuer der neuen Herren war niedriger als die Forderungen der Byzantiner. Die Muslime ließen die christlichen Gemeinschaften in Frieden, wenn sie sich der islamischen Herrschaft unterstellten. Sie gaben den Christen eine Art Autonomie unter ihren Bischöfen, die zuvor von den Griechen zumeist als Ketzer verfolgt worden waren. 638 waren Palästina und Syrien in arabischer Hand. Ägypten folgte zwischen 639 und 642. Bereits 651 standen die Araber in Merw, der nordöstlichen Grenzfestung des Sasanidenstaates.

Innere Konflikte hielten die Araber ein Jahrzehnt auf, bis sich 660/661 der Umaiyade Mu'awiya als Kalif durchsetzte und den Eroberungszug weiterzuführen versuchte. Umaiyadische Heere erreichten Tunesien, und arabische Flotten plünderten Zypern, Sizilien und Rhodos.

Die Heere der arabischen Eroberer glichen Völkerzügen. Häufig wurden die Soldaten von ihren Familien begleitet oder folgten diese den Soldaten, sobald Beute genug gemacht worden war. In großen Militärlagern angesiedelt, sollten die Soldaten mit Hilfe des Soldes erhalten werden. Aber sie strebten nach Landbesitz und Beute. Zudem waren ihre Stammesloyalitäten oft größer als die Disziplin gegenüber dem Kalifen. Die Flotten wurden mit koptischen und syrischen Matrosen besetzt und erhielten arabische Soldaten als Besatzungen. Letztere stellten sich erstaunlich rasch vom Wüstenkampf auf den Seekrieg um. Schon 655 gelang es den Arabern, die byzantinische Reichsflotte vor der kleinasiatischen Küste zu schlagen.

Aber der Flottenangriff auf Byzanz scheiterte (669). Die Byzantiner setzten eine für den Westen neue Waffe ein, das »Griechische Feuer«; einen Flammenwerfer, der ein Gemisch von Erdöl, Kalk und Schwefel ausstieß, das auch auf dem Wasser weiterbrannte. Die arabische Armada ging in Flammen auf. Die Technik der Städter siegte über den wilden Mut der Nomadenkrieger.

Zwar besetzten die Muslime Nordafrika und eroberten Kabul (674), Buchara (674) und Samarkand (676), aber der Weg zur Weltherrschaft war versperrt. Byzanz behauptete Kleinasien und Südosteuropa und damit den Zugang zu den nördlichen Handelsstraßen nach China. Die Araber eroberten Spanien (711–712) und besetzten das Industal (711). Sie unterwarfen erneut die Ackerbauzone Mittelasiens, die sie vorübergehend an die einheimischen Sogden und Chinesen verloren hatten, und schließlich entschied die Schlacht bei Talas (752), daß Mittelasien islamisch und nicht chinesisch wurde.

Unterdessen war die Umaiyaden-Dynastie gestürzt worden und Spanien von der Zentralregierung abgefallen. Die neue Dynastie der Abbasiden suchte der Stammesarmeen Herr zu werden. Sie deportierten 50 000 arabische Familien in die Merw-Oase, um ihre Männer als Grenzwachen zu nutzen und sie zuglich fern von den Regierungszentren im Irak zu wissen. Die Abbasiden bildeten Söldnerarmeen zumeist aus ihren »Klienten« (Klient – Mawali, ein nicht zu einem der arabischen Stämme gehörender Muslim, der sich einer Arabersippe als Abhängiger angeschlossen hatte) und auch aus Sklaven. Diese Berufsarmeen waren schwerer bewaffnet als die Nomadenreiter. Sie trugen Panzerhemden, Stahlhelme und Schilde, Stoßlanze, Schwert, Pfeil und Bogen, dazu die gegen Panzer wirksame Keule, teilweise die Axt, dazu Arm- und Beinschienen. Sie waren uniformiert. Kavallerie überwog bei weitem.

Die Abbasiden bezogen ihre Militärsklaven vorwiegend aus Zentralasien. Sie kauften bei den Stämmen der Steppe Kriegsgefangene auf, weshalb die Nomaden nicht selten Kriegszüge unternahmen, um Menschen zu fangen.

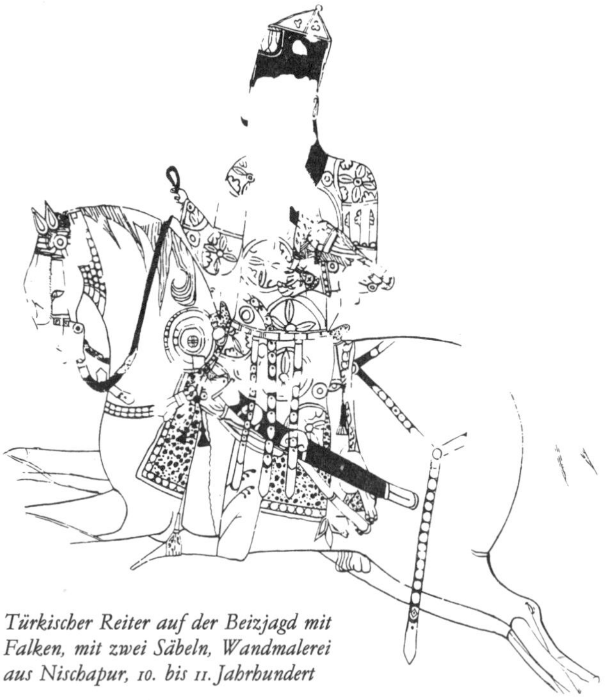

Türkischer Reiter auf der Beizjagd mit Falken, mit zwei Säbeln, Wandmalerei aus Nischapur, 10. bis 11. Jahrhundert

Im Irak bildeten die türkischen Militärsklaven bald die Mehrheit der Armee und des Staatsapparats. Die türkischen Söldner gerieten in Konflikte mit den Bewohnern Bagdads, so daß der Kalif al-Mu'tasim 836 nordwestlich von Bagdad eine neue Residenz errichten ließ, Samarra, in der er an der Spitze seiner türkischen Garden regierte. Aber bereits unter seinem Nachfolger, al-Wathiq, waren die türkischen Soldaten die wahren Herrscher des Reiches. Morde verschonten selbst Kalifen nicht, und Kämpfe zwischen Soldatengruppen brachen aus. Schließlich gelang es dem Kalifen al-Mu'tamid 870, die Hauptstadt wieder nach Bagdad zu verlegen und die Städter gegen die Türken auszuspielen. Die Macht des Kalifats verfiel jedoch immer mehr, und 945 besetzten Truppen der im Westiran zur Macht aufgestiegenen Buyiden Bagdad. Die Kalifen blieben machtlose Repräsentanten des Islam.

Ähnlich verlief die Geschichte im islamischen Spanien. Erobert hatten das Land Berber und Araber, und sie bildeten auch in den ersten Jahrzehnten die Armee des Staates. Aber das Streben nach Grundbesitz zersplitterte die Armee, und die Kalifen stellten im 9. Jahrhundert eine Sklavenarmee aus Slawen auf. 980 entmachtete der Wesir Mansur, der als Almansor in der spanischen Tradition fortlebt, den Kalifen Hischam II. (976–1008) und stellte den Slawen afrikanische Sklavenarmeen entgegen. Seine Kriegs- und Raubzüge waren die letzte Glanzzeit islamischer Macht auf der iberischen Halbinsel. Nach seinem Tod zerbrach das Reich in viele Kleinstaaten, die unter den Druck der nordspanischen Christen gerieten.

Die Reconquista, die ›Widereroberung‹, machte rasche Fortschritte. Mit dem Fall Toledos (1085) hatte die Orientalisierung der europäischen Kultur einen neuen Anschub erhalten. Der Erzbischof von Toledo, Raimondo, organisierte ein weitgespanntes Werk der Übersetzungen arabischer Handschriften in das Romanische und Lateinische. In der Regel übersetzte ein Jude den arabischen Text in das ortsübliche Romanisch, und ein Christ schuf dann den im christlichen Europa verständlichen lateinischen Text. Auf diesem Weg wurden die europäischen Gelehrten erstmals mit den Werken al-Farabis, al-Ghazalis, Ibu Sinas und Ibu Gabirols vertraut. In dieser lateinischen Version lernte Europa wieder die Studien des Aristoteles, des Galen und die Philosophie der Araber und Perser kennen.

Die ständigen Kriege zwischen Muslimen und Christen vermittelten den Westeuropäern die Erfahrungen orientalischer Festungsbaukunst und der Waffenschmiede, vor allem die Fertigung der berühmten Toledaner Klingen, die aus importiertem indischem Stahl geschmiedet worden waren. Einige Meisterwerke der Schwertfegerei sind in spanischen Sammlungen erhalten geblieben. Es handelt sich um lange, gerade Reiterschwerter, die traditionell mit dem Namen des letzten Emirs von Granada, Abu Abdullah, als Boabdilschwerter bezeichnet werden. Als Schutzwaffen trugen die Muslimen Kettenhemden und Schilde, als Angriffswaffen Stoßlanzen, Speere, Bogen und Pfeile. Die Hauptstreitmacht bildeten die Einheiten aus Militärsklaven, die die Spanier von den Deutschen kauften oder an der Balkanküste erwarben, die Sagaliba.

Auf Sklavenarmeen stützten sich auch die schiitischen Fatimiden, als sie von Tunesien aus Ägypten eroberten und die beherrschende Stellung des Nillandes im Transithandel von Südasien nach Europa durch eine gezielte Handelspolitik stützten. Zugleich standen sie unter dem Druck aus den Steppen Arabiens abziehender Nomaden, die sie zum Teil nach Nordafrika hin ablenkten.

Das heutige Tunesien war seit dem Altertum ein hochentwickeltes Kulturgebiet, dessen Weizen- und Ölexporte jahrhundertelang Rom versorgten. Unter den Arabern blieb das nun »Ifriqiya« genannte Gebiet ein reiches Land, von dem aus auch Sizilien erobert wurde. Islamische Kultur und orientalische Techniken erreichten auf diesem Weg Italien. Noch heute künden Ruinen arabischer Festungen in Süditalien von der Vorherrschaft muslimischer Fürsten. Auch als Normanen die Insel und Süditalien eroberten, blieb die Kultur weitgehend arabisch geprägt. Ein glänzendes Beispiel dieser Orientalisierung Europas ist die Cappella Palatina in Palermo mit ihren Gemälden im fatimidischen Stil. Vorübergehend beherrschten die sizilischen Normanen auch die Häfen Nordafrikas. Als sie durch Volksaufstände vertrieben waren, suchten die Herren Ifriqiya die Vorherrschaft der im fernen Kairo residierenden Fatamiden abzuschütteln. Aber den nach Westen gesandten Beduinen der Hilali- und der Solaim-Stämme hatte Tunesien wenig entgegenzusetzen. Von der Cyrenaika bis tief nach Algerien hin sanken die Städte und Dörfer in Schutt und Asche, und weithin wurde das Land zur Wüste. Es gelang nicht, den Schaden zu beheben, da eine Klimaschwankung den Regenfall verringert hatte. Die Sahara drang vielerorts bis an die Küste des Mittelmeeres vor.

Die Umbruchszeit des 11. und 12. Jahrhunderts

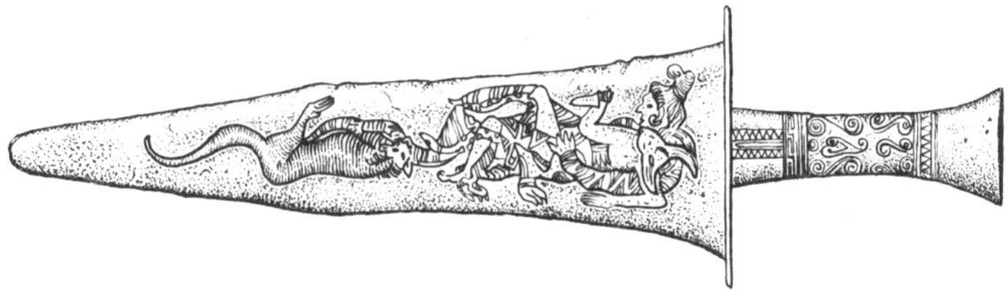

Wassermühle, Feudalismus und Rittertum

Die europäische Geschichtsschreibung trennt traditionell das Altertum vom Mittelalter durch die Epoche der Völkerwanderung. Sie sieht darin einen Haupteinschnitt der Weltgeschichte. Gewiß war dieser Westzug der Germanen, Alanen und Hunnen ein tiefer Eingriff in die Geschichte Europas, doch in Asien gab es derartige Nomadeneinfälle in schrecklicher Regelmäßigkeit nach jeweils wenigen Jahrhunderten. Weltweit war noch das 1. Jahrtausend u. Z. vom Dualismus der Steppennomaden und der Bauernstaaten geprägt, und es wiederholte sich der Zyklus Nomadensturm, Ansiedlung, Staatsbildung und neuer Nomadensturm. Es blieben wenige Möglichkeiten für eine Entwicklung, die über frühere Staatsbildungen hinausging.

Im 11. Jahrhundert kam eine neue soziale Struktur hinzu, die vom Bürgertum beherrschte Stadt Südeuropas. Es waren nicht die ersten Städte menschlicher Geschichte und bei weitem nicht die größten und bevölkerungsreichsten Städte Eurasiens. Als Karl der Große in Aachen mit etwa 5000 Bewohnern lebte, zählte Byzanz schon 500000 Einwohner, Bagdad zwischen 700000 und 800000 und Ch'ang-an weit über eine Million. Asiens Städte waren die Zentren der Gesellschaft, in denen die Grundherren lebten, die Staatsführung residierte und die Großhändler mit den Grundherren, oft auch mit den Beamten identisch waren.

In Westeuropa war eine andere Gesellschaftsordnung im Entstehen, der Feudalismus. Die Oberschicht der in Gallien, Spanien und am Rhein ansässig gewordenen Germanen, Awaren, Alanen und Hunnen war zu einem grundbesitzenden Adel geworden, der das Besitzmonopol am Boden beanspruchte. Er schloß die eigentlichen Produzenten vom Grundeigentum aus und residierte auf seinen Besitzungen. Im Schutz von Bischofssitzen und Residenzen entstanden Siedlungen, in denen Handwerker und Händler ansässig wurden, und der Fernhandel seine Stützen hatte.

Die Zentren des Fernhandels in Europa waren seit dem 10. Jahrhundert die Städte Ostspaniens und Italiens, in denen die Handelsgeschlechter bald zur führenden Schicht aufstiegen. Sie erinnern in ihrer Struktur an die Städte der Phönizier und Griechen. Aber sie übernahmen neue Techniken, die im Orient erfunden, jedoch nicht konsequent angewandt worden waren, in erster Linie die Wassermühle als Antriebskraft im Handwerk. Die neuen Techniken revolutionierten die Produktion und lieferten besseren Stahl, feineres Messing, gute Bronze, reines Papier und verarbeiteten Zucker. Die Nahrungsmittelverarbeitung wurde durch die Wassermühle zur Warenproduktion. Gewinne aus dem Transithandel und dem Export ließen die Oberschicht der südeuropäischen Städte zu Reichtum gelangen, den sie teilweise in Landbesitz anlegten, so daß sie mit dem Grundbesitzeradel verschmolzen.

Der Adel Süd- und Westeuropas nutzte die neuen Techniken, wie die Herstellung besserer Stähle und reinerer Bronze, um die Schutzwaffen weiter zu entwikkeln. So entstanden die für das europäische Mittelalter charakteristischen schweren Ritterrüstungen. Sie bestanden in antiker Tradition aus großen Metallharnischen, die sich den Körperformen anpaßten und den Panzerreiter und sein Pferd nahezu starr einhüllten. Voraussetzungen dafür waren Gestellsattel und Steigbügel, sowie die Erschließung großer Eisenerzvorkommen samt ihrer Verarbeitung. Die Ritterrüstung war die Waffe des europäischen Feudalen. In Asien setzte sie sich gegen die Kettenhemden, Schuppen- oder Lamellenpanzer nicht durch.

Chitai und Turkmenen

Die Nomadenstämme gerieten im 10. Jahrhundert erneut in Bewegung. In den Oststeppen, in der heutigen Mandschurei, traten schon in der Hunnenzeit die Chitai (oder Chitan) auf, wahrscheinlich mongolische und paläoasiatische Stämme. Sie kamen im 8. Jahrhundert zur Staatsbildung (907). Ihre Dynastie nahm den Namen Liao an (937) und eroberte große Teile Nordchinas. In der Nähe der heutigen Landeshauptstadt Peking stand ihre Residenz, die Stadt Yu, von der aus sie eine eigenartige Gesellschaft aus chinesischen Bauern und mongolischen Nomaden regierten. Der Militärdienst blieb den Chitai vorbehalten. Jeder Angehörige des Herrenvolkes mußte vom 15. bis zum 50. Lebensjahr bereit sein, den Waffendienst zu leisten. Jeder Chitai hatte beim Aufruf zu Pferde anzutreten, je drei Reiter hatten vier Bogen, 200 Pfeile, Lanzen, Keulen, Äxte und Werkzeug mitzubringen. Sie hatten für Verpflegung, Pferdefutter und Pferdegeschirr zu sorgen, Metallfische dienten als Mobilisierungszeichen; goldene Fische riefen die Truppe zu den Waffen; silberne verlangten die Stellung von Pferden. Große Jagden im Herbst dienten als Manöver, an denen jeder Krieger teilzunehmen hatte. Die qualifizierten Werkstätten der Chinesen lieferten ausgezeichnete Rüstungen und Waffen.

Die gut geführten Reiterarmeen trieben die Kirgisen nach Westen an den Jenissei, schlugen die Tungusen und die Koreaner. Der Westzug der Kirgisen und die Kämpfe in den Nordsteppen ließen die Stämme Westsibiriens in Bewegung geraten. Am Altai nomadisierten die Qarluqen, die seit der Talas-Schlacht mit den islamischen Staaten in Verbindung standen. Die iranische Dynastie der Samaniden beherrschte bis zum Ende des 1. Jahrtausends u. Z. Mittelasien, die die Hauptlieferanten der Abbasiden für Militärsklaven war.

Bis hin zum Baikalsee wanderten Turkmenenstämme, die sich den Qarluqen unterordnen mußten. Ihre Chane nahmen den Titel »Schwarz«(Edle)-Chane an (840). 960 traten die westlichen Qarluqen zum Islam über und begannen mit der Eroberung Mittelasiens. Zu Beginn des neuen Jahrtausends war das Land Mittelasiens bis tief in den Iran hinein unter türkischer Herrschaft, unter dem Regime der Qarachaniden. An ihrem Machtgebiet vorbei stießen die Turkmenenstämme der Oghuzen südwärts vor. Die Oghuzen hatten im Dienst der Samaniden Söldnerdienste geleistet und militärische Erfahrungen gesammelt. Sie eroberten die nordiranischen Gebiete südlich der Steppen und bildeten um Merw das nach der neuen Herrscherfamilie genannte Sultanat der Seldschuken (1040–1141). Nach Westen ziehende Stämme und Seldschukenarmeen eroberten den Westiran, Irak, Syrien und schließlich auch Kleinasien.

Nach Osteuropa brachen ebenfalls neue Nomadenscharen ein. Als Petschenegen bezeichnete Oghuzenstämme griffen die an der Wolga sitzenden Chazaren an, einen selbständig gewordenen Teil der türkischen Kachanate. Vom Westen her drangen die Russen des Kiewer Staates vor. In diesem Zweifrontenkrieg gingen die Chazaren unter. Die Petschenegen stießen bis zur Donau vor und attackierten die Byzantiner (1091–1123 und 1171), bis sie zerschlagen wurden. Ihnen folgten die Torki, ebenfalls ein Zweig der Oghuzen, der im späten

Reiterkampf, beide Parteien haben Pferde vorausgehetzt, Miniatur aus einem zerschnittenen Manuskript der »Weltchronik« des Raschid ad-Din, Täbriz, 1305

Abführung von Gefangenen mit Halsgabeln, Miniatur aus der »Weltchronik« des Raschid ad-Din, Täbriz, 1305

Verfolgungsjagd zwischen Nomadenreitern, Miniatur aus der »Weltchronik« des Raschid ad-Din, Täbriz, 1305

Mamelukische Feuerwerker, oben mit Asbestuniform, unten mit Raketen, aus einer Miniatur

Samurai im Kampf. Ausschnitt aus einem Triptychon von Utagawa Kuniyoshi (1797–1861). Das Triptychon beschreibt Szenen aus dem Kampf zwischen den Provinzherren von Kai und Echigo bei Kawanakajima (zwischen 1553 und 1564); links: Der hohe Samurai Usami Suruga no Kami (Gefolgsmann des Uesugi von Echigo); unten: Signatur des Künstlers und Zensorenmark; rechts: Der hohe Samurai Yamagata Saburohei (Gefolgsmann der Taketa von Kai)

11. Jahrhundert von den Byzantinern geschlagen und zwangsweise angesiedelt wurde (1064). Drei Jahre später, 1067, erschienen die Kumanen am Dnjepr. Sie wurden den Russen als Polovzer schrecklich, verdrängten weithin die russischen Bauern aus den Donsteppen und stießen schließlich nach Ungarn vor.

Der Seldschukenzug auf Jerusalem löste eine Folge von Asienzügen der europäischen Feudalen aus. Sie sollten insbesondere den italienischen Seestädten zugute kommen. Die sogenannten »Kreuzzüge« (1096–1270) führten zur Okkupation der syrisch-palästinensischen Küstenregion und 1204 auch zur Eroberung von Byzanz.

Beim Aufeinandertreffen der europäischen Ritter und der leichteren Kavallerie der Muslime, Araber und Türken, erwiesen sich die schweren Panzerreiter als überlegen. Aber die Militärkraft Europas reichte nur zur Eroberung der Küstenregionen. Am 3. und 4. Juli 1187 traf das Ritterherr der Kreuzfahrer, insgesamt 20000 Ritter und Fußsoldaten, bei Hittin auf die Armee eines kurdischen Sultans, des Aiyubiden Salah ad-Din. Der Sultan folgte der alten Reitertaktik. Seine leichten Kavallerieverbände schlossen die feindlichen Truppen ein, schnitten sie vom Wasser ab und steckten das Buschwerk in Brand, um die Sommerhitze noch schrecklicher werden zu lassen. Halb verdurstet kapitulierten die Fußsoldaten vor der Niederlage der Ritter. Die Araber wichen den Angriffen der Ritter aus und überschütteten die Feinde mit einem endlosen Pfeilhagel, bis die Königsstandarte fiel und die Ritter in Gefangenschaft gerieten. Schwere Panzerung sollte sich in Asien nicht durchsetzen.

Relativ selten wurden im islamischen Bereich waffentechnische Manuskripte angefertigt bzw. blieben solche erhalten. Ein für den Sultan Salah ad-Din während der Kämpfe gegen die Kreuzfahrer 1187 angefertigtes Manuskript (heute in Oxford) zeigt verschiedene Sonderformen, so ein Schild und eine Lanze mit eingearbeiteten Bögen, einen nur durch große Zahnradkonstruktionen zu spannenden Dreifachbogen und ein Katapult.

Schon Jahrzehnte zuvor waren die Herrschaftsverhältnisse in der Steppe erneut umgestoßen worden. Die tungusischen Dschurdschen hatten Nordchina erobert und die Chitai unterworfen bzw. nach Westen vertrieben (1122/1123). Im Siebenstromland formierten die Flüchtlinge einen neuen Staat, das Reich der Qarachitai. Dessen Reiterarmeen schlugen 1141 bei Buchara die Seldschukentruppen vernichtend. Die geschlagenen Seldschuken wurden von den Choresmien beherrschenden Kiptschaken verdrängt. Die Kiptschaken nahmen (nach 1156) die Stelle der Seldschuken ein, eroberten das Land vom Euphrat bis an den Syr-Darja und bildeten ein großes islamisches Turkmenenreich, das mit den in Nordchina dominierenden Dschurdschen Handelsbeziehungen unterhielt.

Die Dschurdschen kamen aus dem Raum am Amur und Sungari. Angriffe der Chitai und der Koreaner führten zum Aufbau einer Armee, die einen kampfkräftigen Staat formierte. Ihr Führer, Ugunaj (1021–1074), proklamierte das Reich der »Gold«dynastie, der »Chin«, um die Reinheit und Ewigkeit des neuen Staates zu verkünden.

Im Jahre 1114 begann der Fürst Aguda den Eroberungskrieg gegen die Chitai. Er war ein Abenteurer, der, als er auszog, nur 2500 Reiter zur Verfügung hatte. Aber dem Erfolgreichen schlossen sich bald Tausende an, und nach dem ersten Sieg über eine Armee der Liao folgten ihm auch die Oststämme des Chitai-Staates. Aguda nahm den Kaisertitel an und wandte sich mit seinen Reiterarmeen gegen das chinesische Reich der Sung, einen mächtigen Staat von über 50 Millionen Menschen, der sich aber in tiefen sozialen Krisen befand.

Die Armeen der Sung und der Chin im Einsatz

Das Reich der Sung-Dynastie (960–1279) repräsentiert eine der großen Perioden chinesischer Tradition. Zu den großen Leistungen der Zeit gehörte die Erschließung vieler Millionen Hektar Land durch Bewässerungsanlagen in Südchina. Dies gelang trotz schwerer Katastrophen im Hoanghotal, in dem der nördliche Hauptstrom nahezu alljährliche Flutwellen über das Land ausschüttete und nicht weniger als fünfmal seinen Unterlauf änderte. Im Zusammenbruch der Han kamen von rund 60 Millionen Menschen 48 Millionen um. Dann nahm die Bevölkerung in den folgenden Friedenszeiten erneut zu, bis in neuen Kriegen wieder zwischen 50 bis 60 Prozent von ihnen starben. Unter den Sung erhöhte sich die Bevölkerungszahl noch einmal auf 50 Millionen, und der Reisanbau wurde mit der Zuckerraffinerie zur Nahrungsbasis der Menschen.

Schild mit eingearbeitetem Bogen, der durch ein mit Stahlplättchen verschließbares Loch im Schild Pfeile verschoß, Zeichnung in einem Manuskript für den Sultan Salah ad-Din, 1187

Die wachsenden Transportaufgaben ließen in Schensi und Kiangsi erneut den Schiffsbau ansteigen, der bald auch militärische Bedeutung erhalten sollte. Die Armee war wenig geachtet und stand hinter der zivilen Administration zurück. Nur die Garde der Hauptstadt genoß einen besseren Ruf. Die Mehrheit der Truppen wurde auf Bezirksebene einberufen oder angeworben. Oft steckte man Arme und Heimatlose auf Lebenszeit in die Armee, die auf diese Weise um 1045 zwar 1,25 Millionen Mann zählte, aber von geringem Kampfwert war.

Die Grundbesitzer stellten Privatarmeen auf, um die Bauern niederzuhalten. Nur schwer konnten sie der immer wieder ausbrechenden Aufstände Herr werden. Daher war der Sung-Staat schon früh gezwungen, den wesentlich bevölkerungsärmeren Staaten der Liao und auch der Tanguten, dem Kaiserreich Hsi-Hsia, Tribute zu zahlen, die letztlich billiger waren als die andernfalls erforderliche Kriegführung.

Kunst, Kultur und Handwerk blühten, doch die Verteidigungsfähigkeit nahm ab. So war für die 1114 zur Reichsbildung kommenden tungusischen Dschurdschen der Krieg gegen die Sung erfolgversprechend. Nach der Zerschlagung der Liao wandten sie sich gegen die Sung, schlugen deren Truppen und nahmen selbst den Kaiser Hüe-Tsung gefangen. Das Land nördlich des Hoangho war bald besetzt, und nur der aufbrechende Partisanenkampf der chinesischen Bauern hielt die Eroberer zeitweise auf. 1129 überschritten die Armeen der Chin den Yangtse und verjagten die Sung-Fürsten auf die Inseln vor der Küste.

Doch hatten sich die Reiterarmeen zu weit vorgewagt, die Bauern erhoben sich, bildeten regelrechte Armeen, und loyale Regierungstruppen ereilten die zurückflutenden Reitergeschwader beim Übergang über den Jangtse nach Norden. Wesentlich für diesen Sieg, der den Sung die Herrschaft über Südchina zurückgab, war der Einsatz von Radpaddelschiffen mit Wurfgeschützen, die Gas- und Explosivbomben schleuderten. Die Schiffe wurden ähnlich den europäischen Raddampfern der Neuzeit durch außenbords angebrachte Paddelräder angetrieben. Im Schiffsrumpf stehende Treträder mit menschlichem Antrieb dienten ihrer Bewegung. Den Reitern der Nordsteppen müssen diese Schiffe ohne sichtbaren Antrieb, ohne Segel und ohne Ruderer wie von Dämonen bewegt erschienen sein. Dazu kam der Einsatz von Kampfgasen.

Stoßlanze mit angearbeitetem Bogen, Zeichnung in einem Manuskript für den Sultan Salah ad-Din, 1187

Radpaddelschiffe sollen (n. Needham, 1971, S. 416) Jahrhunderte zuvor erfunden worden sein, also bereits vor der Tang-Zeit. Aber die Flotte war in China zumeist von sekundärer Bedeutung. Die Hauptgefahr bildeten die Reitergeschwader des Nordens, gegen die die »Große Mauer« und ihre Wachtruppen schützen sollten.

Nach dem Verlust der Hauptstadt Kai-feng-fu und Nordchinas diente der Yangtse als »Große Mauer«, und die Kriegsschiffe traten an die Stelle der Türme. Die Marine wurde zur wichtigsten Grenztruppe. Die »Fliegenden Achtblatt-Paddelräder« führte der Sung-General Han-Shih-Chung zum Sieg (1130). Zwei Jahre später schrieb Wang Yen-Hui (n. Needham, 1971, S. 418): »Um die Tausendmeilen-Zone südlich des Großen Flusses zu verteidigen, ist es erforderlich, Kriegsschiffe zu besitzen, um die Reiter aus den Nordsteppen aufzuhalten, muß man Fahrzeuge haben ... Schiffe und Fahrzeuge sind am besten, wenn sie leicht und schnell sind ... Ich habe ein (›Kriegsschiff‹) ›Fliegender Tiger‹ mit vier Rädern auf jeder Seite entworfen. Jedes Rad hat acht Blätter und wird von vier Mann angetrieben. Dieses Schiff kann am Tag 1000 Li zurücklegen (1 Li sind etwa 500 Meter – B.B.).«

Der neue Schiffstyp wurde nicht nur gegen den äußeren Feind eingesetzt. Den Tungting-See im Herzen des Sung-Staates beherrschten Flotten aufständischer Bauern, die einer egalitären Sekte angehörten und die sich gegen Beamte, Grundherren und Klöster wandten. Kao Hsüan, der die Radpaddelflotte für den »Gelben Fluß« entworfen hatte, baute neue Typen dieser Schiffe mit 20 bis 23 Rädern und 200 bis 300 Mann Besatzung. Mit ihnen wurde der Aufstand am Tungting-See niedergeworfen.

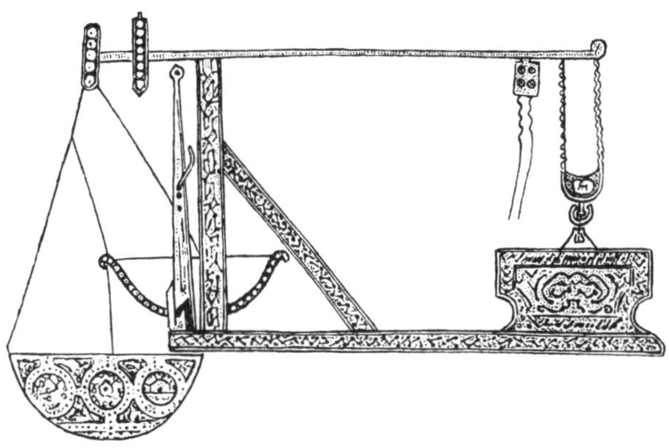

Dreifachbogen mit mechanischem Aufzug, Belagerungsgeschütz, Zeichnungen in einem Manuskript für Sultan Salah ad-Din, 1187

Katapult, Belagerungsgeschütz, Zeichnung in einem Manuskript für Salah ad-Din, 1187

Chinesisches Kriegsschiff der Sung (um 1135). Ein Radpaddelschiff mit Wurfgeschützen, Bannerinschrift: »Unterstützt die Sung, zerstört die Chin«

Bald danach strandete eine Regierungsflotte mit 28 Hochseedschunken und zwei Radpaddelschiffen bei Ebbe und fiel samt dem sie begleitenden Chefkonstrukteur Kao Hsüan in die Hände der Rebellen. Im Ting Li I Men, einem zeitgenössischen Dokument (n. Needham, 1971, S. 420), heißt es: »So gewannen die Piraten die Konstruktion des Paddelradschiffes und zugleich den Chefkonstrukteur. Er baute für Yang Yao ein großes Schiff des Hochow-Stils mit mehreren Decks und 24 Rädern und für Yang Chhin ein Ta-tê-shan mit 22 Rädern ... Nach zwei Monaten hatten die Piraten-Basen über zehn mehrdeckige Räderschiffe, die stärker und besser konstruiert waren« (als die Regierungsschiffe – B. B.).

Li Kuei Nien schrieb in jener Zeit: »In den Paddelradschiffen waren Männer vor und hinter den Tretpedalen aufgestellt, so daß die Schiffe vor- und zurückfahren konnten. Die Schiffe hatten Namen wie Ta-tê-shan, Hsiao-tê-shan, Wang-san-chou und Hun-chiang-lung. Sie hatten zwei oder drei Decks und einige konnten über 1000 Mann tragen. Sie waren mit ›Greif-Eisen‹ ausgerüstet, die wie große Maste über 30 Meter hoch waren. Große Felsblöcke wurden mit Flaschenzügen an ihre Spitze gezogen, und wenn ein Regierungsschiff in die Nähe kam, wurde der Felsen auf es abstürzen gelassen.« Die Rebellenflotte, die zeitweise über mehrere hundert Radpaddelschiffe verfügte, war mit Rammspornen versehen.

Das Lao Hsüeh An Pi Chi, geschrieben um 1190, berichtet (n. Needham, 1971, S. 420): »Gegen das Paddelrad-Kriegsschiff des Yang Yao setzten die Regierungssoldaten ›Kalkbomben‹ ein, die von Katapulten verschossen wurden. Dies waren sehr dünnwandige Keramikbehälter mit giftigen Drogen (oder Arsenik), Kalk und Eisenbruch (wie auch Schießpulver – B.B.). Wurden diese Bomben im Kampf auf die Rebellenschiffe geschleudert, entstand Qualm und Nebel, so daß deren Seeleute die

Augen nicht öffnen konnten. Die Rebellen suchten diese Bomben zu kopieren, konnten jedoch die entsprechenden Behälter nicht nachbauen oder erhalten. So erlitten sie hohe Verluste.

Die kaiserliche Flotte baute die Rebellenschiffe nach, machte sie jedoch größer; bis 120 m lang und 13 m breit, mit (Masten von) 22 m Höhe. Aber sie konnten kaum noch eingesetzt werden, da die Infanterie des Yo Fei die Rebellion niederwarf. Jedoch später, als Wan-yen Liang seine Invasion begann, waren sie noch einsetzbar und taten gute Dienste.«

Yo Fei hatte die Rebellenflotte in eine Seebucht gelockt, deren Wasser er zuvor mit Treibholz hatte abdekken lassen. Hierin verfingen sich die Paddelräder und die bewegungsunfähigen Schiffe konnten geentert und genommen werden.

In der Ch'u-an-chou-Bucht am Fukienbusen, einem ehemaligen Haupthafen der Sung-Zeit, fand sich ein Handelsschiff der Sung, das die Grundzüge der Karracken Europas um 200 Jahre vorausnahm. Es war 34,6 Meter lang, 9,8 Meter breit und hatte drei Meter Tiefgang. Es dürfe fast 400 Tonnen Tragfähigkeit besessen haben und hatte einen echten Kiel, einen spitzen Bug und einen rechteckigen Stern mit einem Sternruder.

Im Jahre 1161 fielen die Dschurdschen erneut in den Sung-Staat ein. Aber bei Tshai-shik siegten die Radpaddelflotten erneut, diesmal auch durch den Einsatz von Schießpulverwaffen, wiederum Bomben, die von Katapulten abgeschossen wurden. Der Versuch der Chin-Armee, den Yangtse zu überschreiten, schlug fehl. Der Chin-Kaiser Wang-yen Liang wurde als der Schuldige an der Niederlage vom eigenen Stab erschlagen, und die Armee flutete zurück. Die Radpaddelflotte fand nun volle Unterstützung durch die Sung-Regierung, und auch zum Küstenschutz entstanden derartige Schiffe in mehreren Typen.

Der Gebrauch von Schießpulver und Giftgasen war in China schon vor den Sung bekannt. Aus der späten Tang-Zeit stammt ein taoistisches Werk, das vor dem Abbrennen von Pulver warnt, da derartige Mischungen einigen Herstellern die Bärte versengt und selbst Häuser verbrannt hätten. Bereits in der Han-Zeit wurden Büchereien ausgeräuchert, um Insekten zu vernichten.

Salpeter spielte in den ausgedehnten Versuchen chinesischer Gelehrter der Sui- oder Tang-Zeit eine Rolle, so in der Metallbearbeitung, zur Herstellung purpurner

Chinesisches Radpaddelschiff, Illustration im Thu Shu Chi Chhing, einer Enzyklopädie von 1726

Flammen bei Feiern und beim Versuch, Minerale aufzulösen. Der Alchemist Sun Szu-Mo (581–672) überlieferte ein Rezept, nach dem Schwefel, Salpeter und Kohlenstoff zu mischen waren. Chao-Nai-An, der um 808 ein Werk über technische Versuche verfaßte, beschrieb eine Vorform des Schießpulvers, das in Flammenwerfern anzuwenden sei. Es sollte aus Schwefel, Salpeter und trokkenen Sträuchern gefertigt werden.

Um 850 werden im Buch Chèn Yüan Mao Yao Lüeh 35 »gefährliche Formeln« beschrieben. So würden Alchemisten u.a. Schwefel und Arseniksulphit, Salpeter und Honig erhitzen und hätten dabei schon Brandkatastrophen ausgelöst. Im Jahre 919 wurde Schießpulver in Flammenwerfern verwendet. Sie bestanden aus Kupferkesseln mit Kolbenpumpen, die Erdöl über Zündpfannen bliesen und so Flammenstöße auslösten. Solche Flammenwerfer wurden von chinesischen Schiffen anscheinend bereits im 5. und 6. Jahrhundert benutzt und waren vermutlich das Vorbild der byzantinischen Geheimwaffe, des »Griechischen Feuers«. Um 1000 war der Einsatz von Schießpulver in Granaten und Bomben üblich. Daneben benutzte man bereits 1044 Erdölbrandsätze. Vorwiegend wurde das Schießpulver jedoch mit niedrigen Nitratanteilen hergestellt, um als Raketentreibstoff zu dienen. Sogenannte »Feuerlanzen« aus Bambusrohr waren seit 950 im Einsatz, wobei Pulver als Treibsatz für Speere diente (»Feuerlanzen« verwendeten südchinesische Piraten noch Anfang des 20. Jahrhunderts).

Die ersten Feuerwaffen mit nichtexplosiven Treibladungen und damit auch die späteren Geschütze mit Pulvertreibladungen dürften auf die Blasrohre zurückgehen, die die Chinesen auf ihren Seefahrten nach Südostchina kennenlernten.

Die Armee der späten Sung montierte bereits Bambusrohre bis zu 30 Zentimeter Rohrdurchmesser auf Rädern und verschoß daraus sowohl Flammen wie auch Geschosse, die man in das Pulver gepackt hatte. Bald wurde der Bambus durch Metallrohre ersetzt. Den Sung gelang auch der Einsatz von Bambusraketen mit Treibsätzen, die frei flogen und Feuer in die Reihen der Feinde trugen. Erste Explosivwaffen kamen anscheinend im frühen 11. Jahrhundert auf. Pfeile wurden mit einer mit fast 150 Gramm Pulver versehenen Ladung abgeschossen. Bei der Verteidigung von Wizhou im Jahre 1221 sollen an einem Tag 17000 dieser Pfeile abgeschossen worden sein.

Mit Schießpulver gefüllte Raketen dienten im 12. Jahrhundert dem Hof der Sung als Feuerwerkskörper bei Festen. Arabische Autoren berichten 1280 von Waffen, die neuere Historiker als Torpedos gedeutet haben.

Die Dschurdschen suchten die Gefahr der Sinisierung zu vermeiden, herrschten doch nur 6 Millionen Angehörige der Nordvölker über 53 Millionen Chinesen. Die Sung regierten über weitere 30 Millionen Chinesen. Die Dschurdschenarmee blieb eine Reiterarmee, formiert aus den Aufgeboten der Nomadenstämme. Zwei Fünftel waren Panzerreiter, die übrigen dienten als leichte Kavallerie. Die Erfahrungen der Kriege mit den Sung führten zum Aufbau technischer Einheiten aus Chinesen, die die Raketen, die Gas- und Sprengbomben und die Wurfgeschütze zu bedienen hatten.

Die Hsi-Hsia-Dynastie der Tanguten leitete ihre Machtansprüche auf die Toba-Kaiser zurück. Die Nordsteppen bewohnte eine Vielzahl mongolischer und türkischer Nomadenstämme. Am oberen Kerulen lebten die Mangchol (die Mongolen), östlich des Kerulen die Ta-tar und südlich ihrer Gebiete die Onggut. Bis zum Baikal hin geboten die Merkit und am oberen Orchon sowie an der Selenga die Kerait. Westlich der Selenga folgten die Naiman, und am Jenissei saßen die Kirgisen. Westlich des Baikalsees nomadisierten die Sippen der Oiraten.

Die Diplomaten der »Gold«kaiser der Dschurdschen folgten wie die Liao der traditionellen Politik chinesischer Regierungen, die darin bestand, Nomaden gegeneinander kämpfen zu lassen. Die Liao hetzten die Ta-tar auf die Mangchol, als diese zu Beginn des 11. Jahrhundert eine Gefahr zu werden drohten. Die Chin hingegen ließen die Ta-tar durch die Kerait bekämpfen. Mit den Kerait zog eine kleine Schar der Mangchol, die in diesem Kampf Kriegserfahrungen sammelte. Ihr Führer Temüdschin sollte bald als Dschingis-Chan, der Herr der Mongolen, die Welt in Angst und Schrecken versetzen.

Das Weltreich der Nomaden

(13.–14. Jahrhundert)

Die »Geheime Geschichte der Mongolen«

Im 13. Jahrhundert befand sich die Macht der Nomaden auf ihrem Höhepunkt. Von Korea bis an die Oder geboten die Reiter der Mongolen. Japan blieb im Schutz der Meere und seiner Samurai frei von ihnen, und der vorzeitige Tod eines Großchans bewahrte Westeuropa vor dem weiteren Vordringen der Mongolen, die schon an der Oder, vor Prag und in Kärnten standen. Batu-Chan rief seine Scharen zurück in die Wolgasteppen.

Europa blieb westlich der Oder frei von der Herrschaft der Mongolen, ohne selbst etwas dazu getan zu haben. Es sollte sogar großen Gewinn daraus ziehen, da einerseits die orientalische Konkurrenz schwer unter den Mongolen litt, da viele Millionen Menschen umgekommen waren, viele Städte in Ruinen lagen und die alten Produktions- und Exportzentren zerstört worden waren. Andererseits öffnete die Mongolenherrschaft Händlern und Missionaren die Wege bis nach China hin. Die Berichte der Sendboten des Papstes wie der Kaufleute und Abenteurer konfrontierten Europa mit dem Reichtum und der Technologie Asiens. Als wenige Jahrzehnte später die »pax mongolica« zusammenbrach, blieben diese Berichte über den Glanz Asiens im Gedächtnis europäischer Unternehmer und Fürsten. Sie waren schließlich Anregung für die Seefahrer der »Entdekkerzeit, für die Portugiesen, die Afrika umsegelten, und für die Abenteurer im spanischen Dienst, die Kolumbus folgend Amerika entdeckten, als sie den Seeweg nach Ostasien suchten.

Das größte Nomadenreich der Geschichte war das einzige, das eine Selbstdarstellung seines Aufstiegs hinterließ. 1240 auf der Insel Kode in der Mongolei abgefaßt, blieb sie bewahrt, weil in China nach der Vertreibung der Mongolen diese Darstellung gedruckt wurde, um den leitenden Beamten folgender Generation als lehrhaftes Beispiel zu dienen. In Auftrag gegeben hatte sie Ögödei, der zweite Großchan der Mongolen, der sie auf einem Kuriltai (Adelsrat) am Kerulen vorlegte. Sie läßt darauf schließen, daß die Mongolen ursprünglich aus dem Waldland gekommen und erst in den Waldsteppen am Kerulen zu Viehzuchtnomaden geworden waren. Der Hauptteil schildert das Elend des jungen Temüdschin, dessen Familie in Stammeskriegen vollends verarmt war. Als Bandenführer und schließlich Söldner-

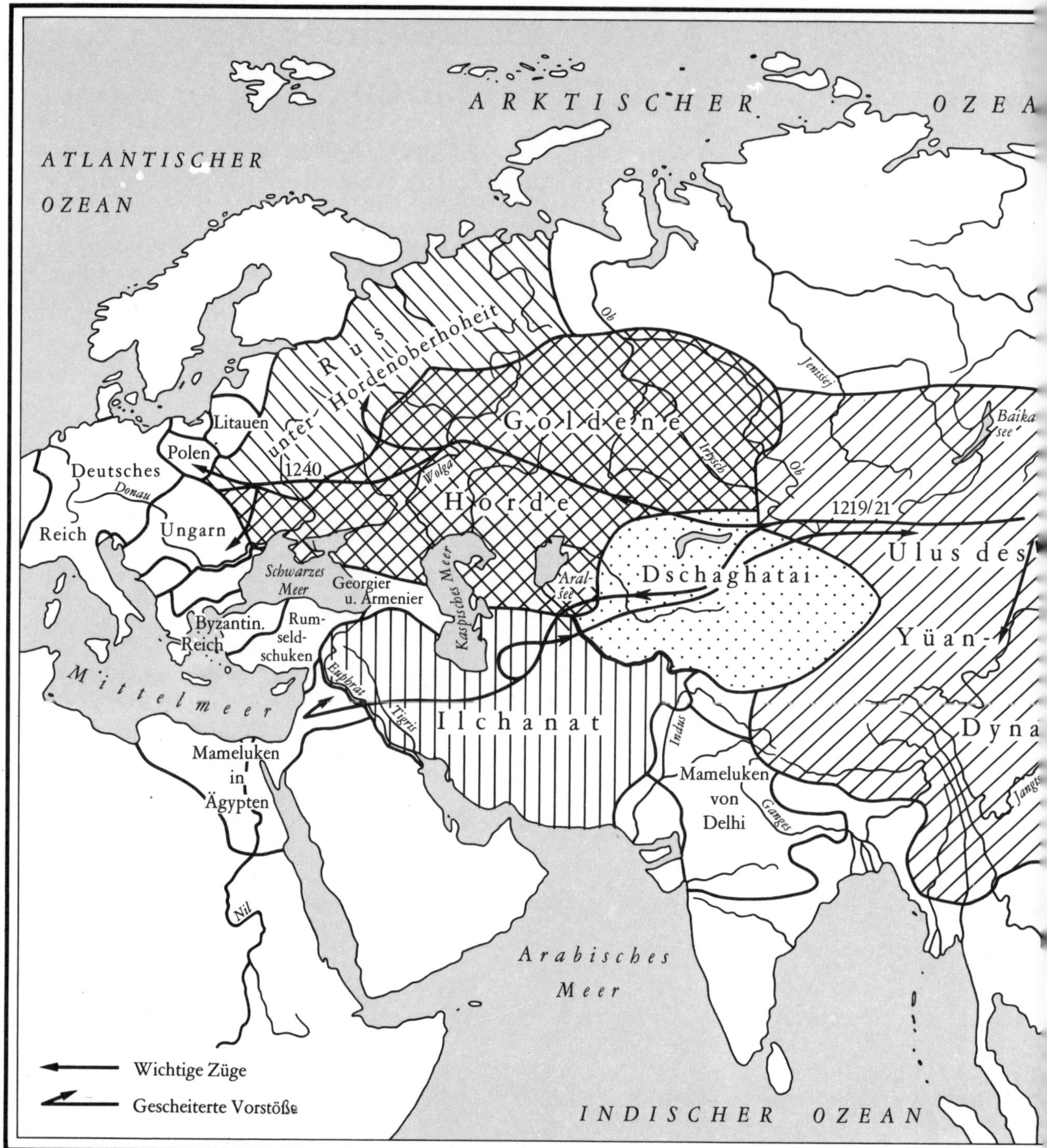
ARKTISCHER OZEA
ATLANTISCHER OZEAN
Rus unter Hordenoberhoheit
Ob
Jenissej
Litauen
Goldene Horde
Baikalsee
Polen
Deutsches Reich
Donau
1240
Wolga
Irtysch
Ob
1219/21
Ungarn
Ulus des
Schwarzes Meer
Georgier u. Armenier
Kaspisches Meer
Aralsee
Dschaghatai
Byzantin. Reich
Rumseldschuken
Yüan-
Mittelmeer
Euphrat
Tigris
Ilchanat
Indus
Dyna
Mameluken in Ägypten
Mameluken von Delhi
Ganges
Jangtse
Nil
Arabisches Meer
Wichtige Züge
Gescheiterte Vorstöße
INDISCHER OZEAN

Eurasien unter den Mongolen

offizier erwarb er militärische Erfahrungen und schwang sich in blutigen Kriegen zum absoluten Herrn der Steppenvölker auf.

Ein Kuriltai an den Ononquellen (1206) rief Temüdschin zum Dschingis-Chan aus und organisierte die Nomaden nach dem Zehnersystem des chinesischen Militärs. Hundert- und Tausendschaften bildeten die Grundstruktur des Staates. Sie wurden in Tumen, Zehntausendschaften, zusammengefaßt. Einer dieser Tumen bildete die Leibgarde des Kachans, die den Weltenherrscher und den Staatsschatz zu schützen hatte.

Mit harter Hand einigte der Mangcholführer die Steppenvölker östlich des Altai und übertrug auf sie alle den in Europa als Mongolen bekannten Stammesnamen. 1209 zwang er die Tanguten zum Anschluß, und zwei Jahre später stieß er in das »Gold«reich vor. Die von den Dschurdschen unterdrückten Chitai und andere Nomadengruppen gingen zu den Angreifern über. Schließlich endete Peking 1215 in einem bisher beispiellosen Massaker.

Vor den rauchenden Trümmern Pekings mit Hunderttausenden Leichen empfing Dschingis-Chan die Boten des Kiptschakensultans Mohammed Ala ud-Din, des Herrn des Islam vom Euphrat bis zum Syr-Darja. Er wollte den Schrecken nach Choresmien tragen; eine Absicht, die ihm voll gelingen sollte. Die Turkmenen hatten sich kurze Zeit zuvor nördlich der Alaiberge ein Gefecht mit einer mongolischen Streifschar geliefert. Die Mongolen hatten fliehende Merkit zu verfolgen und gerieten in Gebiete, die die Choresmier als ihr Territorium betrachteten. Der Kampf hatte bis zum Abend keine Entscheidung gefunden, und in der Nacht waren die Mongolen abgezogen, da sie nur Befehl zum Kampf gegen die Merkit hatten, den Krieg mit den Choresmiern aber vermeiden sollten.

1213 griffen die Mongolen in die Machtkämpfe unter den Qarachitai ein und schlossen das Gebiet dem Mongolenreich an. Dadurch wurden sie direkte Nachbarn der Choresmier. Im Jahre 1218 provozierte der Grenzkommandeur der Choresmier in Otrar die Mongolen, indem er die aus den Steppen zurückkehrende Bucharenkarawane niedermachen und ausrauben ließ. Ein Jahr später stieß der Kachan mit rund 200 000 Mann auf Otrar vor. Darunter waren 10 000 chinesische Belagerungsingenieure, die Wurfgeschütze, Flammenwerfer, Minen und Geschütze ins Feld führten.

Tatarisch-mongolische Pfeilspitzen (kleine Auswahl), 12. bis 13. Jahrhundert

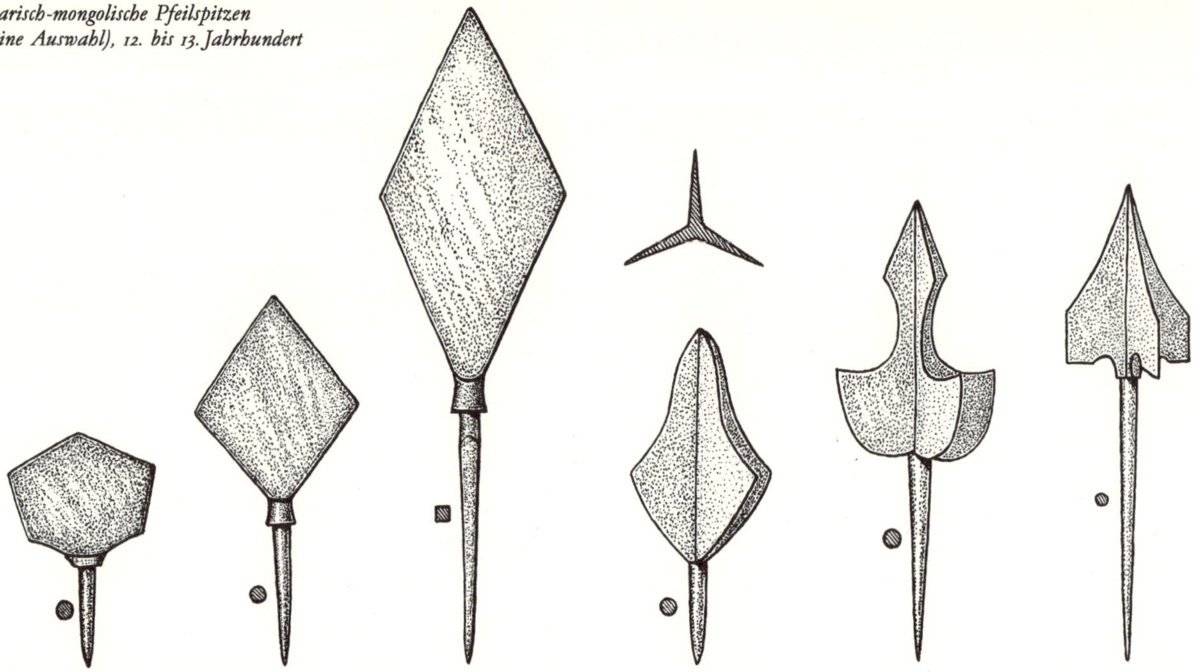

Die Turkmenen waren mit ungefähr 300 000 Mann weit überlegen, vermieden aber die offene Feldschlacht. Sie verteilten ihre Truppen auf die Städte, die einzeln belagert und gebrochen wurden. Die Mongolen mordeten sich von Otrar bis in den Nordiran vor. Etwa sechs Millionen Menschen starben in den Ruinen ihrer Städte (1219–1221). Tausende Dörfer und viele Großstädte gingen unter, darunter Samarkand, Herat, Ghazna, Rayy und Qazwin.

Langsam zog Dschingis-Chan mit der Hauptarmee nach Zentralasien zurück. Eine Marschgruppe von zwei Tumen, rund 20 000 Reiter, ritt durch den Iran, schlug die Armenier und Georgier, überschritt den Kaukasus und traf an der Kalka auf das Heer der Russen und Kumanen. Die Koalitionsarmee wurde am 16. Juni 1223 vernichtet, und Osteuropa lag den Siegern zu Füßen. Doch die Mongolen kehrten durch die Wolgasteppen und Westsibirien in die Mongolei zurück. Sie hatten nur eine bewaffnete Aufklärungsexpedition unternommen.

Dschingis-Chan teilte sein Reich unter die vier Söhne in Ulusse auf. Westlich des Irtysch herrschten die Söhne Dschotschis, der vor seinem Vater gestorben war. Die Region nördlich des Amu-Darja erhielt Dschaghatai. Die Mongolei fiel an Ögödai, den Nachfolger Dschingis-Chans seit 1229. Das Kernland am Kerulen, der Staatsschatz und die Garden gingen an den jüngsten Sohn Tolui. Unter Ögödei setzte sich der Siegeszug der Mongolen fort. Im Jahre 1231 fielen sie in Korea ein und griffen im Bund mit den Sung die Dschurdschen an.

Erbittert wurde Kai-feng-fu, die neue Hauptstadt der Chin, verteidigt. Die Dschurdschen setzten den »himmelerschütternden Donner« (Sprengminen) und eiserne Kanonen ein. Pai Pien beschrieb im Jahre 1581 eine eiserne Kanone auf den Wällen von Si-ngan, die 1232 von den Kin gegen die Mongolen eingesetzt worden sei. Sprengladungen dienten um 1250 zur Zerstörung von Toren und Mauern.

Als der Krieg gegen die Chin zu Ende war, erhielt Batu-Chan, der Führer der Dschotschifamilie, aus jedem Ulus ein Fünftel der einsetzbaren Krieger, 30 000 Mongolen und 70 000 Türken, um den Westen zu erobern. Mit allen Mitteln chinesischer Kriegstechnik ausgestattet, zogen die Armeen westwärts. Als erste erlagen ihnen die Kumanen, die aus den Wolga- und Donsteppen vertrieben wurden und zu den Ungarn flohen. Susdal, Wladimir, Rjasan, Jaroslawl, Twer und Rostow fielen und gingen in Flammen auf. Eine Flankenschutzarmee vernichtete das Reich der Wolgabulgaren. 1240 wurde Kiew erstürmt und versank in Schutt und Asche. Die Mongolen zogen weiter; ihr Ziel war Ungarn, das zum Sitz eines mongolischen Westreiches werden sollte. Um ein Abschneiden der Truppen durch Angriffe von den Flanken her zu vermeiden, zogen Teilheere gegen die Litauer nach Nordosten und gegen die Polen im Westen, während die Hauptarmee sich gegen die Ungarn wandte. Eine Teiltruppe schlug die Donaubulgaren.

Die Litauer wurden niedergeworfen und die polnische Armee bei Chmelnik besiegt. Dann erlitten die Polen noch eine vernichtende Niederlage 1241 auf der Walstatt bei Liegnitz. Der mongolische General Qaidu zog mit 30 000 Reitern gegen Wrocław (Breslau) und stieß auf das zahlenmäßig überlegene Aufgebot der Polen, dem nur ein kleines deutsches Ritterheer, bewaffnete Städter und ein Aufgebot schlesischer Bergknappen zur Seite standen. Es war das erste Zusammentreffen mongolischer Krieger mit den europäischen Rittern in ihren schweren Harnischen. Schreckensvoll berichteten die wenigen Überlebenden, daß über die Mongolenscharen feuerspeiende Drachen geflogen seien. Vermutlich handelte es sich um mit chinesischen Feuerwerkskörpern ausgestattete Feldzeichen. Möglicherweise setzten die Mongolen desgleichen Raketen und Gasgranaten ein, da sie chinesische Kampfingenieure bei sich hatten. Die verbündeten Polen und Deutschen erlagen den Mongolen und über 30 000 Erschlagene blieben auf der Walstatt. Die Städte und Dörfer Polens einschließlich Wrocławs gingen in Flammen auf. Nur die Zitadelle Wrocławs konnte erfolgreich verteidigt werden.

Die Böhmen, die mit 30 000 Reitern westlich der Oder standen, flohen nach Westen, und Qaidu folgte seinem Kampfauftrag. Er zog über Prag nach Ungarn. Das ungarische Heer hatte sich bei Mohi hinter Palisaden verschanzt, doch brennendes Erdöl und Raketen besiegten auch diese Armee. Buda und Pest ergaben sich, und die Mongolen stürmten bis nach Belgrad. Als Herr Europas war Prinz Schaiban auserkoren. Er ließ Münzen schlagen und seine Reiter bereits in Kärnten streifen und Böhmen angreifen. Da wurde das Unternehmen abgebrochen, obwohl keine europäische Armee sich den Angreifern entgegenstellte.

Bronzekanone der Mongolenzeit

In Karakorum war der mit Batu-Chan befreundete Großchan Ögödei 1241 gestorben, und der voraussichtliche Nachfolger Güyük war sein Feind. So zog es Batu vor, sich zu dem Gros seiner Stämme an die Wolga zurückzuziehen. Er wollte nicht in der Fremde von Entscheidungen in Karakorum überrascht werden. In der Tat machte Güyük nach seiner Regierungsübernahme (1246) mobil und zog gen Westen. Bevor es jedoch zum Kampf kam, starb er 1248, vermutlich durch Gift.

Militärbarke des 16. Jahrhunderts mit »Seeminen und (vasenförmigen) Handfeuerwaffen«, aus dem Wu Pei Chih Shing (nach einer Kopie in der Universitätsbibliothek Cambridge aus dem Jahre 1843)

Die nun erbberechtigten Söhne Toluis gerieten untereinander in Streit, so daß Batu ungestört das Wolgagebiet zum Staat der »Goldenen Horde« ausbauen konnte. Sein Bruder Berke erzwang 1251 die Wahl des ihm und Batu genehmen Möngke, der sich auf die »Goldene Horde« stützen konnte, als er die Macht der Zentralregierung wieder festigte. Seine zwei Brüder Kubilai-Chan und Hülägü, die auch Ansprüche auf den Thron hätten erheben können, fand er damit ab, daß er ihnen Heere zur Verfügung stellte, um sich selbst Reiche zu erobern.

Hülägü besetzte den Iran und nahm Bagdad ein, vor dessen Trümmern der letzte Abbasidenkalif ermordet wurde. 900 000 Menschen sollen mit ihm 1258 umgekommen sein. Von Maragha in Aserbaidshan aus regierte er als Il-Chan Vorderasien. Die Armenier, Georgier und Seldschuken Kleinasiens wurden zum Anschluß gezwungen. Unterdessen hatten die Scharen Kubilai-Chans China in jahrelangen Kämpfen erobert, die 1275 mit der Übergabe der Sung-Hauptstadt Hang-chou endeten.

Seit 1264 residierte Kubilai-Chan in Peking, seither als Chanbalik (Stadt des Chans) bezeichnet. Er hatte 1271 seiner Dynastie den traditionsreichen Namen Yüan gegeben. Erstmals war ganz China in der Hand der Nomaden, die ihre Sprache aufgaben und zu Chinesen wurden. Die Yüan wurden zu einer chinesischen Dynastie, die auch die Oberhoheit über die anderen Teilreiche der Mongolen beanspruchte. Sie stieß bald auf die traditionellen Grenzen chinesischer Macht. Angriffe auf Burma, Annam (Nordvietnam), Tschampa (Südvietnam) und Kambodscha schlugen fehl. In Kambodscha bestand noch der Khmerstaat von Angkor, der mit dem kulturell indisierten Staat Tschampa in endlose Kämpfe verwikkelt war. Reliefs aus den Tempeln Angkors berichten vom Einsatz von Kampfelefanten, Streitwagen und Kavallerie, Infanterie sowie einer schlagkräftigen Armee.

Die Waffenschmiede der Fürstenhöfe Südostasiens waren wahre Meister ihres Faches und stellten Prunkwaffen für den Hof und die Palastwachen her. Bei den Malayen der Inseln und der malayischen Halbinsel bildete sich der Kult um den Kris, den Dolch mit geflammter Klinge und prunkvollem Griff, heraus, der noch in unseren Tagen nachwirkt.

Die unschlagbaren Japaner

Vernichtende Niederlagen erlitten die Mongolen im Kampf gegen Japan. Im Schutz seiner Insellage hatte es eine Gesellschaft unter der Herrschaft von Großgrundbesitzern entwickelt, in der der Krieg exklusives Recht einer Kriegerkaste, der Samurai, geworden war. Letztere waren zumeist besitzlos, also keine Feudalherren, dienten vielmehr den Fürsten als Leibgarden. Sie waren aus den Gefolgschaften der Häuptlinge entstanden. Neben ihnen gab es wie zuvor die allgemeinen Aufgebote aller Wehrfähigen.

Das älteste bekannte »Gesetz betreffend Heer und Wehr« Japans stammt aus dem Jahr 701. In diesem Gesetz spielen die Samurai noch keine Rolle. Es schrieb vor, daß aus jeder Hausgemeinschaft ein Soldat auf je drei Männer zwischen 20 und 60 Jahren zu stellen war. Der Soldat mußte vier Jahre dienen, davon ein Jahr als Rekrut in der Hauptstadt, danach drei Jahre in den Provinzen und an der Küste. Eine Palastgarde wurde gesondert aufgestellt.

Die japanische Armee setzte sich aus Fünfergruppen zusammen, die Go genannt wurden. Zwei Go bildeten eine Kwa, zu der sechs Lasttiere als Troß gehörten. Fünf Kwa stellten eine Tai dar, zwei Tai ein Ryo, zwei Ryo ein Ko, fünf Ko ein Qun-dan und fünf bis zehn Qun-dan ein Heer, ein Gun. Die Gesamtarmee bestand aus drei Gun. Sie führte Fahnen, Trommeln, Hörner und Flöten als Signalmittel mit.

Die schweren Waffen bestanden aus Katapulten und Mauerbrechern. Jeder Soldat besaß einen Bogen (mit zwei Ersatzsehnen), einen Köcher mit 50 Pfeilen und zwei Schwerter. Jede Kwa hatte Werkzeug und einen Kochkessel bei sich. Jede Tai verfügte über ein Katapult. Im Jahre 762 sollen erstmals Panzer eingeführt worden sein, die hauptsächlich die Kavalleristen trugen. Sie waren aus Leder mit Lacküberzug oder gelacktem Bambus gefertigt. Dazu kamen bei der schweren Kavallerie Stahlplatten oder ein Panzerhemd. Der Panzer war kompliziert zusammengesetzt und schloß auch eine Maske mit Kehlschutz ein. Die Farben der Waffenröcke gaben das Fürstenhaus an, zu dem der Kämpfer gehörte. Setzschilde und fahrbare Schutzschilde wurden eingesetzt. Die edelste Waffe war das Schwert, dessen Schmiede zum japanischen Adel zählten. Die Bogen waren sehr lang (zwei Meter) und bestanden aus Sandelholz oder Bambus. Sie verschossen 90 Zentimeter lange und einen Zentimeter starke Pfeile. Die Armbrust wurde schon im 7. Jahrhundert übernommen. Die Lanze glich einem Schwert auf einem Stab.

Die japanische Armee wurde 1273 auf eine schwere Probe gestellt. Von Korea aus wurden von der Yüan-Regierung unter Kubilai-Chan 40000 Mongolen auf 900 Schiffen gegen Kyushu geschickt. Aber ein Sturm vernichtete 300 Transportschiffe, wobei nahezu 20000 Mann ertranken. Die Forderung Kubilai-Chans, die Japaner sollten sich in Chanbalik entschuldigen, beantworteten diese mit der Hinrichtung des Überbringers der Botschaft.

Eine Riesenarmada wurde daraufhin zusammengezogen. 100000 Mann bestiegen in China 3500 Schiffe, und in koreanischen Häfen wurden noch 50000 Mann auf 1000 Seglern eingeschifft. Beide Flotten erreichten Kyushu; die Nordflotte landete bei Hakosaki und die Südflotte bei Imari. Die japanische Armee verhinderte die Vereinigung der beiden Flotten, und japanische Kriegsschiffe griffen die Südflotte der Mongolen an. Der mongolische General befürchtete, abgeschnitten zu werden und ließ die Truppen einschiffen. Doch ein Taifun vernichtete die Armada am 15. August 1280. Fast 4000 Schiffe mit 130000 Mann Besatzung gingen verloren.

Die Japaner feierten ihren siegreichen Feldherrn Takezaki-Sujenaga als Nationalhelden. Zwei um 1290 gezeichnete Bildrollen stellen diesen Krieg dar. Interessant ist die Wiedergabe des Einsatzes von Handgranaten durch die Japaner, während die Mongolen Raketen mit Giftfüllungen einsetzten. Aus den Jahren 1332 und 1351 sind erhaltengebliebene bronzene Originalgeschütze bekannt. Sie gleichen den frühesten europäischen Kanonen.

Die Mongolen haben ihren Versuch, Japan zu erobern, nicht wiederholt. Eine Landung auf Java (1292/1293) scheiterte gleichfalls unter schweren Opfern.

Ungewöhnlich stark war der europäisch-ostasiatische Kulturaustausch in dieser Zeit der Mongolenmacht. In Chanbalik war eine Gardedivision aus Russen stationiert. In Ostchina standen alanische Truppen, Christen aus dem Kaukasus, und am Hofe von Karakorum arbeiteten ein französischer Goldschmied und ein ruthenischer Elfenbeinschnitzer, während in der Dsungarei deutsche Bergleute den Eisenbergbau modernisierten. Die Reste einer katholischen Kirche fanden sich nördlich von Peking, Gesandte des Papstes erreichten den Mongolenhof, und Italiener, wie Marco Polo, traten in den Dienst Kubilai-Chans. Mongolische Gesandtschaften suchten die Könige Frankreichs und Englands auf und besuchten christliche Konzilien in Avignon. Unvergeßlich waren auch die Niederlagen gegen die Heere Batus mit ihren Feuerwerkern und Flammenwerfern.

So ist es letztendlich nicht verwunderlich, daß Nachrichten über die neuen Kriegstechniken des Fernen Ostens auch Europa erreichten und dort das Kriegswesen revolutionierten. Die Zeit der schwergepanzerten Ritter ging zu Ende. Geschütze und Raketen, Bomben und Sprengladungen wurden in Europa nachgebaut und weiterentwickelt. Die Militärorganisation Chinas fand ihre Schüler in Europa, und an die Stelle der Feudalherren traten Söldnerverbände, die bald auch mit Feuerwaffen ausgerüstet wurden. Für die Übernahme anderer Technologien, wie der Radpaddelschiffe oder der mechanischen Webstühle, war Europa noch nicht reif.

Zugleich aber hatte der Mongolensturm in Asien Millionen Opfer gekostet und keine Fortschritte gebracht, da nach kurzer Zeit einer Pax mongolica Asien in die alten, einander befehdenden Teile und Staaten zerfiel.

Geschütze und Nomaden
(15.–18. Jahrhundert)

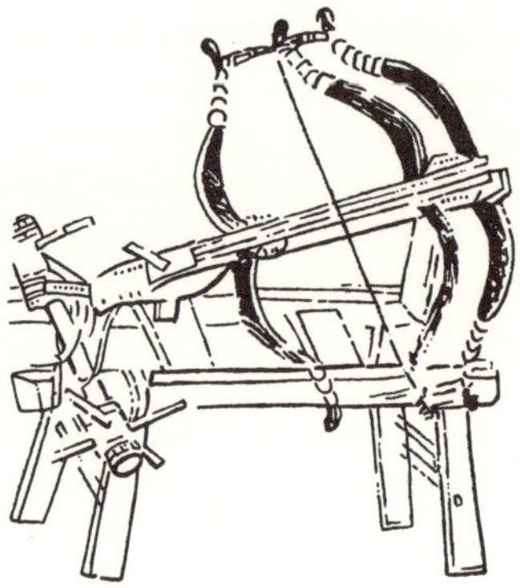

Drei Wege der Welt

Aus dem Jahre 1331 stammen die ersten Nachrichten über den Einsatz von Geschützen in Europa. Deutsche Ritter bestürmten Cividale in Friaul (Norditalien) mit Artillerie. Bereits 1267 erwähnte Roger Bacon chinesisches Feuerwerk. Er kannte wie Albertus Magnus das Schwarzpulver, den von den Chinesen entdeckten Sprengstoff, die Voraussetzung der Raketen, der Schußwaffen und Minen. Ab 1327 benutzte man in Europa kampffähige Bombarden. Die sich entwickelnden Manufakturen der europäischen Städte stellten bald wirksamere Kanonen und dann auch Handfeuerwaffen her, die im 15. Jahrhundert die Kriegführung verändern sollten. Die schweren Rüstungen verschwanden in den Magazinen, und das Eisen, bisher vorwiegend für Verteidigungswaffen verwendet, diente nun zur Herstellung von Angriffswaffen. Zwar gab man es bald auf, Eisenkanonen herzustellen, da der Verschleiß zu hoch war. Man nahm dafür lieber Bronze. Doch wurden Kanonenkugeln mit Vorliebe aus Eisen geschmiedet.

Es dauerte nur wenig mehr als 100 Jahre, bis die Franzosen (1449) die Burgen der Engländer in der Normandie mit Artillerie brachen. Die Zeit der Ritter war vorüber. Auch die Seekriegführung Europas änderte sich. Die Galeere verlor an Bedeutung, da sie sich nicht für den Aufbau von Geschützen eignete.

Immer deutlicher trat das sich in Richtung Kapitalismus tendierende Europa in eine neue Phase der Entwicklung. Die als »Zeitalter der Entdeckungen« verherrlichte Etappe des Griffs nach der Weltherrschaft begann, gestützt auf die aufsteigenden bürgerlichen Städte und die von ihnen gelieferte Technik.

Über Osteuropa lag noch der Schatten der Nomadenherrschaft, deren Kavallerieregime auch auf Zentral- und Vorderasien sowie Nordafrika schwer lastete. Dieser Raum zwischen Europa und Ostasien sowie Südasien sank zur Transitzone des Welthandels herab und blieb stagnierend hinter der Entwicklung in Europa zurück. Beweglicher war die Sozialstruktur der Völker Ostasiens, seiner Städte und Handwerker, aber sie wurden immer wieder von Nomadeneinfällen heimgesucht, und auf ihnen lastete besonders hart das Grundherrenjoch, das immer schwerer zu ertragen war.

Dementsprechend gab es vom 14. bis zum 17. Jahrhundert neben Europa im Orient zwei Hauptzonen militärischer und sozialer Entwicklung und unterschiedlicher Reaktion auf den Aufstieg Europas.

Der Aufstand der Chinesen und die Zeit der Ming-Dynastie

Die Last der Fremdherrschaft und des mit den Mongolen kollaborierenden Großgrundbesitzes wurde für die Millionen Chinas unerträglich. Aufstände brachen aus (1348) und breiteten sich wie ein Buschfeuer aus. Waren es zuerst soziale Verzweiflungskämpfe, getragen von landlosen Bauern, Salzarbeitern und Handwerkern, so schlossen sich später mehr und mehr Grundherren, Gelehrte und Händler an. Der Kampf richtete sich nun gegen die Mongolen und ihre Herrschaft. Staaten entstanden, und reguläre Truppen wurden aufgestellt. 1356 übernahm ein begabter Organisator, Chu Yüan-Chang, die Macht im unteren Yangtsegebiet. Er bildete aus allen zur Verfügung stehenden Männern eine Miliz und stellte Truppen auf. Er bewaffnete sie mit Gewehren und Bombarden und nahm begabte Geschützmeister in seinen Dienst. 1367 konnten seine Generäle mit 250 000 Mann den Marsch nach Norden antreten. Bereits ein Jahr darauf floh der letzte Yüan-Kaiser Toghan Temur in die Mongolei. Die neue Dynastie erhielt die Bezeichnung Ta-Ming (Großes Licht) und wählte Nanking zur neuen Hauptstadt.

Die Nordgrenze wurde erneut durch große Mauerwerke befestigt, so daß heute die Gesamtlänge aller nachweisbaren Grenzmauern (seit der Chouzeit) über 50 000 Kilometer beträgt. Die Mingmauern maßen etwa 6 350 Kilometer. Dreizehn Pässe wurden zu Festungen ausgebaut, und Tausende Wachtürme befestigten den Wall, der von der Sorge vor der Wiederkehr der Mongolen zeugt.

Großen Raum nahm im Ming-Staat die Armee ein. Sie wurde einheitlich uniformiert. Die Infanterie trug rote Baumwollkleidung, die Artillerie dunkelblaue, die Kavallerie purpurne und die Garde gelbe Uniformen. Die Garde war in der Hauptstadt kaserniert. Die Provinzgarnisonen waren in Abteilungen von 5 600 Mann zusammengefaßt und in »Heeren« organisiert. Eine besondere Armee bildeten die Abwehreinheiten an der Küste und an den Grenzen. Zu den Veteranen des Befreiungskrieges kamen zwangsweise Rekrutierte, besonders Kriegsgefangene und Sträflinge. Die stehende Armee zählte im Jahre 1371 207 800 Mann. In Sonderverbänden erfaßt waren Feuerwerker, Pioniere und Gebirgstruppen.

Die kaiserlichen Prinzen unterhielten Privatarmeen, ebenso bald wieder die reichen Grundherren. Der sich rasch entwickelnde Bergbau und die wachsende Eisenverarbeitung gaben die Grundlage für einen Aufschwung der Kriegstechnik. Die ersten Zweistufenraketen kamen zum Einsatz. Ganze Schwärme von Raketenpfeilen konnten abgeschossen werden, und auf Wagen montierte Raketenwerfer konnten bis zu 50 Raketen abschießen. Die unterschiedlichen Kampfköpfe erhielten Spitzen, Klingen, breite Schneiden und anderes mehr. Einige Waffen kombinierten das Prinzip des Drachens mit einer Rakete. Von an Leinen gehaltenen Drachen wurden über lange Zündschnüre Raketen auf die Gegner abgeschossen.

Artillerie wurde auch auf den Schiffen der Ming-Zeit eingesetzt. Vor wenigen Jahren fand sich in einem Nebenfluß des Gelben Flusses ein Schiff des 14. Jahrhunderts mit einer durch eine Inschrift auf 1377 datierten Bronzekanone, wahrscheinlich ein Polizeiboot der Regierung.

Um 1420 zählte die Mingflotte 3 800 Schiffe, davon rund 1 350 derartiger Patrouillenboote, 1 360 kleinere Kriegsschiffe und 400 große Kampfschiffe sowie 400 große Getreidefrachter. Hinzu kamen 250 Ferntransporter und zahllose Fluß- und Küstendschunken. Zu den Kriegsschiffen der Ming gehörten u. a. Minenleger, die in Abbildungen in chinesischen Handbüchern erhalten geblieben sind.

Den Höhepunkt chinesischer Schiffsbaukunst bildete die Zeit um 1400. Ein aus Sinkiang stammender muslimischer Eunuch namens Cheng-Ho baute als Admiral eine Flotte für den Fernhandel auf, deren Schiffe in Werften bei Nanking konstruiert und hergestellt wurden. Nach der Biographie des Cheng-Ho im Ming Shih (n. Needham, 1971, S. 480) waren die 62 »Schatzschiffe« jeweils über 140 Meter lang und bis 60 Meter breit. Ihre Besatzung zählte bis zu 500 Mann. Es waren Neunmaster mit mehreren Decks. Daneben wurden verschiedene kleinere Schiffstypen gebaut und mit Geschützen ausgestattet. Diese Flotte erreichte die Häfen Arabiens und des Iran und segelte bis nach Mozambique, teilweise mit Besatzungen bis zu 17 000 Mann.

Aber noch vor 1450 brach die chinesische Regierung unter dem Druck der Grundherren den Fernhandel ab, ließ die großen Schiffe verbrennen und untersagte die weitere Hochseeschiffahrt. Der Abbruch der chinesischen Handelsfahrten bis nach Arabien und Afrika knapp 80 Jahre vor dem Eindringen der Portugiesen in den Indischen Ozean hat zweifellos die Weltgeschichte mitbestimmt, da die Karavellen der Portugiesen kleiner waren als die Kampf- und Handelsschiffe der Ming. Noch vor 1576 erreichte den Ming-Hof die Nachricht, daß fremde Westbarbaren die Küste Chinas erreicht hätten. Die Portugiesen waren gelandet, ein vorerst wenig beachteter Vorfall an den Grenzen.

In der Ming-Zeit überboten koreanische Schiffbauer ihre chinesischen Lehrmeister. Sie waren dazu durch die aufsteigende japanische Drohung veranlaßt. Der Japan beherrschende Fürst Oda Nobunaga und sein Nachfolger Toyotomi Hideyoshi hatten Japan vereinigt und wollten Korea zur Waffenhilfe gegen die Ming zwingen. 1592 landeten 158 000 Japaner in Korea und besetzten das Land bis zum Yalu, ohne auf Widerstand zu stoßen. Doch der koreanische Admiral Yi Sinsin trat der japanischen Flotte nun mit einer neuen Waffe entgegen, mit »Schildkröten«, regulären Panzerschiffen, deren Decks mit schmiedeeisernen Panzerplatten abgedeckt waren. Zwei Maste waren einziehbar. Die Schiffe maßen fast 40 Meter Länge und etwa neun Meter Breite. Die Ruderer und Kämpfer saßen unter dem Panzerdeck. Zwölf Schießscharten und eine Gas»Kanone« bildeten die Waffen. Das Panzerdeck war feuersicher und mit aufgestellten Messern gegen Enterer geschützt. Die schwache Stelle waren die Ruder der Schiffe, die beim Nahkampf von feindlichen Schiffen abgerissen werden konnten.

Die neuen Panzerschiffe überraschten die zu siegesbewußten Japaner. Vor Tschemulpo und Fusan zerschlugen wenige »Schildkröten« die japanische Flotte.

Chinesische Truppen halfen bei der Vertreibung der Invasoren, doch Korea war schwer getroffen. Japan war ebenfalls geschwächt. Das Land kannte seit dem Eintreffen der Portugiesen (1543) europäische Gewehre und baute sie bald darauf nach (1556). Oda Nobunaga siegte im Kampf um die Macht in Japan durch den Einsatz von Feuerwaffen und kaufte europäische Geschütze zu den Gewehren. Noch bis 1639 trieb Japan unter wechselnden Herren eine aktive Außenpolitik und einen weitreichenden Fernhandel. Dann brach die Regierung die Beziehungen zum Ausland ab und kontrollierte mißtrauisch jeden Kontakt, vor allem mit Europäern, von denen sie die alten Sitten und die Vormachtstellung des Adels bedroht sahen.

China war aufgeschlossener und sah in den Europäern, die sich in Macao festsetzten, noch keine Gefahr. Jesuiten erschienen am Hof, doch nicht ihre Predigten, sondern ihre Naturwissenschaft interessierte die Chinesen. Matteo Ricci (1601–1610) wirkte als Lehrer am Hof und schlug jenen Kurs der Jesuiten ein, der für über 100 Jahre ihre Chinapolitik bestimmte. Sie wollten China für den Katholizismus gewinnen, selbst um den Preis einer Sinisierung des Glaubens.

Riccis Nachfolger, der Deutsche Johannes Adam Schall, wurde sogar Staatsbeamter als Vorstand des astronomischen Büros in Peking. In jener Zeit geriet der Ming-Staat bereits in die Krise. Im Nordosten sammelte ein Chan Nurhaschi die Mandschuren um sich, die Nachkommen der Dschurdschen (1616) unter den Bannern der »Späteren Chin«-Dynastie und eroberte die heutige Mandschurei. 1621 brachen Bauernaufstände gegen die grausame Gutsherrenmacht aus, die sich in den folgenden Jahren über viele Provinzen ausbreiteten. Die Mandschuren nutzten die Gunst der Zeit und griffen Peking an, konnten aber nochmals abgeschlagen werden. Ihren Herrschaftsanspruch zu unterstreichen, wechselten sie ihren Dynastienamen in Ta-Ch'ing (Große Ch'ing). Die Ming zogen Truppen aus den Provinzen ab, um Peking gegen die Mandschuren schützen zu können. Dies gab den Rebellen die Oberhand. Die Regierungstruppen griffen zu Verzweiflungsaktionen. So öffneten sie die Deiche des Hoangho, als die Rebellenarmeen Kai-feng-fu angriffen. 200 000 Menschen ertranken.

In dieser Lage wurden die in Peking weilenden Jesuiten aufgefordert, nach europäischen Prinzipien Kanonen zu gießen. Schall organisierte den Guß von 20 Bronzekanonen und 500 tragbare Feuerwaffen. Mit dem chinesischen Geschützmeister Chiao Hsü verfaßte er ein Werk über die Herstellung von Geschützen, das noch viel später gelesen wurde, aber für China wenig Neues enthielt. Schon ein Jahr später fiel Peking in die Hand der Aufständischen, und die Ming-Dynastie nahm ein unrühmliches Ende.

Der Kommandeur der Nordarmee lehnte es ab, sich den neuen Herren anzuschließen, sondern einigte sich mit den Mandschuren. Die Nordarmee schlug die Rebel-

Garshasp tötet den König von Kairuan, Bewaffnung der Reiterarmeen Persiens im 16. Jahrhundert, Miniatur zu einer Episode im Schah-nameh

Kai Chosrau und Rustam vor einer Stadt in Turan, Miniatur zu einer Episode im Schah-nameh

Jagdszene »Bahram Gur« aus einer Handschrift zu Mir Ali Schir Nawa'is »Diwan«, Schiraz (?), um 1650

Imam Quli Chan, Gouverneur von Fars (Südiran), Offizier armenischer Herkunft, unter Schah Abbas Oberbefehlshaber der persischen Armee und Statthalter von Schiraz, unter Schah Safi um 1635 hingerichtet

(linke Seite)

Indische Artillerie, Albumblatt, um 1650

Turkmenischer Reiter, Miniaturmalerei, Nordiran, 18. Jahrhundert

Jusufzay-Krieger, Afghanistan, um 1800

Durrani-Paschtune

Helm, Stahl, Iran, 17. Jahrhundert,

Partisane (Gesamtbild), Südindien

(rechte Seite)

Kris mit Scheide, Griff aus Elfenbein, Griffzwinge mit Gold und Diamanten, Klinge mit Goldauflage, Ostjava, 19. Jahrhundert

Afridi-Schwert (Khyber-Messer), vom Khyberpaß, Klinge mit Gold tauschiert, Pakistan, 18. Jahrhundert

(nächste Seite)

Isfahan, eine befestigte Residenzstadt, Iran, kolorierter Kupferstich, um 1729

Janitscharenoffiziere in Tripolis, um 1790

Prospect der Königlich Persischen
Haupt und Residenz-Stadt ISPHAHAN in der Prov. Erack oder Parthia.
14
Ex Bibl. Regia Berolin.
A
B
C
D
Erklärung der Buchstabē.
A Der berg Sopha . B Solimanni Lusthof. C Königl. Gartē, Hatzur genant. D Tachta Rustan. E der berg Gertega .
F der berg Harsardeg .

lentruppen, und der erste Mandschu-Kaiser, Fulin, bestieg 1644 unter der Regierungsdevise »Shunzi« (»Glückliche Ordnung«) den Drachenthron.

Nomaden herrschen über den Vorderen Orient und Südasien

Die Mongolenherrschaft über Zentral- und Vorderasien hatte so verheerend begonnen wie ihre Machtübernahme in China. Trümmer und Leichen lagen auf ihrem Weg zur Herrschaft. Der Kombination großer Reitergeschwader mit chinesischen Flammenwerfern, Sprengstoffen und Wurfgeschützen erlagen die großen Städte und die bislang uneinnehmbaren Burgen der Assassinen (einer unabhängigen Sekte des schiitischen Islam). Mit der Einahme Bagdads und der Ermordung des letzten Kalifen (1258) schien der Islam zerschlagen zu sein, als zwei Jahre später die auf Ägypten vorstoßenden Mongolen am Ain Dschalut in Palästina eine vernichtende Niederlage erlitten, die sie nicht wieder auszugleichen vermochten.

Ihnen war ein gleichwertiger Gegner entgegengetreten, die Mameluken Ägyptens, eine der eigenartigsten Erscheinungen der späteren Kriegsgeschichte des Orients. Sie waren aus dem Korps der Militärssklaven hervorgegangen, das die Nachfolger Salah ad-Dins nach abbasidischem Vorbild aufgestellt hatten. Sie waren zum Staat im Staate und schließlich zur Macht in Ägypten geworden. Ihre Führer hatten nach dem Tode des letzten Aiyubiden-Sultans dessen Witwe gezwungen, einen ihrer Mamelukenemire zu heiraten. Als diese den verhaßten Zwangsgemahl ermorden ließ, fand sie einen schrecklichen Tod. Der Rat der Emire übernahm die Macht und bestimmte aus seinen Reihen von nun an den Sultan, den offiziellen Herrscher des Landes.

Die Mameluken regenerierten sich selbst durch Aufkäufe von Sklaven. Nur wer ein auf dem Markt gekaufter Sklave war, konnte Mameluk werden. Er wurde als Rekrut kaserniert, als Lanzenreiter und Bogenschütze ausgebildet, danach freigelassen und in ein Mamelukenregiment aufgenommen. Finanziert wurde die Armee aus dem Steueraufkommen und aus den Gewinnen der Staatsdomänen, die aber bald in die Hände der Emire ge-

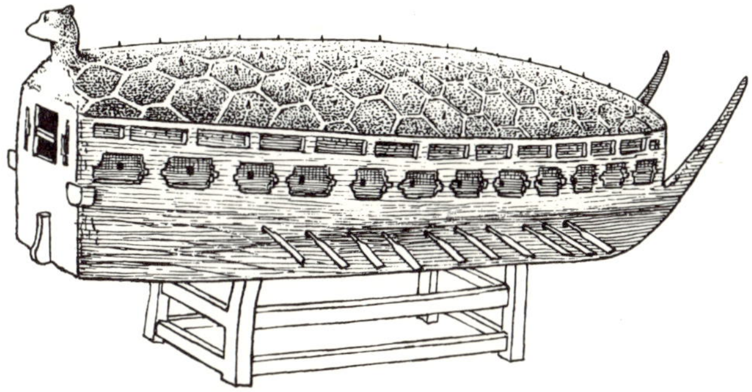

»Schildkröte«, koreanisches Panzerschiff (Modell)

rieten, die damit ihre Parteien unter den Mameluken und Gefolgschaften finanzierten.

Endlos waren die Intrigen und Kämpfe um die Macht, die nicht selten mit der Ermordung des Sultans endeten. Diese Kaste von Landfremden, die Mameluken, bildete ein Standesbewußtsein aus, das nur den Reiterkrieger im Panzerhemd als ebenbürtig ansah. So elend das Leben der Mamelukensoldaten war, so sahen doch alle Mameluken auf die Städter und die an ihre Dorfschaften gebundenen Bauern verächtlich herab und versuchten sie ihrerseits auszuplündern.

Als die Mongolen kamen, bestand die Mamelukenarmee zumeist aus Türken, die schon einmal in mongolischer Hand gewesen waren. Sie hatten allen Grund, die Mongolen zu bekämpfen, kannten sie doch deren Kampfweise aus eigener Erfahrung bzw. waren sie als ehemalige Steppenkrieger in ihr aufgewachsen. Daher war der Vorstoß eines Mongolentumans zum Scheitern verurteilt. Der Mamelukengeneral, auf dessen Reiter die Mongolen trafen, war der Kumane Baibars, eines ihrer Opfer aus den ukrainischen Steppen. Er war dort in mongolische Kriegsgefangenschaft geraten und als Sklave nach Ägypten verkauft worden.

Die Niederlage am Ain Dschalut war zugleich endgültig, weil die Mongolen des Iran wie die Scharen Batus ihr Augenmerk auf die Neuwahlen des Großchans in Karakorum richten mußten und sie zugleich an die Grenzen ihrer Truppenzahl gelangt waren. Die Krieger der Stämme aus den asiatischen Nordsteppen standen an Don, Euphrat, Yangtse und Hoangho. Ihre Reserven gingen zu Ende. Es standen keine Reitertumane für neue Expansionen zur Verfügung, und eine Expedition nach der anderen schlug fehl. Mit dem Treffen am Ain Dschalut begann bereits der Niedergang. Zwar blühte

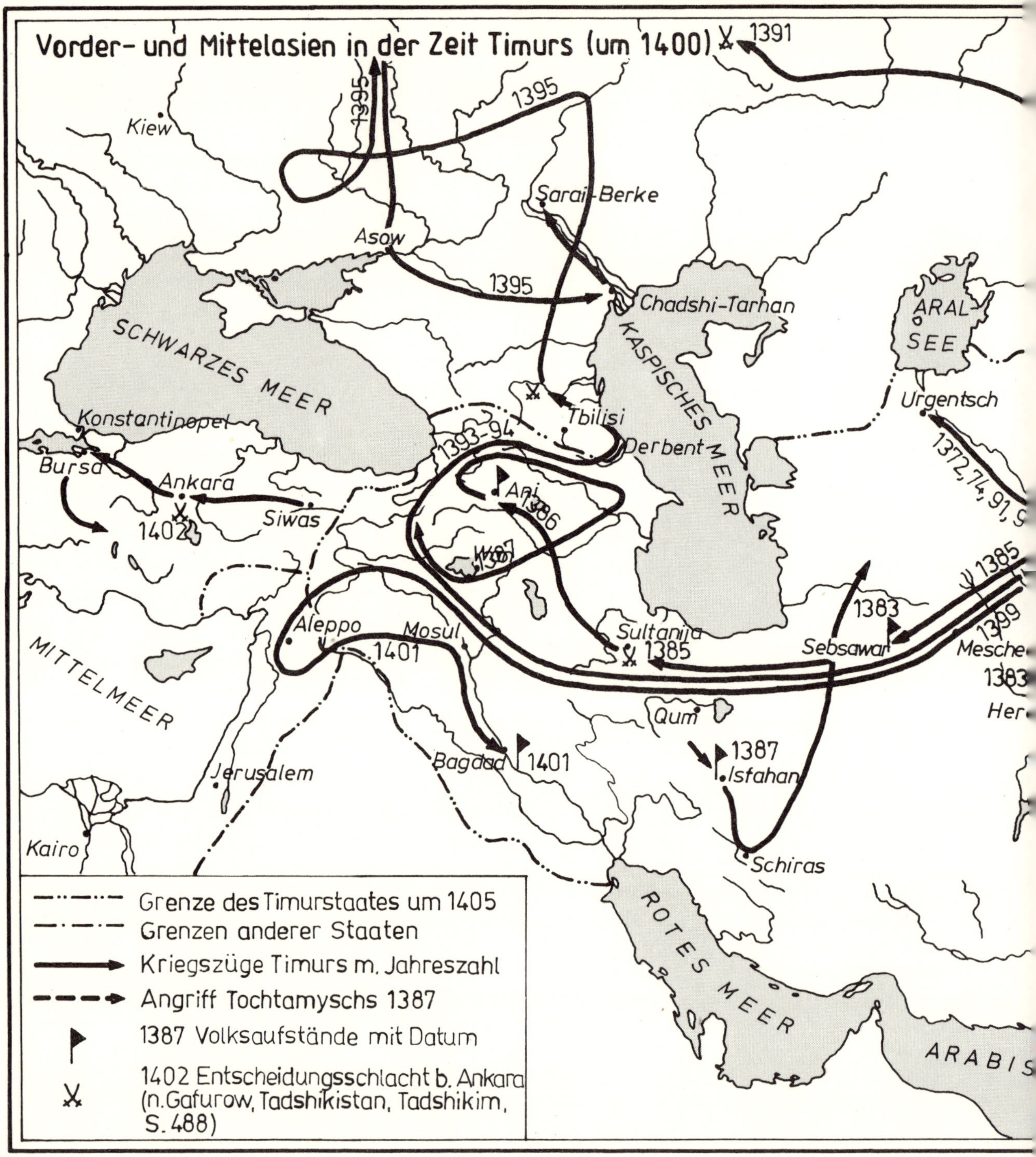
Vorder- und Mittelasien in der Zeit Timurs (um 1400)
1391
1395
1395
Kiew
Sarai-Berke
Asow
1395
Chadshi-Tarhan
ARAL-
SEE
SCHWARZES MEER
KASPISCHES MEER
Urgentsch
1372,74,91,9
Konstantinopel
Tbilisi
1393-94
Derbent
Bursa
Ankara
Ani
Siwas
1402
1385
1383
Aleppo
Mosul
Sultanija
1385
Sebsawar
Mesche
1399
1401
MITTELMEER
Qum
Her
1387
Bagdad
1401
Isfahan
Jerusalem
Kairo
Schiras
ROTES MEER
ARABIS
Grenze des Timurstaates um 1405
Grenzen anderer Staaten
Kriegszüge Timurs m. Jahreszahl
Angriff Tochtamyschs 1387
1387 Volksaufstände mit Datum
1402 Entscheidungsschlacht b. Ankara
(n. Gafurow, Tadshikistan, Tadshikim, S. 488)

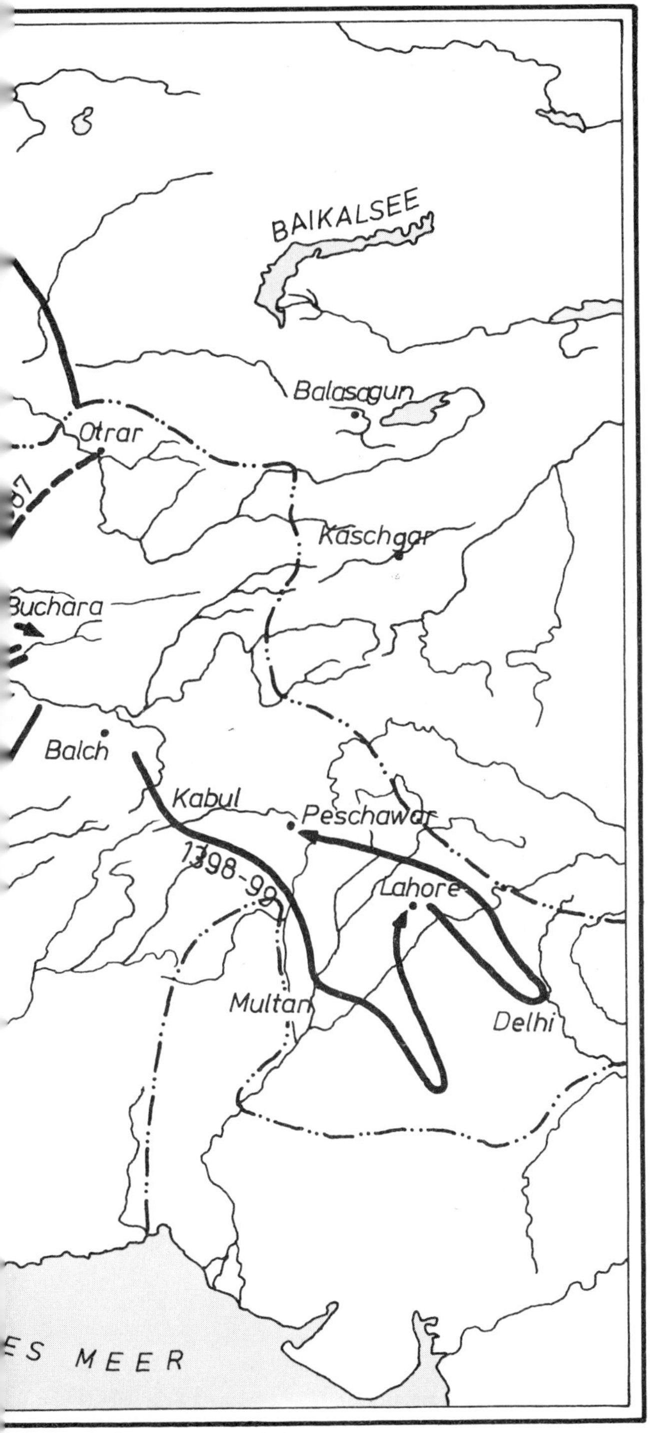

die höfische Kultur der Il-Chane unter dem zum Islam übergetretenen Chan Ghassan (1295–1304) von Täbriz. Doch rieb sich das Il-Chanat im Zweifrontenkrieg gegen die Mameluken und die gleichfalls islamisch gewordene »Goldene Horde« an der Wolga auf und zerfiel um 1350 in mehrere Teilstaaten.

Die Nachkommen Batus regierten von den Steppen an der Wolga aus Osteuropa, warfen Rußland um Jahrhunderte in der Entwicklung zurück und kontrollierten den Transithandel zwischen Asien und Europa. Sie blieben Steppenreiter wie ihre Verbündeten am Nil, denen sie ständig Militärsklaven als Nachschub sandten. Den Mameluken mußten auch die letzten Kreuzfahrerfestungen übergeben werden, und ihre Reiterheere bedrohten wiederholt das Chanat.

Da traf die drei Staaten, den der Mameluken, die »Goldene Horde« und das mongolische Il-Chanat, aus den Steppen ein neuer Feind; der »Schwarze Tod«, eine Kombination von Beulen- und Lungenpest, die aus der Mongolei kommend 1348 die Krim erreichte und mit den Händlern süd- und westwärts zog. Die Sklavenschiffe und Kauffahrer brachten sie in die Küstenstädte des Mittelmeeres. 1347 erreichte die Pest von Syrien her Alexandria und danach auch Kairo. In den Kasernen der Mameluken hielt sie schreckliche Ernte. Die Blütezeit der Mameluken und der »Goldene Horde« ging jäh zu Ende. In den asiatischen Steppen sollen über dreihundert Stämme untergegangen sein.

Die Großfürsten von Moskau nutzten die Chance und schüttelten das Tatarenjoch ab. Auf dem »Schnepfenfeld« am Don siegten sie über die Tataren (1380). Nur das Eingreifen der jenseits des Urals nomadisierenden »Weißen Horde« verhinderte die Vertreibung der Tataren aus Europa. Die Tataren griffen selbst noch einmal Moskau an (1382), gerieten jedoch von Osten her unter den Druck einer neuen Macht. Die Barlastürken, die unter den Mongolen in den Raum südlich von Samarkand eingedrungen waren, hatten unter ihrem Malik Timur (seit 1368) die Mongolen aus Mittelasien vertrieben und schickten sich ihrerseits zur Eroberung der Welt an.

Der Ruhm Dschingis-Chans war jedoch unter den Reitervölkern so tief verwurzelt, daß der neue Herr des Landes einen Dschingisiden als Scheinchan einsetzen mußte, so sicher er ihn auch verwahren ließ. Erst als er nach langen Kriegen die im heutigen Kirgisien nomadisierenden Mongolenfürsten gezwungen hatte, ihm eine

Prinzessin aus dem Hause des großen Vorbilds Dschingis-Chans abzutreten, trat er offen als der absolute Herr auf.

Timur hat sein Leben lang fürchterliche Kriege geführt und seine Heimat mit Ruinen und Wüsten umgeben. Ihm selbst aber fehlte der Ordnungssinn der Mongolen, der jene die eroberten Gebiete erfassen und verwalten ließ. Timurs Scharen mordeten und plünderten in Indien wie im Iran, im Irak, in Syrien und im Kaukasus, dann auch im Wolgagebiet und in Kleinasien. Er schlug zahllose Schlachten, stets siegreich an der Spitze seiner Reiter. Die größte Schlacht war wohl die am 20. Juli 1402 auf den Hochebenen bei Ankara. Etwa eine Million Kämpfer trafen aufeinander, die Reiter Timurs und die Armee des jungen Osmanenstaates unter Sultan Bayezid, dem »Blitz«, dessen Versuch, seine Türken in einen disziplinierten Staat einzugliedern, ihm viele Feinde gemacht hatte. So gingen die türkischen Reiter während der Schlacht zu Timur über, und nur die zur Heerfolge gezwungenen Serben und eine noch wenig erprobte »Neue Truppe«, die Janitscharen, hielten bis in die Nacht stand und starben auf dem Schlachtfeld.

Doch verstand es Timur nicht, seine Eroberungen zu organisieren. Er träumte von einer Wiederholung des Siegeszuges der Mongolen durch China. Schon zog er um Otrar am Syr-Darja seine Truppen zusammen, als er plötzlich starb und der Feldzug abgesagt wurde. Vermutlich hätte er in der noch jungen Ming-Dynastie und ihrer gegen die Mongolen sieggewohnten Armee seinen Meister gefunden. So aber blieben Mittelasien, Afghanistan und Teile des Iran bis 1507 unter seinem Nachkommen. ein von Türken beherrschtes Reich mit iranischen Bauern und Städtern sowie türkischen Nomaden.

Den aufsteigenden Russen erlagen die Nachfolge-Chanate in der Ukraine (1502), um Kasan (1552) und an der unteren Wolga (1557). Die Krim und die nordkaukasischen Steppen bildeten ein Nogaj-Chanat, das sich (1472) den Osmanen unterstellte, die sich nach der Niederlage von Ankara bald wieder erholt hatten. Ostanatolien und Aserbaidshan beherrschten Turkmenenföderationen, während Syrien in der Hand der Mameluken verblieb, die bis 1517 am Nil herrschten. Für die Ausstattung ihrer Panzerreiter war der Besitz Syriens lebenswichtig. Sie bezogen ihr Eisen aus den Bergwerken bei Beirut und ihren Nachschub an Sklaven über die Turkmenen Ostanatoliens aus dem Kaukasus.

Nomadenbei und Moghulherrscher

Bei ihrem Einfall in Kleinasien trafen die Seldschuken im 11. Jahrhundert auf zwei Völker, die Armenier im Nordosten und die Griechen von Kilikien bis zum Schwarzen Meer. Die Niederlage der byzantinischen Reichsarmee bei Manzikert (1071) war nur der Anfang eines qualvollen Prozesses der Vernichtung, Vertreibung und Unterwerfung. Der Zusammenbruch der Grenzverteidigung ließ die aus Mittelasien abziehenden Nomaden in Schwärmen ins Land fallen. In Föderationen bis zu 20000 »Zelten« zu je 10 bis 15 Personen besetzten sie die Almen, Felder und Hochebenen, umgingen die Städte, hungerten sie aus und verwüsteten die Dörfer. Sie waren mobil und jederzeit zum Kampf bereit, auch gegen die nächste Stammesgruppe. Hierbei schickten sie selbst Frauen ins Feld. So soll der Turkmenenstamm Dulgadir in Ostanatolien in der Lage gewesen sein, 30000 weibliche Kämpfer in den Kampf zu schikken. Schrittweise kam es zur Bildung stabilerer Staaten unter ihren Beis (Stammesfürsten), die den Widerstand gegen die Seldschuken und dann gegen die Mongolen organisierten.

Die mächtigsten Föderationen entstanden in Ostanatolien und Aserbaidshan, die »Schwarzen Hammel« und die »Weißen Hammel«. Sie beherrschten im Untergang des Il-Chanats den Westiran, Aserbaidshan, den Irak und Transkaukasien. Aus einer Sektenbewegung unter den Turkmenen Aserbaidshans ging dann (1501/1502) jene Dynastie hervor, die den Iran nochmals zu einer regionalen Großmacht werden ließ, die Safawiden. Sie herrschten, auf ihre turkmenischen Reiter gestützt, vom Tigris bis nach Afghanistan und hielten einen neuen Südzug der Nomaden auf, der 1507 in Herat die Timuriden gestürzt hatte.

In den Steppen des heutigen Kasachstans hatten sich türkische Stämme zum Verband der Usbeken vereinigt und im Zerfall der Timuridenmacht Mittelasien besetzt (1500–1507). Ihre bisherigen Weidegebiete übernahmen die Kasachen, die ihrerseits vor den mongolischen Oiraten westwärts abzogen.

Die Safawiden suchten mit Hilfe eines vertriebenen Timuridenprinzen, des später berühmt gewordenen Babur, Mittelasien zu erobern, scheiterten aber. Der Amu-

Die Kreuzfahrer von Nicopolis werden 1536 von der türkischen Armee unter Sultan Bayezid angegriffen (und vernichtet), rechts das christliche Lager, vorn die Artilleriestellung der Belagerer, türkische Miniatur aus dem »Hunernameh« von Nakkasch Osman, Istanbul, 1584

Darja wurde zur Grenze zwischen den Persern und den Usbeken. Letzteren gelang es nicht, den seit Jahrhunderten so oft wiederholten Aufstieg ihrer Regionen mit Hilfe des Fernhandels erneut zu beleben. Die Transitwege zwischen dem Mittelmeergebiet und China und Indien wurden aufgegeben, denn die Portugiesen hatten Indien und China erreicht und den Fernhandel an sich gezogen, während die Safawiden die Karawanenwege von Indien zum Mittelmeer sicherten.

Der von den Usbeken erst aus dem Ferghanatal und dann aus Samarkand vertriebene Babur setzte sich in Kabul fest. Im erzwungenen Verzicht auf die geliebte Heimat wandte er sich Indien zu. Das reiche Land am Indus und Ganges war schon zuvor die Beute aus Afghanistan nach Osten ziehender Reiterheere gewesen, die um Delhi große islamische Reiche gegründet hatten. Die neuen Herren waren ebenfalls ehemalige Militärsklaven; Reiter der Steppe, Türken, Iraner und in erster Linie Afghanen. Aber auch schon der Sultan Mahmud von Ghazna (998–1030) hatte aus Indern ein eigenes Armeekorps gebildet.

Das Auf und Ab der von fremden Militärs beherrschten Staaten Nordindiens gleicht den Grundzügen vorderorientalischer Geschichte. Südindische Staaten übernahmen die Reitertaktik und vereinigten sie mit den einheimischen Kampfweisen, so dem Einsatz von Kriegselefanten, für die eigene Panzer entwickelt wurden. Den Widerstand gegen die Muslime des Nordens führte lange Zeit das Reich von Vijayanagar (1336–1565), dessen Hauptstadt einen siebenfachen Mauerring von über 80 Kilometer Länge aufwies.

Damals kamen erstmals europäische Geschütze nach Indien. Griechen und Osmanen sollen als Geschützmeister an indischen Höfen gegossen haben. Sie wurden aber, wie auch im Iran, vorwiegend als Festungs- oder Schiffsartillerie eingesetzt.

Der Sieg der als Großmoghule bekannten Timuriden verstärkte die nomadischen Züge, vor allem die Bevorzugung der Kavallerie und die Anwendung von Raketen. Noch im Kampf gegen die im 18. Jahrhundert einfallenden Engländer bildeten Raketenbatterien nach chinesischem Vorbild die »schweren« Feuerwaffen der Moghularmeen. Neben den Großreichen Indiens standen seit dem frühen Mittelalter die an europäische Feudalherren erinnernden Radschputen, eine Militärkaste, die sich als Adel über dem Volk stehend ansah. Sie saßen auf gewaltigen Burgen, kämpften als Panzerreiter und bildeten ein indisches Rittertum von oft großer Prunkentfaltung. Ihre Gefolgschaften und die Heere der Sultanate und Könige leisteten im Verfall des Moghulreiches den im 18. Jahrhundert vordringenden Briten erbittert, aber letztlich ergebnislosen Widerstand. Europas Kriegsindustrie verhalf zur Herrschaft über »Hindostan«.

Der Entwicklung des indischen Heerwesens verdankt die Menschheit beispielsweise das Schachspiel. Es diente der Schulung der Truppenoffiziere im taktischen Denken und leitete sie zu operativem Handeln an. Die in Europa als »Turm« bezeichnete Eckfigur war in Indien als Kampfelefant gestaltet. Der König saß in seinem Streitwagen. Die (heutige) »Königin« repräsentierte den obersten Minister und Kommandanten. Die frühesten Belege für dieses Spiel stammen aus dem 3. bis 4. Jahrhundert.

Unter den vielen Formen indischer Stahlwaffen fallen besonders die Stoßdolche mit einem Griff aus zwei Längsstreifen und einer Querschiene auf. Letztere lag in der geballten Faust, und die Längsschienen folgten dem Arm, so daß mit voller Kraft gestoßen werden konnten. Wahre Kunstwerke sind die Partisanen (eine Stoßwaffe) südindischer Gardetruppen und die Waffen der Hochlandstämme.

Die Osmanen zwischen Asien und Europa

Die Herrschaft des Il-Chanats über die Turkmenen der kleinasiatischen Beiliks nahm nach Nordwesten hin ab, waren doch die zentral- und südanatolischen Gebiete weitaus reicher als die bis in das 14. Jahrhundert umkämpften Zonen im Nordwesten. Hier stieg im 14. Jahrhundert ein Grenzfürstentum zur Vormacht auf, das im Kampf gegen die Griechen abenteuer- und raublustige Scharen aus den türkischen und arabischen Regionen an sich ziehen konnte. Sie nannten sich Ghazi (Glaubenskämpfer), die als Reiterkrieger in den Dienst der Osmanen traten. 1326 mußten die Griechen ihnen Bursa abtreten und damit verfügten sie über eine städtische Basis. Angeworbene christliche Söldner bildeten eine Infanterie, und christliche Landbesitzer schlossen sich mit ihren

Aufgeboten den Siegern an. Islamische Bruderschaften und Sekten organisierten das neue Emirat.

Konstantinopel war 1261 wieder in die Hände der Griechen gefallen, denen es gelungen war, das von den italienischen Seestädten und den Kreuzfahrern installierte »Lateinische Kaisertum« zu zerschlagen. Aber nur wenig glich das restaurierte Kaisertum seinen Vorgängern. Die Handelsmacht lag in den Händen der Genuesen, und die Kaiser setzten Söldner aus Katalonien und türkische Reiter gegen die eigenen Städter ein. Aufstände und Machtkämpfe in Konstantinopel überließen die restlichen Gebiete Kleinasiens den Osmanen. 1321 fiel Nikaia, 1337 Izmir und ein Jahr darauf Üzküdar.

Der Bei Orchan residierte in Bursa als Herr des mächtigsten Staates Westkleinasiens, dessen Heer wahrscheinlich bereits die Einwohnerzahl Konstantinopels übertraf. Die Kaiserstadt zählte 40000 bis 50000 Einwohner und verfügte nur noch über 3000 bis 5000 Söldner. Türkische Hilfstruppen retteten wiederholt die Kaiserstadt, gegen deren Herrschaft sich neben den Osmanen ebenfalls das neuerstandene Zarenreich der »Serben und Griechen« wandte (seit 1345).

Angesichts der neuen Gefahren verband sich Kaiser Kantakuzenos mit dem Emir Orchan und die Genuesen nutzten den Konflikt, um die venezianischen Konkurrenten mit osmanischen Truppen aus Südgriechenland zu vertreiben. Seit 1347 setzten osmanische Scharen nach Europa über, eine Bewegung, die nach 1354 in eine regelrechte Stammeswanderung überging. Kantakuzenos hoffte vergeblich auf venezianische Hilfe. Konstantinopel wurde abgeschnitten und ausgehungert, und der Kaiser verschwand im Kloster. Sein Nachfolger, Johannes V., mußte die Eroberungen der Ghazis in Europa akzeptieren, um wieder Getreide und damit Lebensgrundlagen für Konstantinopel zu erhalten.

Im Seekrieg erlitt unterdessen Genua so schwere Verluste, daß ein Kompromißfrieden Venezianer und Osmanen als Sieger sah. Nur die alten Stadtmauern, die die osmanischen Reiter nicht überwinden konnten, bewahrten die Stadt vor der Übergabe.

Die Osmanen drangen weiter auf der Balkanhalbinsel vor. Den neuen Großstaat organisierte Sultan Murad (1360–1389) der sich »Chan«, »Kachan« und schließlich »Großherr« nennen ließ. Obwohl er als traditioneller Nomadenführer am liebsten in Zelten wohnte, schuf er vom ehemaligen Adrianopel aus, das nun Edirne hieß, einen regulären Staatsapparat (seit 1365). Eine Berufsarmee, von den Stämmen abgelöst, führte Krieg nach Europa hinein und in Kleinasien. Ein Beilik nach dem anderen wurde unterworfen und das Reich in Sandschaks (Fahnen, Banner) eingeteilt; Militärprovinzen, in denen die Sipahireiterei die herrschende Schicht darstellte. Die Sipahi bekamen Dienstlehen unterschiedlicher Größe und hatten dafür Reiter auszurüsten und selbst zu dienen. Die Fahnen enthielten Symbole und Inschriften, die wie die benutzten Farben nicht nur die Truppenteile unterschieden, sondern auch die vom Kommando gestellten Aufgaben erkennen ließen. So setzten die Osmanen die rote Sturmfahne, wenn es den Kampf auf Leben oder Tod zu führen galt.

Die Werkstätten Edirnes lieferten Waffen. Der neuen Armee schlossen sich in Anatolien beutehungrige Nomaden und Ghazis an, als Murad nach Osten vordrang.

Die Ungarn, die den Sultan fern im Osten glaubten, verbanden sich mit den Serben. Die Byzantiner nahmen ebenfalls an, ihre verlorenen Gebiete wieder besetzen zu können. Doch Murad kehrte überraschend zurück, schlug die Ungarn und Serben und zwang die Griechen, auf alle Restaurationsbemühungen zu verzichten (1364). Saloniki ergab sich. Albanien wurde besetzt. Die Bulgaren kapitulierten, und die Serben zahlten Tribut.

Der Kaiser Johannes V. sah das Ende von Byzanz kommen und hoffte, durch den Übertritt zum Katholizismus europäische Hilfe zu erhalten. Es war jedoch vergebens. Die »christlichen« Mächte waren untereinander zerstritten, und nicht einmal der Papst vermochte es, sie gegen die Osmanen ins Feld zu führen. Hilfsgelder bewegten die südanatolischen Karamanbeis zum Angriff auf die osmanischen Gebiete, aber ihre Turkmenenreiter erlagen der Osmanenarmee, die erstmals Feuerwaffen einsetzte.

Murad hatte, wohl in Kenntnis der modernen Waffen Europas, neben die Sipahireiter eine »Neue Truppe«, die »Yani Čeri«, die »Janitscharen«, gestellt. Sie rekrutierte sich aus Staatssklaven, die als reguläre Infanterie mit Gewehren bewaffnet und mit Artillerie ausgerüstet in den Kampf zog. In der Verwendung von Staatssklaven als Leibgarden oder Kerntruppe des Heeres folgte Murad altorientalischen Konzeptionen, nur die Bewaffnung war neu. Die Waffen lieferten die Italiener und Franzosen. Bald bauten die Osmanen sie auch selbst nach. Die irregulären Turkmenenreiter wurden als Vorhut und Streifscharen im Feindesland eingesetzt. Offiziersränge wurden durch die Zahl der Roßschweife an den Standarten kenntlich, ein uraltes Nomadensymbol der Macht. Die Sipahi und die Irregulären bedienten sich weiter der Reflexbögen, sowie der Spieße und Lanzen, führten Reitersäbel, Schwerter und Panzerstecher. Die Fußsoldaten trugen den Jatagan, eine etwa 60 Zentimeter lange Dolchform. Die Reiter benutzten Streitäxte, Streithämmer und die Garde Doppeläxte. Bis in das 17. Jahrhundert schützte sich die Truppe mit leichten Kettenpanzern und Panzerhandschuhen. Stählerne Helme und Schilde vervollständigten die Ausrüstung.

Die Kombination der Janitscharen mit den Panzerreitern und den Irregulären gab dem Sultan ein bewegliches Machtinstrument in die Hand, das unter Bayezid I. Yilderim, dem »Blitz«, die Eroberung der restlichen Beilikler Kleinasiens (bis 1386) ermöglichte. Die gestürzten Beis und ihre Anhänger flohen zu Timur, dem neuen Herrn Mittelasiens.

In Europa sammelten Ungarn und Venezianer Hilfstruppen für Konstantinopel, die einen, weil sie den kommenden Angriff voraussahen, und die anderen, weil sie den drohenden Zusammenbruch ihres Fernhandels befürchteten. Von der Flotte Venedigs wurde das seit 1390 belagerte Konstantinopel mit Getreide versorgt, da die Türken noch nicht in der Lage waren, die Meerengen zu sperren.

1396 zog dann ein Heer von Kreuzfahrern südwärts und rottete weithin Türken und christliche Orthodoxe aus. Vor Nikopolis stießen die Heere der Christen und der Osmanen aufeinander. Das Kreuzfahrerheer wurde vernichtet, und die Bauern des Südbalkans konnten aufatmen, zumal die Adelsherrschaft beendet wurde.

Dafür ging Bayezid zum System der »Devschirme«, der »Knabenlese«, über. Aus den unterworfenen Christenvölkern wurden die fähigsten Jungen ausgewählt, in Edirne türkisch erzogen und teils als Janitscharen, teils als Verwaltungsbeamte eingesetzt. Die Janitscharen bildeten eine Staatselite, die wie ein Mönchsorden ehelos in den Kasernen lebte, modern bewaffnet und straff diszipliniert war. Da sie Aussicht auf hohe Ämter, Reichtum und Ansehen hatten, waren die Janitscharen eine sehr wirksame Armee.

Schon mußte Konstantinopel ein Stadtviertel mit einer Moschee den Türken übergeben, und der Fall der Stadt schien bevorzustehen. Da zog Timur heran, begleitet von den vertriebenen Beis. Bayezid begegnete ihm mit den Janitscharen, nebst einer serbischen Panzerreitertruppe und seinen Sipahis. In einem vierzehnstündigen Massaker ging die Osmanenarmee am 20. Juli 1402 unter. Die Janitscharen und Serben kämpften bis zum bitteren Ende, während die Sipahis in großen Scharen zu Timur überliefen. Timur beschränkte sich auf die Wiederherstellung der Turkmenenbeilikler und teilte das Osmanenkernland in zwei Vasallenstaaten auf, konnte seiner Oberhoheit jedoch keine Dauer verleihen.

Erneut rissen die Osmanen die Herrschaft über Kleinasien an sich. Der Sultan Mehmed I. (1413–1420) schlug Rebellionen mit harter Hand nieder und vertrieb seine Konkurrenten. Er ließ die Griechen aus der Verwaltung entfernen, löste die Sklaventruppen auf und bildete die Sipahiarmee neu.

Murad II. (1421–1451) führte die konservativ-türkische Politik seines Vaters fort. Er entriß Venedig nahezu alle Stützpunkte in Griechenland (1423–1430) und zwang Serbien auf den Status eines Vasallenstaates herab (1439–1444).

Vor Belgrads Mauern scheiterte jedoch die osmanische Reiterarmee, die die Artillerie unterschätzt und deren Entwicklung vernachlässigt hatte. Die Ungarn unter Hunyadi schlugen die Sipahis, und Skanderbeg führte die Albaner in einen zwanzigjährigen Partisanenkrieg. Hunyadis Armee strömten Kreuzfahrer zu und stießen mit ihr bis Varna vor (1444). Durch den Einsatz der neuen Waffe der Feldartillerie drohte den Osmanen die Niederlage, doch die Janitscharen retteten das Sultanat, als sie Murad zwangen, die Schlacht durchzustehen und die disziplinierte Infanterie der Janitscharen die Kreuzfahrer vernichtend schlug. Noch einmal kehrte Hunyadi wieder (1448), mußte aber erneut eine Niederlage hinnehmen. Auf dem Kosovo-Polje setzten die Osmanen auch Feldgeschütze ein.

Murad stützte sich nun stärker auf den Adel der Sipahi. Daraufhin wandten sich die Offiziere der Devschirme dem Kronprinz Mehmed II. zu, der den Angriff auf Konstantinopel plante. Die Meerenge wurde durch eine neuerrichtete Sperrfestung Rumeli Hissar, »die Abschneiderin der Meerengen« (Boghaz-kesen) blockiert. Ihre schwere Artillerie beherrschte den Meeresarm, und Venedigs Rolle als Schutzmacht ging zu Ende.

Das Tor zum »Roten Fort« von Delhi, Indien, 16. Jahrhundert

Belagerung einer Festung, links im Mittelfeld eine Kanone im Einsatz, persische Miniatur, um 1500

(rechte Seite)
Gesatteltes Pferd mit Steigbügel, Wandmalerei im Stil des Malers Yan Li ben (627–673), aus dem Grab des Prinzen Huai-an in Li Shou, aus der Tang-Zeit (618–907)

12

(linke Seite)
Osmanischer Mörser und Geschütz aus der Sperrfestung »Rumeli Hissar«, Istanbul

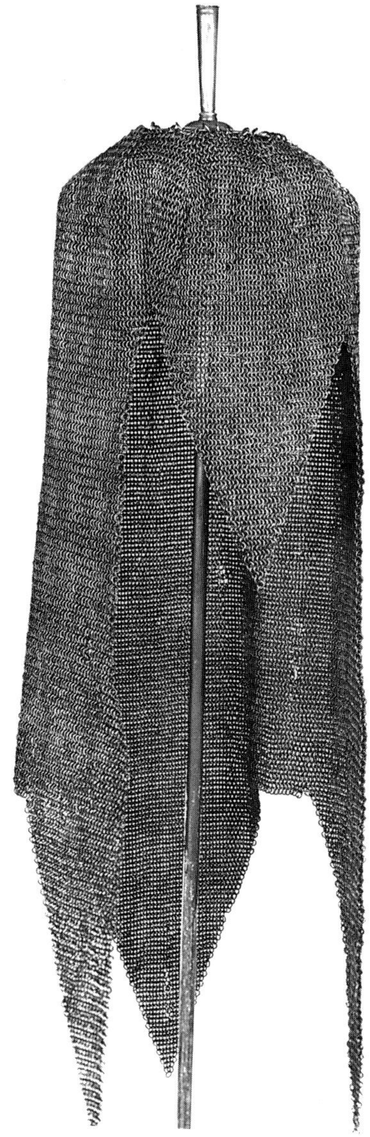

Kettenhelm, Iran, 17. bis 18. Jahrhundert

Panzerhemd, Iran, 17. bis 18. Jahrhundert

(nächste Seiten)
Persischer (?) Rundschild, um 1700

Grabplatte, Keramik, Iran, 1641/1644, symbolträchtig: Rosenwasserflasche = Paradies, drei Mohnkapseln = Todessymbol. Pferd, Rüstung und Waffen

دردا که گلستان ارم را خزان رسید
سنگ اجل بشاخ گل ارغوان رسید
نشکفته بود غنچه سیراب در چمن
وفات مرحمت پناه رضوان دستگاه

Mandschurenoffizier,
Porträt des Baningga

Mandschurenoffizier,
Porträt des Badai

Der neue Sultan Mehmed II. (1451–1481) ließ Konstantinopel, das nur noch den Schatten einstiger Macht darstellte, blockieren. Knapp 35 000 Bewohner zählte die Stadt und hatte nur 5 000 Soldaten sowie etwa 2 000 Matrosen für die Verteidigung seiner mehr als 20 Kilometer langen Mauer zur Verfügung. Die kleine Flotte Konstantinopels wurde überwiegend von italienischen Schiffen gebildet. Die Osmanen führten 20 000 Soldaten und über 300 Schiffe heran. Deutsche und ungarische Geschützmeister gossen dem Sultan die erforderlichen Kanonen, um Breschen in die Mauern der Stadt zu schießen. Die Serben unterstützten den Sultan mit Panzerreitern und Mineuren für die Mauersprengung.

Der Sultan versprach den Truppen drei Tage freie Plünderung, wenn sie Konstantinopel stürmen würden. Breschen wurden geschossen, Schiffe in den Hafen bugsiert und in blutigem Kampf das Griechenreich von Byzanz beseitigt.

Mehmed besiedelte die Großstadt neu mit Türken, Juden, Griechen und Slawen. Bereits 1478 zählte sie wieder fast 100 000 Bewohner. Diese neue Machtbasis sollte der Grundstein der osmanischen Weltherrschaft werden. Der Turkmenenadel wurde ausgeschaltet und die Sipahireiterei auf 300 000 Mann erhöht. Die Bauern waren frei und zahlten Steuern, konnten aber ihr Land verlieren, wenn sie es nicht ordnungsgemäß bearbeiteten. Der Sultan ordnete den Außenhandel konsequent den Bedürfnissen der Armee unter. Gefördert wurde die Einfuhr von Schußwaffen und Pulver, wie der Bergbau auf Kupfer, Blei und Silber. Verboten wurde der Export von Holz, Pech und Leinen, die Voraussetzungen für den Schiffsbau waren.

Ein ausgeklügeltes Steuersystem brachte im Jahr rund zwei Millionen Golddukaten ein. 300 000 Dukaten wurden für das Militär ausgegeben und 500 000 für die Verwaltung des Staates. Der Reichtum des Staates erlaubte die Erhaltung und den Ausbau einer großen Armee. Sie war territorial organisiert und in zwei Armeen geteilt. Beide standen unter dem Oberbefehl je eines Beilerbeis mit zwei Roßschweifen. Der Beilerbei von Anatolien befehligte 20 Sandschaks und der Beilerbei von Rumelien (Europa) 28 Sandschaks. Der Sandschakbei war Steuereinnehmer, Truppenkommandeur und Polizeichef in einer Person. Seine Sipahis erhielten Dienstlehen.

Die noch nicht als Sipahi anerkannten Reiter konnten als unbesoldete Aqindschi (irreguläre Reiter) Dienst tun und sich an der Beute bereichern. Bei erwiesener Tapferkeit konnten sie Sipahis werden. Bauern und Städter dienten gegen Steuerbefreiung bei örtlichen Milizen. Die Garde bestand aus Devschirme-Janitscharen, die unter Mehmed zuletzt 8 000 Mann zählten. Ihr Agha (General) war zugleich Polizeichef der Hauptstadt. Sie waren mit Gewehren, Hieb- und Stichwaffen, sowie Feldgeschützen bewaffnet.

Diese Armee war den Heeren der Nachbarvölker überlegen und zog von Sieg zu Sieg. Die letzten Griechenstaaten in Kleinasien wurden okkupiert, Bosnien und Serbien besetzt und Albanien unterjocht.

Die Venezianer stachelten die Turkmenen der »Weißen Hammel« zum Angriff auf Anatolien auf. Der Sultan Uzun Hasan führte 15 000 Nomadenreiter, 3 000 Fußsoldaten und 1 000 Büchsenschützen gegen die Osmanen ins Feld. Seinem Heer folgten die Familien mit 30 000 Kamelen, 20 000 Eseln, 5 000 Pferden und 5 000 Maultieren. Aber die von Venedig versprochenen Geschütze blieben in syrischen Häfen liegen, und so hatte die traditionelle Nomadenarmee keine Siegeschancen. Am 11. August 1473 vernichteten Mehmeds Truppen die Turkmenenarmee. Ostanatolien fiel an die Osmanen.

Die Krimtataren schlossen sich Mehmed an, und osmanische Streifscharen erschienen vor Venedig und in der Steiermark. Venedig verlor alle Besitzungen auf dem Balkan und zahlte Reparationen, um die Märkte im Osten nicht zu verlieren. Daher stand Venedig abseits, als die Osmanen in Süditalien landeten und den Hafen Otranto als Brückenkopf für die Eroberung Italiens besetzten.

Da fiel der Sultan einem Anschlag konservativer Kreise zum Opfer, und Bayezid II. (1481–1512) rief die Truppe zurück. Seine Armeen zogen nach Norden und eroberten weitere Teile der Balkanhalbinsel. Bayezids erfolgreiche Kriege verlegten die türkische Grenze an den Dnjestr, ließen aber Polen zum Feind des Sultanats werden. Im Osten erwuchs den Osmanen ein gefährlicher Gegner, die aus den Turkmenenderwischen hervorgehende Dynastie der Safawiden (seit 1501/1502). Ihnen waren viele Turkmenen Anatoliens zugeneigt. Gegen den zaudernden Sultan Bayezid putschte sein jüngerer Sohn Selim mit Hilfe der Janitscharenaghas 1512. Er zog mit seinen beutehungrigen Truppen gegen die Safawiden. Der Schah Ismael zog sich in alter Nomadenweise mit seinen

Reitern ostwärts zurück, »verbrannte Erde« hinter sich zurücklassend. Schon schien seine Rechnung aufzugehen, denn im verwüsteten Land hungerte die osmanische Armee und begann zu meutern. Nur christliche Hilfstruppen blieben dem Sultan treu und schlugen die Rebellion nieder. Da zwangen die hochmütigen Turkmenenführer den Schah, sich dem Kampf zu stellen. Die mit Bogen und Speer ausgerüsteten Turkmenen wurden zusammengeschossen. Die Panzerhemden boten keinen Schutz vor den Arkebusenkugeln der Janitscharen. Selbst die Hauptstadt der Safawiden, Täbriz, fiel und wurde ausgeraubt. Aber der hereinbrechende Winter gab dem Schah nachträglich recht. Der osmanische Nachschub brach zusammen, die Armee floh und ließ selbst die Geschütze zurück. Die Turkmenen wußten jedoch nichts mit dieser Beute anzufangen, und so verrotteten die Waffen vor Täbriz.

Die Lehre vergaß Selim nie. Er wiederholte den Zug nicht, sondern wandte sich gegen die Mameluken, die wie die Turkmenen Ismaels Feuerwaffen ablehnten und starr bei ihrer alten Reiterausrüstung geblieben waren.

Glanz und Untergang der Osmanen

Die Mameluken kontrollierten mit den Häfen Unterägyptens und Palästinas die kurze Landstrecke, die auf dem Seeweg zwischen Indien und Europa zurückgelegt werden mußte. Zugleich bildeten Aleppo und Damaskus die Ausgangsstätten der Karawanenwege zum Persischen Golf einerseits und über den Nordiran nach Indien und China andererseits. Die Mameluken kontrollierten somit den Handel Europas mit den Chinesen, den Mittel- und Nordasiaten, mit den Indern, Persern und Javanern, bis die Portugiesen im Indischen Ozean erschienen und den Transithandel bedrohten.

Die Mameluken hatten aus Europa Artillerie gekauft und sie wahrscheinlich bereits 1342 und 1352 in Damaskus und Kerak eingesetzt. Sicher ist ihr Einsatz bei Machtkämpfen in Kairo. Traditionell war der Einsatz von Brandbomben mit Erdölfüllung mit Hilfe von Wurfgeschützen. Die Bedienungstruppen trugen dabei Asbestuniformen, um den häufigen Unfällen mit dieser Waffe zu entgehen.

In Europa wurden seit 1346 Feldgeschütze eingesetzt, zum ersten Mal auf dem Schlachtfeld von Crécy, im Krieg der Franzosen gegen die Engländer. Die Übernahme durch die Mameluken scheiterte am Reiterstolz der Truppe. Jedoch rüsteten die Mameluken ihre Flotte im Roten Meer mit Schiffsgeschützen aus, die sie bei den Osmanen erworben hatten.

Unter dem Mameluken-Sultan Qaitbay (1463–1495) wurden die ersten Handfeuerwaffen am Nil erwähnt, importierte Arkebusen, während diese Waffen in Europa bereits seit 1365 bekannt waren. Es sollte aber bis 1490 dauern, ehe eine erste Einheit mit Arkebusen in Kairo aufgestellt wurde, rekrutiert aus den nicht als Mameluken anerkannten Söhnen der ehemaligen Militärsklaven. Hinzu kam ein mit Feuerwaffen ausgerüstetes Regiment schwarzer Sklaven. Desgleichen wurden Eunuchenabteilungen, die die Militärschulen bewachten, mit Feuerwaffen ausgerüstet. An-Nasir Abu as-Sa'adat (1495–1498), der Sohn Sultans Qaitbay, suchte die schwarze Garde als Gegengewicht gegen die Mameluken aufzubauen. Aber er wurde ermordet und seine schwarzen Soldaten auf dem Sklavenmarkt verkauft. So scheiterte der erste Versuch, die ägyptische Armee mit Gewehren zu bewaffnen.

Die Zeit der Mameluken war im Vergehen. Dürrekatastrophen wurden durch die skrupellose Geschäftemacherei der Emire ins Unerträgliche gesteigert. Fast zwei Drittel der Ägypter (ca. sechs Millionen) kamen im 15. Jahrhundert um. Kairos Bevölkerung war auf die Hälfte ihres alten Standes gefallen. So stand den andringenden Osmanen ein verelendetes Ägypten gegenüber. Selims Armee schlug die ägyptische Reiterarmee 1516 vor Aleppo und drang ohne weiteren Widerstand über Palästina nach Ägypten ein.

Der Mameluken-Sultan Tumanbay rüstete eine Feldstellung mit allen verfügbaren Festungsgeschützen aus, da ihm Feldartillerie fehlte. Die Osmanen umgingen die Stellung der Mamelukenarmee und stürmten Kairo am 23. Januar 1517. In der Folgezeit wurden die Mameluken zu Großgrundbesitzern und Stützen der Osmanen.

Selim nahm den Titel eines Kalifen an, ließ Mekka und Medina besetzen und kontrollierte damit auch die Transitwege durch Vorderasien. Sein Nachfolger Sulaiman (1520–1566) bekam den Beinamen »der Prächtige«.

Rumeli Hisar, die Sperrfestung am Bosporus, 1452 erbaut

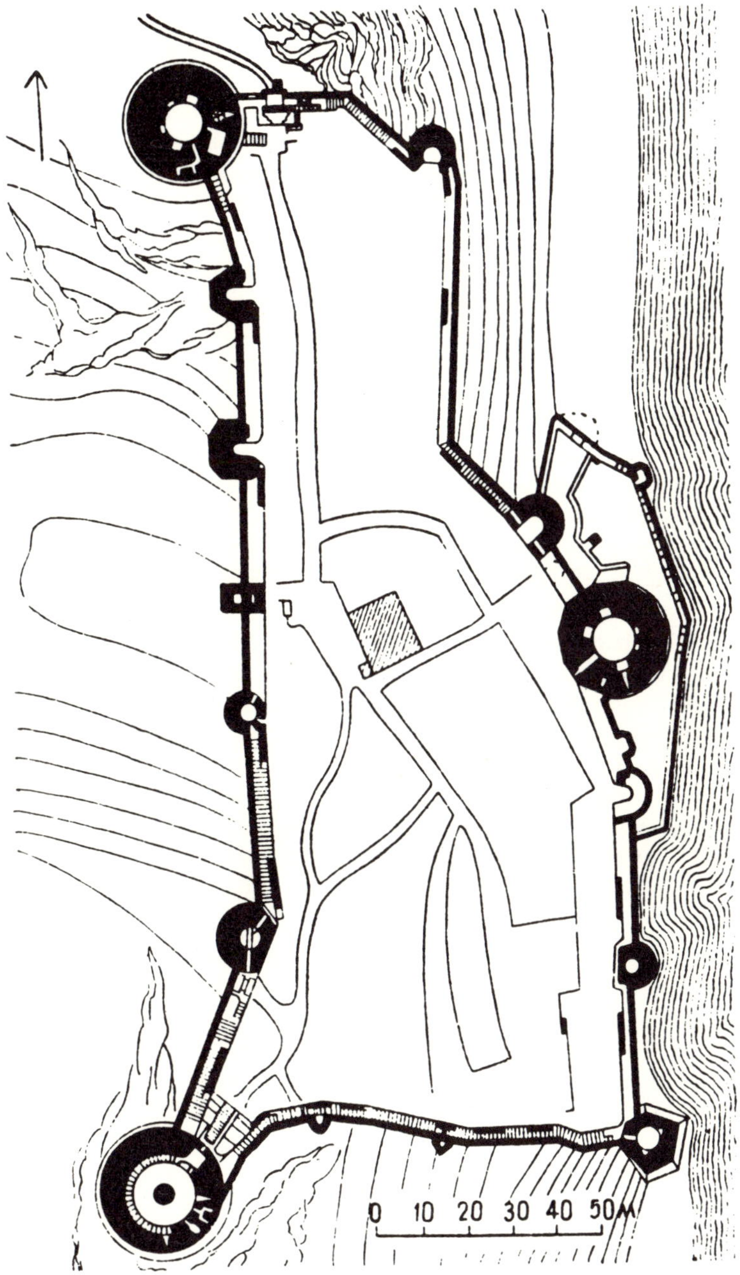

Während seiner Regierung erreichte das Osmanenreich den Höhepunkt seiner Macht, obwohl es in einen Zweifrontenkrieg zwischen die Safawiden und Habsburger geriet. Denn Karl V. von Habsburg sah sich ebenfalls als »Herrn der Welt«, und der Kampf brach auf der ganzen Front von Nordafrika über Italien bis nach Dalmatien aus. 1521 fiel Belgrad und ein Jahr später Rhodos. Fünf Jahre danach schlugen die Osmanen die Ungarn und erstürmten drei Jahre darauf Ofen. Am 27. September 1529 tauchten ihre Sturmtruppen vor Wien auf. Zu schwach, die Festung einzunehmen, zogen sie wieder ab, da ein neuer Krieg mit dem Iran drohte. Die osmanischen Truppen eroberten Täbriz und Bagdad (1534).

Karl V. nahm im Gegenzug Malta (1530) ein und eroberte Tunis (1535), das zum Stützpunkt der spanischen Flotte der Habsburger wurde. Die Korsarenflotten des Mittelmeeres schlossen sich angesichts dieser Bedrohung den Osmanen an. Sie hatten Algier genommen (1529) und brauchten zur Abwehr der Spanier Landtruppen, die ihnen die Osmanen stellten.

Ihre Flotten vertrieben die Spanier aus Nordafrika. Osmanische Landungstruppen auf Süditalien mußten abgezogen werden, da erneut die Safawiden das Sultanat bedrohten. Nach schweren Kämpfen schlossen die Osmanen einen Kompromißfrieden mit den Iranern, der ihnen den Irak beließ und Kaukasien teilte (1555).

Um die portugiesische Blockade im Indischen Ozean zu brechen, organisierten die Osmanen eine große Flotte, die von Suez und Basra aus operierte. Sie besetzten die wichtigsten Häfen auf der Südroute, so Suakin (1542), Aden (1530) und Massaua (1557) und brachen die Blockade. Indische und malaiische Seefahrer fuhren wieder regelmäßig nach Aden und zu den anderen türkisch besetzten Häfen. Die Seeherrschaft der Portugiesen wurde so stark geschwächt, daß sie dem Vordringen der Briten und Holländer im 17. Jahrhundert wenig entgegenzusetzen hatten. Ein erneuter Ungarnkrieg zwang Österreich zur Aufgabe großer Teile Ungarns (1568).

Bereits in den letzten Jahren Sulaimans begann die Krise des osmanischen Reiches. Das amerikanische Silber der spanischen Kolonialherren förderte die Inflation, und die Geldentwertung ließ die Janitscharen unruhig werden. Die Sultane sanken zum Spielball der Offiziersscliquen herab, und das starre System der Gesellschaft verhinderte jede soziale Entwicklung.

Vorübergehend schien das Osmanenreich neu zu erstehen, denn eine serbische Großwesirsdynastie, die Köprülü, reogarnisierte den Staat und führte wiederholt Armeen gegen die Christen. 1669 eroberten die Osmanen Kandia, die venezianische Hauptfestung auf Kreta. Venedig verlor die Insel mit Ausnahme dreier Festungen. Ein Jahr zuvor hatten sich die Kosaken des Hetmans Do-

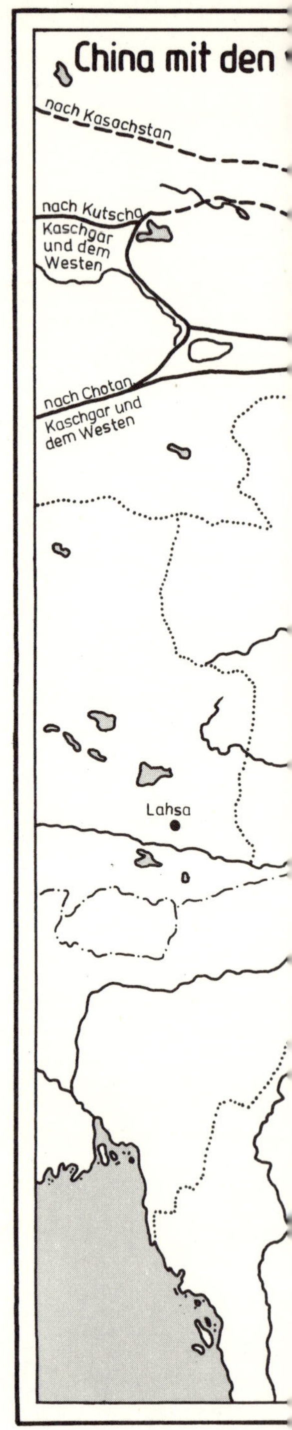

en Mauerzügen im Norden, den Hauptstaatsstraßen und dem Kaiserkanal

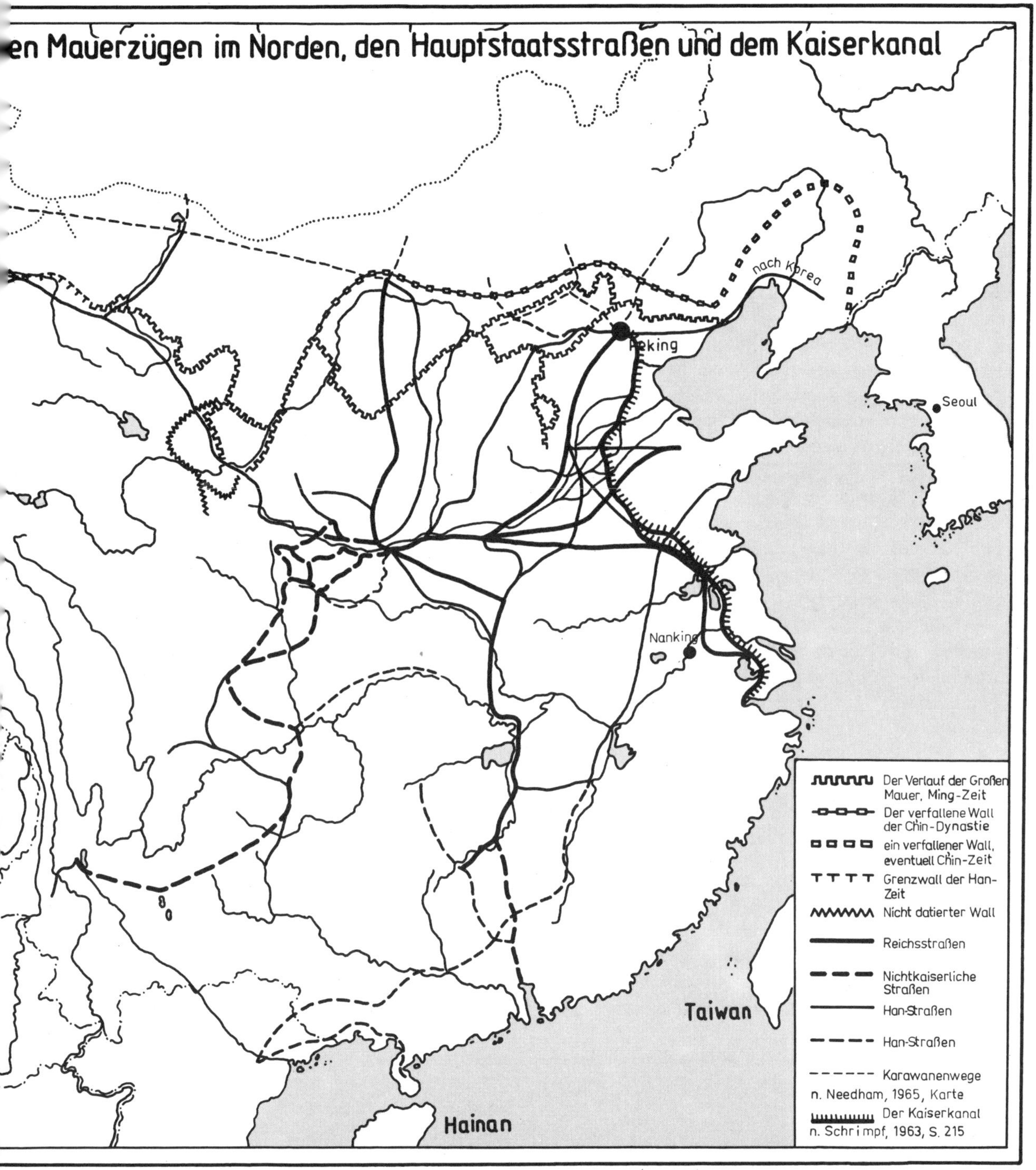

roschenko dem Sultan unterstellt, um die Polen abzuwehren. Nach mehreren Kriegen mußten die Polen die Herrschaft der Türken bis nach Kiew anerkennen (1676). Die Osmanen trafen damit auf Rußland, wo es 1677 zum offenen Krieg kam, der die Kosaken russischer Herrschaft unterstellte. Der Großwesir Qara Mustafa wollte diese Niederlage ausgleichen und wandte sich gegen Österreich, das im Konflikt mit Frankreich lag.

Mit 100 000 Mann und 60 Geschützen zog Qara Mustafa gegen Wien, das dem Angriff fast schutzlos entgegensah. Seine Bewohner waren durch eine Pestepidemie stark geschwächt. Die Stadt hatte nur acht Bürgerkompanien und ein Regiment Stadtsoldaten zur Verfügung. Es gab keine Garnison in Wien. Das Heer des Kaisers zählte insgesamt nur 40 000 Soldaten. Als die Osmanen mit tatarischen Hilfstruppen nahten, floh der Hof aus Wien und nahm 10 000 Mann der Hauptarmee mit sich. 11 000 Soldaten, 1300 Mann Bürgerwehr und 5 000 bewaffnete Zivilisten verteidigten die Stadt, als die Türken am 17. Juli 1683 Wien einschlossen. Im September lebten noch 5 000 Verteidiger, die trotz allem standhielten.

Die europäischen Staaten einigten sich nur mühsam. Unter Führung des polnischen Königs, Jan Sobieski, zog eine Entsatzarmee auf Wien zu und schlug die siegessicheren Osmanen vernichtend am 12. September 1683. Nur Trümmer der Armee konnten sich in die osmanischen Festungen an der Donau retten.

Der noch zwei Jahrhunderte anhaltende Niedergang war unaufhaltsam. Die Eroberungen in Europa gingen bis auf Thrakien verloren (1912). Die starre Struktur des Osmanenstaates hatte das Reich stagnieren lassen, während Europa zum Kapitalismus überging und Asien und Afrika dem Kolonialismus unterwarf.

Sibirien und, später im 19. Jahrhundert, auch Mittelasien fielen an Rußland. Im Iran waren die Safawiden von den Afghanen gestürzt worden. Erneut setzten sich Turkmenen durch. Sie formierten die Qadscharen-Dynastie, die schließlich 1925 zugrunde ging. Spätestens seit dem 18. Jahrhundert waren die europäischen Armeen dank ihrer Technik der modernen Industrieproduktion den Armeen Asiens überlegen.

Die letzte Nomadendynastie Chinas sollte nur die Geschichte ihrer Vorgänger wiederholen, die Ch'ing-Dynastie der Mandschuren.

Das letzte Großreich der Nordvölker

Die letzte Eroberung Chinas durch ein Volk der Nordsteppen vollzog sich von 1645 bis 1662. Der Fall Pekings war nur der Anfang der Okkupation durch die Mandschuren, die stets eine Minderheit blieben. Selbst als ihre Herrschaft zu Ende ging, zählten sie nur rund zehn Millionen unter einer Mehrheit von 350 Millionen Chinesen. Sie hatten sich bemüht, die Chinesen von sich fern zu halten und schufen eine Staatsorganisation nach »Bannern«, die sich nach der Farbe der Feldzeichen unterschieden.

Die »Banner« waren politische, soziale und ökonomische Organisationen, deren Angehörige in Friedenszeiten arbeiteten, aber im Kriegsfall zu dienen hatten. Es waren erst vier, dann acht und schließlich 24 Banner. Die drei ersten bildeten die »innere Feuerwaffentruppe«, die die kaiserlichen Betriebe und die Paläste bewachten. Pekings Innenstadt war weitgehend den Bannerleuten vorbehalten, während die Chinesen in die Außenstadt umgesiedelt worden waren. Exklusiv dem Hof vorbehalten war der Palastbezirk, die »Verbotene Stadt«. Zu den Bannertruppen traten die »Grünen Bataillone«, eine chinesische Territorialarmee der Provinzen für Polizei- und Wachdienste. In ihnen dienten über 660 000 Mann. Hinzu kamen irreguläre Verbände.

Gut erhaltene Panzer der Mandschu-Zeit sind im Gebiet von Tibet in den Ruinen der alten Hauptstadt des Staates Guge gefunden worden. Sie sind wie komplette Hosenanzüge gearbeitet und vollständig mit Panzerschuppen besetzt. Diese weidenblattförmigen Schuppen waren durch Schnüre aus Rindsleder verbunden. Die Panzer wogen etwa zehn Kilogramm. Dazu gehörten Stahlhelme mit gepanzertem Nackenschutz.

Die Bewaffnung wurde mit Hilfe der Holländer modernisiert, aber auch die Jesuiten blieben in Peking. Adam Schall wurde sogar Lehrer und Erzieher des späteren Kaisers K'ang-hsi, der China technisch zu modernisieren trachtete.

Die Mandschu-Armee erzielte beachtliche Erfolge. So gewann sie für China Taiwan (1683) und warf einen großen Mongolenaufstand nieder (1697). Tibet wurde 1751 chinesisches Protektorat. K'ang-hsi schloß die ersten

Grenzverträge mit Rußland (1689), wobei Jesuiten auf chinesischer Seite als Dolmetscher und Berater fungierten. Bis zum Ende des 18. Jahrhunderts wurde Sinkiang okkupiert und die Dsungarei erobert, sowie Burma zur Anerkennung der chinesischen Oberhoheit gezwungen. Nepal mußte sich gleichfalls unterordnen (1791).

Dann brachen Aufstände der hart unterdrückten Bauern und Handwerker aus. Die Europäer begannen seit 1729 mit dem Opiumschmuggel. In den Kämpfen des »Opiumkrieges« (1840–1843) zeigte sich die Schwäche der Mandschuren, die in der Folgezeit dem Druck der Großmächte nachgeben und die »ungleichen Verträge« abschließen mußten, in denen die europäischen Mächte ein Zugeständnis nach dem anderen erzwangen.

Die alten Geheimbünde wurden rege und führten das Volk in eine der größten Aufstandsbewegungen des 19. Jahrhunderts, die Tai-ping-Revolution (1850–1864), die die Mandschu-Herrschaft an den Rand des Abgrunds brachte. Der erfolglose Kandidat für eine Beamtenlaufbahn, Hung Hsiu-chiuan aus Hua-hsien in der Provinz Kuang-tung, war 1844 in Kuangsi mit Predigten aufgetreten, die auf sozialkritische Lehren der christlichen Missionare zurückgriffen. Vor allem die Hakka und Miao, zwei nationale Minderheiten, die unter den Mandschu zu leiden hatten, schlossen sich ihm in hellen Scharen an. Nach traditionellem Vorbild gründete er eine »Gesellschaft der Gottanbeter«. Hungersnöte und die Korruption der Verwaltung führten zur Aufstellung bewaffneter Verbände, die aus anderen antimandschurischen Geheimgesellschaften Verstärkung erhielten. Hafenarbeiter aus Kanton, Bergarbeiter, desertierte Soldaten, verarmte Bauern, aber auch Kaufleute und Grundbesitzer schlossen sich Huang an, der bald 30 000 Mann befehligte.

1850 brach der Aufstand offen aus. Hung verkündete und praktizierte die allgemeine Gütergemeinschaft und gewann neue Anhänger, die als Zeichen ihres Protestes gegen die Mandschu, die den Chinesen die Zopftracht aufgezwungen hatten, ihr Haar offen trugen.

Ihr Führer ließ sich 1851 zum »himmlischen König« des »himmlischen Reiches allgemeinen Friedens« proklamieren, des »T'ai-p'ing t'ien-kuo«, und behauptete, Offenbarungen des »himmlischen Vaters« zu erhalten. Seine Anhänger waren bereit, für die versprochene soziale Gleichheit und Freiheit in den Tod zu gehen und schlugen gegen sie ausgesandte Armeen vernichtend. Sie eroberten große Teile Chinas und erklärten Nanking zu ihrer Hauptstadt.

Hung erklärte, der jüngere Bruder Christi zu sein und organisierte sein Reich als kommunistische Theokratie, deren Mitglieder militärisch organisiert waren und gleiche Anteile am Ackerland erhielten. Die Güter wurden aus öffentlichen Speichern nach Bedarf verteilt, weil Geld keines da war. Grundsätzlich waren Männer und Frauen gleichgestellt. Opium, Alkohol und Tabak waren verboten. Ein weitgespanntes Modernisierungsprogramm, wie die erklärte Bodenreform, blieben Theorien, da die Taiping unablässig Krieg zu führen hatten, den die herrschenden Klassen gnadenlos ausfochten. Die Führerschaft der Taiping erwarb große Reichtümer und Landbesitz. Sie entfremdete sich damit von den Armeen, die sich wieder einmal betrogen sahen.

An der Küste provozierten die Briten und Franzosen den »zweiten Opiumkrieg«. (1850–1860), in dem sie schließlich selbst Peking angriffen. Nach der faktischen Kapitulation der kaiserlichen Regierung halfen die Briten den Mandschus bei der Niederschlagung der Taiping-Rebellion. Die Uneinigkeit der Volkskräfte erleichterte ihre grausame Unterdrückung.

Die völlig desavouierte Dynastie regierte nur noch mit Terror. Selbst bescheidene Reformversuche scheiterten. Die Dynastie verlor Kriege gegen Frankreich (1884–1885), das Annam okkupierte, und gegen Japan (1894–1895), an das Liao-tung, Taiwan und die Pescadoren abgetreten werden mußten. In der Folgezeit erpreßten Deutsche, Engländer, Russen und Franzosen Konzessionen und errichteten faktisch Kolonien auf chinesischem Territorium. Schon teilten die Großmächte China in Einflußzonen auf. Der sogenannte »Boxer«aufstand (1900) scheiterte an der Intervention der Großmächte, die selbst Peking ausplünderten.

Schließlich brach die Mandschuren-Dynastie im Aufstand der Chinesen zusammen (1912). Jahrzehnte bitterer Kämpfe sollten folgen. Die Zeit der Nomadenherrscher war endgültig vorüber.

Statt eines Schlußwortes

Zehn Jahrtausende orientalischer Geschichte sind an uns vorübergezogen, wobei die Entwicklung des Heer- und Kriegswesens, die nicht losgelöst von den sozialen und ökonomischen Vorgängen verstanden werden können, hervorgehoben wurde. Die Geschichte der Armeen und Flotten ist ein untrennbarer Bestandteil der Völker- und Staatengeschichte, konnte doch kein Staat ohne bewaffnete Macht bestehen, gingen viel zu viele durch den Einsatz bewaffneter Macht zugrunde. Die Entwicklung vom Faustkeil zur Atombombe verlief nicht geradlinig, sondern war ein widerspruchsvoller Weg, der viele Ruinen und zahllose Opfer zurückließ.

Natürlich kann man die Geschichte des Orients nicht mit den Schemata europäischen Geschichtsablaufs erklären. Das bekannte Schema einer Abfolge von Sklaverei, Feudalismus und Kapitalismus erklärt die Geschichte des Ostens nicht. Zu differenziert waren die Bedingungen, und viele Typen und Varianten sozialer Strukturen kamen auf und vergingen wieder. Sie haben eine Fülle kultureller Güter hervorgebracht, auch auf militärischem Gebiet, auf dem viele an sich für den friedlichen Fortschritt gedachte und dienende Mittel angewandt wurden. Seien es der Pferdesattel oder die biologisch adäquate Anschirrung der Pferde, das Paddelrad als Schiffsantrieb, das Gußeisen und der Stahl, die Pontonbrücke und der Rennwagen – oder Waffen wie die Rakete und die Sprengmine, das Giftgas und der Rammsporn der Kriegsschiffe, Panzerwagen und Panzerschiffe, Flammenwerfer und die Armbrust, der Körperpanzer oder der Schutzhelm, die alle den Ablauf der Geschichte beeinflußt haben. Zu oft sind die Errungenschaften der Techniker, Erfinder und Produzenten zur Zerstörung benutzt worden, aber hat sich dies in unseren Tagen geändert?

Es war nicht möglich, auf diesen wenigen Seiten alle Aspekte der Geschichte des orientalischen Heerwesens darzustellen. Nur Grundlinien konnten aufgezeigt werden, so viele Namen und Begriffe auch die vorstehenden Seiten füllen mögen. Sie sind nur eine Auswahl, subjektiv im Bemühen, die grundlegenden Prozesse verständlich werden zu lassen. Strittig mag diese oder jene Umschrift orientalischer Namen sein. So wurde die traditionelle Umschrift chinesischer Namen beibehalten, um den Vergleich mit und das Nachsehen in älteren Werken nicht zum Rätselraten werden zu lassen. (Ein gesondertes Register erlaubt den Vergleich zwischen den alten und neuen Umschriften.) Für die anderen Begriffe und Namen wurden nach Möglichkeit eingeführte Formen verwandt, um nicht zusätzliche Schwierigkeiten für den Leser zu schaffen. Die vorgegebene Beschränkung der Illustrationen durch ökonomische Rücksichten schloß leider die durchgängige Abbildung aller interessanten Mittel und Gegenstände aus, so daß im Literaturverzeichnis auf einige Grundwerke für ein weitergehendes Studium verwiesen werden mußte.

Möge das Buch trotz allem dazu beitragen, daß das 10. Jahrtausend orientalischer Kriegs- und Heeresgeschichte deren Abschluß bildet und das nächste Jahrhundert den Beginn einer realen Friedenszeit in aller Welt bedeutet. Mögen die Schreckensberichte der Vergangenheit Geschichte und nicht Zukunftsversion bleiben, wie sie der Dichter Li T'ai-po (699–762) beschrieb:

»Die Pässe nach Zentralasien sind reich an Sandstürmen
Seit altersher wehen sie eisig darüber hinweg
Die Bäume stehen entblättert,
die Vegetation zeigt herbstliches Gelb
Ich steige eine Anhöhe hinauf, um Ausschau zu halten
nach den kriegerischen Horden des Feindes
Verlasssene Städte sind versunken im großen Sandmeer der Shamo
Von den Grenzorten ist keine Mauer übrig geblieben«
(n. Kollantz-Miyakawa, 1970, S. 23)

Literaturauswahl

Al'baum, L.I.: Živopis' Afrasiaba, Taschkent 1975

Azarpay, G.: Sogdian Painting. Berkeley-Los Angeles-London 1981

Barnett, R.D./Forman, W.: Assyrische Palastreliefs, Prag (o.J.)

Bernhardt, K.-H.: Der alte Libanon, Leipzig 1976

Blohm, K.W.: Städte und Stätten der Türkei. Köln 1984

Bonet, H.: Die Waffen der Völker des alten Orients, Leipzig 1977 (Nachdruck)

Borger, R.: Der Codex Hammurapi. In: Texte aus der Umwelt des Alten Testaments I/1, Gütersloh 1982

Böttger, W.: Kultur im Alten China, Leipzig 1977

Brandes, M.A.: Siegelabrollungen aus den archaischen Bauschichten in Uruk-Warka, Freiburger Altorientalische Studien, Bd. 3, Wiesbaden 1979

Brentjes, B.: Alte Siegelkunst des Vorderen Orients, Leipzig 1983

Brentjes B.: Die Ahnen Dschingis-Chans, Berlin 1988

Cassin, E.: Babylonien unter den Kassiten und das mittlere assyrische Reich. In: Fischer Weltgeschichte, Bd. 3: Die altorientalischen Reiche II, Frankfurt/M., 1966

Činnikova, C.V.: Pogrebenie drevnetjurskogo voina v zentral' noj Tuve. In: Sovetskaja Archeologijá, Moskau 1982, Heft 3

Cooper, J.S.: Reconstruction History from Ancient inscriptions: The Lagash-Umma Border Conflict, Malibu 1983

Členova, N.L.: Proizchoždenie i rannjaja Istorija Plemen Tagarskaja kul'tury, Moskau 1867

Diesner, H.-J.: Kriege des Altertums. Griechenland und Rom im Kampf um den Mittelmeerraum, Berlin 1989

Frank, C.: Šarrukin's Ende in Omentexten. In: Zeitschrift für Assyriologie, Bd. 28, Straßburg 1914

Franke, O.: Die Westlande Chinas in der vorchristlichen Zeit, Berlin-Leipzig 1926

Frenzel, B.: Die Vegetations- und Landwirtschaftszonen Nordeurasiens während der letzten Eiszeit und während der postglazialen Wärmezeit. In: Abhandlungen der Mathematisch-Naturwissenschaftlichen Klasse 1960, Akademie der Wissenschaft und der Literatur, Wiesbaden 1961

Garstang, J.: Prehistoric Mersin-Yümük Tepe in Southern Turkey, Oxford 1953

Ghirshman, R.: Iran, Parther und Sasaniden, München 1962

Goetze, A.: Kleinasien, Kulturgeschichte des Alten Orients, Bd. III, München 1957

Greßmann, H.: Altorientalische Texte zum Alten Testament, Berlin-Leipzig 1936

Grjasnov, M.P.: Drevnejščie pamjatniki geroičeskogo Eposa Narodov južnoj Sibiri. In: Archeologičeskij Sbornik, V. 3, Leningrad 1961

Groot, J.J.M. de: Die Hunnen der vorchristlichen Zeit. Chinesische Urkunden zur Geschichte Asiens, Bd. I, Berlin-Leipzig 1921

Grosser, E.M.: The Reconstruction of a Chou-Dynasty Weapon. In: Artibus Asiae, Bd. XXIII, Ascona 1960

Hachmann, R.: Frühe Phöniker im Libanon, Saarbrücken 1983

Henning, I. und D.: Die klimatologische Trockengrenze, In: Meteorologische Rundschau, Jhrgg. 29, Berlin-Stuttgart 1976

Jettmar, K.: Die frühen Steppenvölker, Baden-Baden 1964
Kollantz, A./X. Miyakawa: Die Jou-Jou der Mongolen und die Awaren in Mitteleuropa, Klagenfurth 1970
Kramer, S. N.: Geschichte beginnt mit Sumer, München 1956
Lutz, A. (Hrsg.): Dian. Ein versunkenes Königreich in China, Zürich 1986
Liu Mao Tsai, Die chinesischen Nachrichten zur Geschichte der Ost-Türken (T'u-kiu). In: Göttinger Asiatische Forschungen, Bd. 10, Göttingen 1958
Medvedev, A. F.: Tataro-Mongol'skie nakonečniki strel v vostočnoj Evrope. In: Sovjetskaja Archeologija, Moskau 1962
Moortgat, A.: Vorderasien im Altertum, München 1950
Müller-Karpe, H.: Handbuch der Vorgeschichte, Bd. I-IV, München 1980
Needham, J.: Science and Civilization in China, Bd. I-V, Cambridge 1954–1971
Needham, J.: Erfindungen und Entdeckungen einer antiken Zivilisation. Pferdegeschirre, Steigbügel. In: Unesco-Kurier, 10/1988 (29. Jhrgg.), Paris 1988
Negmatov, N. N.: O živopisi dvorca Afšinov Ustrušany. In: Sovetskaja Archeologija, Moskau 1973
Otten, H.: Hethiter, Hurriter und Mitanni. In: Fischer Weltgeschichte, Bd. 5, Die altorientalischen Reiche II, Frankfurt/M. 1966
Pugačenkova, G., A.: Skul'ptura Chalčajana, Moskau 1971
Pugačenkova, G. A.: Obraz kangjujza v sogdijskom iskusstve. In: Iz chudožestvennoj Sokroviščinzy Srednego Vostoka, Taschkent 1987
Rostovtzeff, M. I./A. R. Bellinger/C. Hopkins/C. B. Welles: The Exavations at Dura-Europos, 1932–1933, New Haven 1936
Rührdanz, K.: Türkische Miniaturmalerei, Leipzig 1988
Rüger, H. P. Kefar Monaš. In: Archiv für Orientforschung, Bd. XXI, Graz 1966
Schmökel, H.: Ur, Assur und Babylon. Stuttgart 1955
Schrimpf, R.: Ballistique. In: Dictionaire Archéologique des Techniques, Paris 1963
Schrimpf, R.: Canal. In: Dictionaire Archéologique des Techniques, Paris 1963
Soden, W. v. (Hrsg.): Das Gilgamesch-Epos, Stuttgart 1958/1982
Sommer, F./A. Falkenstein: Die hethitisch-akkadische Bilinque des Hattušili (Labarna II), München 1938
Steible, H.: Die Altsumerischen Bau- und Weihinschriften, Teil 1: Inschriften aus »Lagaš«, Freiburger Altorientalische Studien, Bd. 5, Wiesbaden 1982
Usher, A. P.: A History of mechanical Inventions, Harvard-Cambridge/M., 1954
Werner, J.: Beiträge zur Archäologie des Attila-Reiches. Bayerische Akademie Abhandlungen, NF, Heft 38 A, Philologisch-Historische Klasse, München 1956
Wilkinson, C. K.: Nishapur. Some Early Islamic Buildings and their Decoration, New York 1986
Xu Huilen: Raketen und Schießpulver. In: China im Aufbau, Oktober 1980

Register

Ausgewählte militärische Begriffe

Agha – türkischer Offiziersrang
Akinakes – persisches Kurzschwert
Alhambra – befestigte Residenz der Emire von Cordova
Aqindschi – irregulärer türkischer Reiter
Arkebuse – Gewehr
Aufsatzschild – Schutzschild zum Aufstellen auf den Boden
Bei – türkischer Stammesfürst
Beilerbei – Kommandant der türkischen Armee in einem der beiden Erdteile
Bombarde – tragbares Geschütz
Dromone – mehrdeckiges Siegel- und Ruderschiff
»Feuerlanzen« – Vorform der Gewehre
Ghazi – islamischer Glaubenskämpfer
Goryt – Bogentasche
Greifeisen – als Wurfwaffe der chinesischen Flotte eingesetzter Kran
»Griechisches Feuer« – Mischung aus Erdöl, Schwefel und Kalk als Brandwaffe
»Grüne Bataillone« – chinesische Landesarmee
Halsberge – Halsschutz am Panzer
Harnisch – starrer Körperpanzer
Harpe – Sichelschwert
Heerbann – Heeresversammlung
»Himmelerschütternder Donner« – Sprengminen in China
»Innere Feuerwaffentruppe« – mandschurische Gardetruppe
Karracke – schweres portugiesisches Hochseeschiff
Karavelle – europäisches Hochseeschiff
Katapult – Wurfgeschütz
Kompositbogen – zusammengesetzter Bogen
Kschatrija – indische Kriegerkaste
Mameluken – muslimische Militärsklaven
Partisane – Stoßlanze
Pax Mongolica – Frieden unter mongolischer Herrschaft
Plänkler – vor der Kampflinie operierende Soldaten
Poterne – Ausfallgang in Stadtwällen der Bronzezeit
Rapier – langes Stoßschwert
Roßschweife – Standartenteil der Nomaden
Sandschak – Fahne, osmanische Provinz
Sandschakbei – osmanischer Provinzgouverneur
Sielen – Gespann
Trensen – Teil des Pferdegeschirrs
Triere – Ruderschiffe mit Dreiruderreihen
Tumen – Zehntausendschaft der Mongolen

Historische Begriffe

Adam und Eva – Urpaar der jüdisch-christlichen Legende
Altes Testament – als vorbildlich betrachtete Teile der ursprünglich jüdischen Tradition, die vom Christentum akzeptiert wurde
Amun – ägyptischer Gott des Staates und der Sonne
Andronovokultur – bronzezeitliche Kultur Sibiriens
Anu – Sumerischer Himmelsgott
Assassinen – »Haschisch«-Esser, schimpfliche Bezeichnung für einen islamischen Orden
Avignon – Konzil, 1378
Baba – eine sumerische Göttin der Fruchtbarkeit
Baschlyk – Kapuze der Nomaden
Bayeux, Teppich von – stellt den Sieg der Normannen über die Angelsachsen dar
Beilik – Regierungsgebiet eines Beis
Cathai – China
»Eisernes Zeitalter« – Bezeichnung für die Gegenwart in der griechischen Zeitalterlehre
En – sumerischer Herrschertitel
Enlil – sumerischer Gott der Luft
Ensi – sumerischer Titel
Geierstele – Siegesstele des 3. Jahrhunderts v. u. Z. aus Sumer
»Gelbe Turbane« – chinesische Aufstandsbewegung
»Goldenes Zeitalter« – idealisierte Vergangenheit
Halmaschuitta – Gott der Chatti und der Hethiter, Stadtgott
Hathor – ägyptische Göttin der Fruchtbarkeit
Horus – ägyptischer Gott der Herrschaft
Ischtar – mesopotamische Gottheit der Liebe und des Krieges
Kaftan – zentralasiatischer Mantel
Kalifen – »Stellvertreter« Mohammeds, arabisch-islamischer Titel
Klienten – Mawali, an arabische Stämme angeschlossene Nichtaraber
Kuriltai – Stammesversammlung der Mongolen
Legalisten – chinesische Schule der Gesetzesauslegung
Nansche – eine sumerische Göttin der Fruchtbarkeit
Ningirsu – sumerischer Kriegsgott
Okzident – »Westen«
Orient – »Osten«
Ptah – ägyptischer Gott der Schöpfung
Ramesseum – Tempelpalast Ramses' II. in Theben
Re – ägyptischer Gott des Himmels
Reconquista – christliche Wiedereroberung Spaniens
Schamasch – semitischer Sonnengott
Schanyü – hunnischer Herrschertitel
Schiuschůmmi – Gott der Chatti lokaler Bedeutung
»Seevölker« – ägyptische Sammelbezeichnung für Wanderscharen des späten 2. Jahrtausends v. u. Z.
Seth – ägyptischer Gott der Wüste
Sodom und Gomorra – zwei der Legende nach untergegangene Städte Palästinas
»Standarte« von Ur – mit Mosaikfriesen verzierter Holzkasten aus einem Fürstengrab in Sumer
Tiara – Mütze, Kronenform der Iraner
Tutanch-Amun – Pharao, dessen Grab bei Theben gefunden wurde
Urnenfelderwanderung – bronzezeitliche Wanderbewegung in Zentraleuropa
Urukstaat – in Südmesopotamien, 4.–3. Jahrhundert v. u. Z.
»Völkerwanderung« – durch den Hunneneinfall ausgelöste Völkerbewegung nach Westen im 4. und 5. Jahrhundert
Xia-Dynastie – legendäre Dynastie Chinas
Zarastro – Zarathuschthra, durch Mozarts Oper »Zauberflöte« berühmt gewordene Version des iranischen Religionslehrer
Zipangu – Japan bei Marco Polo

Selten genannte historische Orte

Abydos – Ägypten
Adrianopel (Edirne) – Türkei
Adschlun – Jordanien
Alaça Hüyük – Kleinasien
Angkor – Kambodscha
Anschan (Tepe Malyan) – Iran
Anyang (Yin) – China
Ao (Xiao) – China
Assur – Nordirak
Auaris – Ägypten
Babel (Babylon) – Irak
Baktra (Balch) – Afghanistan
Balawat – Irak
Boghazköi – Kleinasien
Bursa – Kleinasien
Buruschhanda – Kleinasien
Büyük Kala – Kleinasien
Çatal Hüyük – Kleinasien
Çayönü Tepesi – Kleinasien
Ch'angan – China
Chanbalik (Peking) – China
Dendra – Felskammergrab in Griechenland
Dschebel el-Arak – Ägypten
Dur-Scharruken (Burg des Sargon) – Nordirak
Dura Europos – Syrien

Durnali – Turkmenien
Ekbatana (Hamadan) – Iran
Eridu – Südirak
Eschnunna – Irak
Firuzabad – Iran
Ghazna – Afghanistan
Girsu-Tell – Tell Loh – Irak
Harappa – Pakistan
Hasanlu – Iran
Hattuscha – Kleinasien
Isin – Irak
El Kab – Ägypten
Kai-feng-fu – China
Kalach – Nimrud – Irak
Kandia – Kreta
Karakorum – Mongolei
Kefar Monasch – Palästina
Kerak – Jordanien
Khotan – Westchina
Knossos – Kreta
Konstantinopel – antiker Name für Istanbul
Kuschschara – Kleinasien
Ktesiphon – Iran
Lagasch – Irak
Liao-tung – China
Lo-yang – China
Luxor – Ägypten
Mahdiya – Tunesien
Mari – Syrien
Megiddo – Syrien
Merw-Oase – Turkmenien
Mykenai – Griechenland
Nescha – Kleinasien
Nimrud-Kalach – Irak
Ninive – Irak
Nippur – Irak
Nisa – Turkmenien
Noin-Ula – Mongolei
Ofen – Vorläufer Budapests
Otrar – früher Stadt in Kasachstan
Palmyra – Syrien
Pasargadae – Iran
Pataliputra – Indien
Pendschikent – alte Stadt in Tadshikistan
Persepolis – Iran
Qal'a-i Duchtar – Iran
Qazwin – Iran
Qunduz – Afghanistan
Rayy – Iran
Samarkand – Usbekistan
Sardis – alte Stadt in Kleinasien
Seleukeia – Hauptstadt der Seleukiden in Türkisch-Syrien
Sendschirli – Syrien
Sfax – Tunesien
Susa – Iran
Taq-i Bustan – Iran
Tanis – Ägypten
Tell Brak – Syrien
Tell as-Sawwan – Irak
Tepe Gawra – Irak
Terqa – Irak
Theben – Ägypten
Til Barsib – Syrien
Tillja Tepe (»Goldhügel«) – Afghanistan
Ugarit – Syrien
Umma – Irak
Ur – Irak
Yathrib (Medina) –
Yazlikaya – Kleinasien
Yin (heute Anyang) – China
Zafer Papoura – Kreta

Chinesische Begriffe in traditioneller und moderner Umschrift (soweit abgewandelt)

Geographische Begriffe

Ch'u-an-chou-Bucht – Chu'anzhou-Bucht
Fukien – Fujian
Hoangho – Huanghe
Hochow – Hezhou
Kansu – Ganzu
Schansi – Shanxi
Tungting-See – Dongting-See
Yangtse-kiang – Yangzijiang

Begriffe

Chên Yuan Mao Tao Yao Lüch (Buch) – Zhen Yuan Mao Dao Yao Lüe
Erh-li-kang – Erligang
Erh-li-t'ou – Erlitou
Genzhen-Jahr – Genchen-Jahr
Gianlong-Periode – Qianlong-Periode
Jesiao-tě-shan – Xiao de-shan

Lao Hsüch An Pi Chi – Lao Xue Anli zhi
Ming Shih (Buch) – Ming Shi
Ta-tĕ-shan – Dade-shan

Völker – Stämme – Staaten
Gui-schang – Gui-shang
Hi-dun – Xidun
Hiu-nu – Xiu nu
Hiung-nu – Xiong-nu
Ho-K'ut – Hi-Ku
Po-hai – Bohai
Schan-yü – Shan-yu
Schuang-nu – Shuang-nu
T'u-küe – Tu-gui
Yüe-tschi – Yue zhi

Städte
Ch'ang-an – Chang'an
Liao-tung – Liadong
Lo-lan – Luolan
Lo-yang – Luoyang
Nanking – Nanjing
Peking – Beijing
Shang Ao – Xiao
Ta-lu – Dalu
Tshai-shik (Ort) – Chai-shi
Wizhou – Wuzhou
Yang-chou – Yangzhou
Yin – Yan

Personen
Cho-hsiang – Zhaoxian
Chao-Nai-An – Zhaonai'an
Cheng-Ho (Admiral) – Zheng He
Chiao-Hsu – Jiao-Xu
Chou Po – Zhou Po
Chou Yafu – Zhou Yafu
Chu Yüan-Chang – Zhu Yuanzhang
Gou Jian – Bao Jian
Han Shih-Chung – Han Shizhong
Ho-gi-lo-lan-si – He-ji-luo-lan-si
Hüe-tsung – Hui Zong
Hung-chiang-lung – Hong-jiang-long
K'ang-hsi – Kangxi
Kao Hsüan – Gao Xuan
Kao Su – Gao Su
Kao-tsung – Gao Zong
Kiu-dsiu-kio – Gui-Zhu-jio
Li Kuei Nien – Li Xue Nian
Li-T'ai-po (Dichter) – Li Taibai
Liu Tongxüan – Liu Tongxun
Mo Ti – Mo Di
Shih-huang-ti – Shihuangdi
Sema-tsien – Sima Quan
Sui-Wên-ti – Sui Wen-di
Wang-san-chou – Wang-san-zhou
Wang Yen-Hui – Wang Yanhui
Wu-ti – Wu Di
Yang Chien – Yang Jian
Yang Chhin – Yang Jin
Yo Fei – Yue Fei

Dynastien – Staaten
Ch'i-Staat – Qi-Staat
Ch'in-Dynatie – Qin
Chin-Dynastie – Jin-Dynastie
Ch'ing-Dynastie – Qing-Dynastie
Chou-Dynastie – Zhou-Dynastie
Hsi-Hsia – Xi-Xia
Ming-Dynastie – Ta-Ming – Da-Ming
Sung-Dynastie – Song
Ta-Ch'ing-Dynastie – Da Qing-Dynastie
Hsia-Dynastie – Xia-Dynastie

Nachweis der Abbildungen

Bibliothek der Deutschen Morgenländischen Gesellschaft, Halle – S. 159
B. Brentjes – S. 17, 19, 20, 60, 176
Departement of Archaeology, Amman, Haschemitisches Königreich Jordanien – S. 59
Deutsches Archäologisches Institut, Rom – S. 56 (oben)
Elphinstone, 1815 – S. 160 (unten), 161 (links)
H. von Gall – S. 57
G. Gerster – S. 58
The Havard University Art Museums, Cambridge, Mass. – S. 174
Hirmer-Verlag – S. 52
Keir Collection, A. C. Cooper – S. 139
Lindenmuseum Stuttgart – S. 177, 178, 179
Louvre, Paris – S. 46, 48, 49, 50
Metropolitan Museum of Art, New York, Harris Brisbane Dick Found, J. N. Spear and Schimmel Foundation Inc. Gift 1982, 5 – S. 54
Museum für Kunsthandwerk, Leipzig – S. 160 (unten)
Museum für Vor- und Frühgeschichte Berlin-Charlottenburg – S. 55 (oben)
Nationalmuseum, Kairo – S. 45
H. J. Peuke – S. 173
P. Prechtel – S. 18 (unten)
Staatliche Eremitages, Leningrad – S. 109
Staatliche Museen zu Berlin / Islamisches Museum – S. 160 (oben), 161 (rechts); / Museum für Islamische Kunst – S. 162 (links); / Museum für Ostasiatische Kunst – S. 55 (unten), 180; / Museum für Völkerkunde – S. 162 (rechts), 163; / Vorderasiatisches Museum – S. 51, 53, 56 (unten), 112, 140, 175
Staatsbibliothek Berlin – S. 137, 138, 157, 158, 164 (oben)
R. Stuckert – S. 18 (oben)
n. Tully, 1817 – S. 164 (unten)
University Library, Edinburgh – S. 110, 111

Vignetten

Vor dem Geleitwort
Der Pharao Thutmosis IV. auf seinem Streitwagen, um 1415
Vor dem 1. Kapitel
Dolch von Chatal Hüyük, 6500 v. u. Z.
Vor dem 2. Kapitel
Soldat aus Mari, Figur aus einem Mosaik, um 2500 v. u. Z.
Vor dem 3. Kapitel
Streitwagen des 3. Jahrtausends v. u. Z. von der Ur-»Standarte«, um 2500 v. u. Z.
Vor dem 4. Kapitel
Belagerungsturm der Assyrer, Relief aus der Zeit des Tiglatpilesars, 8. Jahrhundert v. u. Z.
Vor dem 5. Kapitel
Skythen beim Beinschienen, Relief auf einem Goldgefäß aus Kul' Oba, 4. Jahrhundert
Vor dem 6. Kapitel
Reitpferd mit Sattel und Schlaufen. Vom Fries der Silberamphore aus dem Čertomlyk-Kurgan, 4. Jahrtausend v. u. Z.
Vor dem 7. Kapitel
Kamelreiter, sakische Bronze, Bereschtal, 4.–3. Jahrhundert v. u. Z.
Vor dem 8. Kapitel
Gravierte Dolchklinge, Shizhaishan, Südchina, 1. Jahrhundert v. u. Z.
Vor dem 9. Kapitel
Mamelukische Soldaten und Raketen mit Pulvertreibladungen, 14. Jahrhundert
Vor dem Schluß
Chinesisches Katapult, Ming-Zeit

Bildunterschrift zu den Abbildungen 29 und 30 auf Seite 180
Mandschurenoffizier, Porträt des Baningga. Chinesische Aufschrift und Siegel (n. Ledderose): Der ehemalige Divisionskommandant und Garnisonskommandant von Cahar, Kundur baturu Baningga. Wann immer er Banditen sah, geriet er in Wut und wollte sie unbedingt ausjäten wie Dornen. In der Schlacht bei Buraci wurden Pfeile geschossen, Steine geschleudert und Lanzen gekreuzt. Mutig warf er sich selbst in den Kampf, doch schließlich fiel er inmitten der Banditen. Als man ihre Führer zerstückelt hatte, ließ man ihm zum Dank für seine Loyalität ein Opfer darbringen. Im Frühling des genshen-Jahres der Ära gianlong (1760) haben der Beamte Liu Tongxun, der Beamte Liu Lun, und der Beamte Yu Minzhong auf kaiserlichen Befehl dieses Preislied geschrieben. (Siegel): Qianlong yulan zhi bao (r)

Mandschurenoffizier, Porträt des Badai. Chinesische Aufschrift und Siegel (n. Ledderose): Der stellvertretende Leutnant, Erke bature Badai. Er nahm Boluote gefangen, und von den Banditenführern entkam keiner. Bei der Verteidigung von Khotan preschte er allein vor die Stadt. Er stürzte vom Pferd, einem feurigen Hengst, seine Wunden wurden flüchtig verbunden. Doch er schoß nach allen Seiten; wann immer die Sehne seines Bogens schnellte, fiel ein Feind. Im Frühling des genshen-Jahres der Ära gianlong (1740) haben der Beamte Liu Tongxun, der Beamte Liu Lun und der Beamte Yu Minzhong auf kaiserlichen Befehl dieses Preislied geschrieben. (Siegel): Qianlong yulan zhi bao (r)